近江の埋もれ人

中川禄郎・河野李由・野口謙蔵

角　省三

まえがき

これまでに書籍らしきものを二冊出版したが「庭」に関するものばかりである。滋賀県内の庭園も誰よりも多く見て廻ったが、庭は見てもらっていくらのもので、グラビア写真集があれば十分で、多くの論評を必要としない。

そこで、宗旨変更をしたわけでもないが、「人」のことを書いてみたい、と郷土の人物を中心にぼつぼつと自己流の評伝を書いてきた。

地元の文芸協会の講演会では、埋もれた人物を掘り起こし、顕彰のための石碑を建てる代わりに「紙碑《しひ》」を建てたい、などと大見得を切ってしまった。それが自縄自縛《じじょうじばく》となって、以来勝手気儘《きまま》に時代やジャンルを無視し、近江国《おうみのくに》でかくれたままになっている文化人の業績や人となりを追っている。

とりあげた人の数も増え、友人の中から「ばらばらにコピーや冊子をもらっているが、まとまったものができないものか」との要望が出るようになってきた。ありがたいことである。

振り返ると退職後二十年、励まされ、勇気づけられてペンをとってきたが、今年八十歳になってしまった。この先いつまで書き続けられるか分からない。手法として、極力足を使って取材することをやってきたが、運転免許証の自主返納日も設定してしまった。

吉田兼好《よしだけんこう》は『徒然草《つれづれぐさ》』の中で「いのち長ければ恥多し」と書いている。

たとえ恥多き作品であっても、知り得たことをできるだけ多くの人にありのまま知っていただきたい、と「近江の埋もれ人」以外に、彦根藩井伊家に関わる人たちのことも書いた。また、一般の彦根の人たちのことも書かせていただいた。それから、私に書く力を与えてくれた著名人たち、その他折々に書き残した雑文のいくつかを、一緒に収録させていただいた。

それぞれの機会にお世話になった私の人生の恩人に心からの感謝をし、この拙文集に対しても、忌憚《きたん》なきご批判をいただければこれに勝る幸せはないと考えています。

著　者

目次

Ⅲ　近江の埋もれ人

Ⅳ　人に惹かれて

Ⅴ　折々の断想

I　月あかりのまち

朱色の庭

――追想　井伊文子さん――

琵琶《びわ》湖岸に近い彦根市松原町に、旧彦根藩松原下屋敷《しもやしき》、通称「お浜御殿《はまごてん》」が残されている。背の高い樹木や竹林に囲まれて、ひっそりと佇《たたず》むそのお屋敷に、ひとりでお住まいになっていた井伊文子《いいふみこ》さんをお訪ねしたことがある。

紅葉のお庭を見せてもらいたい、と願い出てのことだから、もう何年も前の十一月のことであったのだろうか……と、古い日記帳を探し出してページを繰《く》ってみる。平成十年十一月二十七日にその日のことが書きつけてある。

文子さんは想像していた以上にお若く、美しく、そして何より話しやすい八十一歳であった。お浜御殿うらの広いお庭を「手入れが全然できておりませんのよ」と、しっかりした足どりで先導され、大いに恐縮させられた。いかにも歌人らしい発想がそうさせるのか、落葉や雑草、そして少し離れたところに見える熊笹《くまざさ》や倒木などにも、あえて手を加えることがされていない。だから、一見して美しく整った庭園とは言い難いものであったが「わたくし、ありのままが好きなの」とおっしゃったその一言で、全てが理解できたような気がした。

と、それだけのことが記されてある。紅葉がどうであったか、というようなことは書かれていない。樹木のかすかな葉擦《はず》れの音や、小鳥の囀《さえず》りも聞こえていたその空間に、何か得体の知れない、自然の恵みに満ちあふれた奥行きの深いものを感じとって、そのあとの言葉にならなかったのに違いない。

文子さんは何か片づけごとでもされていたのであろうか、それとも花鋏《はなばさみ》でも使っておられたのだろうか、さっぱりとした作業着風の和服姿ではあったが、身のこなしや語り口の端々《はしばし》に、旧琉球《りゅうきゅう》王家のご出身らしい折り目の正しさを感じとることができた。背筋はピンと張られているのに、何とはなしに物腰は柔らかく、一人でやってきた私に対しても、にこやかに丁寧《ていねい》に話していただいたことが、今となってはたいそうもったいないことであったような気がしてしようがない。

目を閉じて……、その日の記憶を呼び戻してみる。手入れが行き届いていないと文子さんは言われていたが、庭そのものは、広大な敷地に琵琶湖からの水を引き入れた「汐入《しおい》り」形式とよばれるもので、海水と淡水の違いはあるにせよ、東京湾の水を引き入れた浜離宮恩賜《はまりきゅうおんし》庭園などと同じである。

水は庭の奥、白壁《しらかべ》の土蔵が四つ立ち並んだところで行き止まりになっているが、その昔には、松原内湖《ないこ》の方にまで通じていたという。

「この水に舟を浮かべて、家族のものたちと舟遊《ふなあそ》びをしたことを覚えていますわよ」

と、ずいぶん前のことを話しておられたが、それはいつ頃のことであったのだろう。文子さんの著作『茶湯一会《ちゃのゆいちえ》――井伊直弼《なおすけ》を慕《した》って――』（一九九八年、春秋社）の中に以下のような記述がある。

　戦前訪れたときはまだ昔のままの面影を残し、大広間の前から池までの空間は白い砂が敷きつめられ、小松がぽつぽつと植えられ、琵琶湖の水が北の方から流れ入り、東の方へ流れ出ていた。池には舟が浮かべられ、花嫁であった私はのせてもらったりもした。

と、どうやら昭和十年代のことであるらしい。

住まいにされていた書院の方向から眺めて、左右に延びた水路を池と見た場合、池の中央には石垣を使った中島が築かれ、一本の松が植わっている。ところがその松、根元は一本であるのに枝は低いところから三方向に伸びている。そのことにも興味をひかれたが、よく見ると、庭には作為的に置かれたと思われる庭石は、沓脱石《くつぬぎいし》以外にはほとんどないことに気がついた。

庭全体に散らばって、色とりどりの厚みをなしている落葉の中から、ごくあたりまえのように頭を持ち上げている庭石はみんな自然石である。苔《こけ》をかぶった灯籠《とうろう》がいくつか目についたが、これもまた、みんな小ぶりのものばかりで、仰々《ぎょうぎょう》しい春日《かすが》灯籠のようなものはない。

だから、庭石ひとつにも井伊家初代直政公以来培《つちか》われ、そして引き継がれた質実剛健の気風が表現されているのだろうか、などと考えさせられる。落葉の中からようやく頭をのぞかせ、わずかに自己主張している庭石は、「埋木舎《うもれぎのや》」でつつましい生涯を送ることを覚悟しながらも、自分を見つめ、人格を磨く決意をしていた直弼の心意気に通じるのであろうか。

あちらこちらとカメラを向け、気ままに写真を撮っていた私を、じぃーっと待ってもらっていた文子さんに、申し訳ないことをしたという思いでふと我にかえりふり向くと、

「あちらをご覧くださいな」

と、少し高いところに立ち遠くを指差しておられる。樹林の向こうに伊吹山《いぶきやま》の稜線《りょうせん》がぼんやりと霞《かす》んで見えていた。

「一月二月になると、雪をかぶった伊吹山が、ほ～んときれいに見えるんですよ」

と教えてもらうことができた。

昭和十八年（一九四三）に結核にかかられ、昭和二十九年（一九五四）までの十一年間のほとんどの闘病生活をこの屋敷の一室で過ごされたと聞いていた。三十畳の大広間に置かれたベッドは能に使う一畳台を用いた特製のもので、それは自然療法を信じての治療であり、一方では

孤独との闘いでもあったことであろう。少し起き上がれば遠く望むことができた霊峰《れいほう》伊吹の白い姿を、どれほど心の慰みにされていたことであろうか、と思いを巡らせていると、

「その頃になると、池には鴨やカイツブリたちがやって来て、ここはけっこうにぎやかなことになるんですのよ」

と、いかにもうれしそうな表情で話していただく。

飛来する野鳥への優しい思いは、庭木のことにまでも及ぶ。前記の舟遊びのことを書かれた行《くだり》のすぐ後に、池の向こうの築山《つきやま》に命脈を保っていた蘇鉄《そてつ》のことが書かれてあり「私共の代になって、とても蘇鉄にまで手がまわらず、枯らしてしまって祖先に対しても、蘇鉄に対しても相済まぬことだった」と書かれてある。守り伝えられ、生きてきたものに対する畏敬《いけい》と悲しみの念を、きちんと持っておられたことを改めて知るのである。

かつて屋敷入口になっていて、文子さんの思い入れも深かったという冠木門《かぶきもん》も、今はとり壊され、そのあたりに一本真《ま》っ黄色《きいろ》に葉を染めた銀杏《いちょう》の木が立っていた。その木の下までわざわざ見送ってくださった文子さんの温かいまなざしと心遣《こころづか》いを、つい昨日のことのように忘れることができないでいた。

その日見せてもらったお浜御殿の庭について、改めて思いを巡らせてみる。印象をひとこと「色」で言えば「朱色」であったと思う。

紅葉には「紅赤《べにあか》」も「橙色《だいだい》」も「黄色」や「黄茶色《きちゃ》」などという色もある。そして「赤錆《あかさび》色」や「煉瓦《れんが》色」などといわれる、どちらかといえばくすんだ色の葉も、散るを惜しんでその色を残していたことであろう。しかしながら、私の想念の世界においては、なぜかあざやかな「朱色」に映ったのである。

のちに思い当たったことを言えば、彦根城博物館で見た井伊家の鎧《よろい》、兜《かぶと》の色である。それらの武具は、年月を経て退色しているものもあったが、いずれもあざやかな朱色で、いわゆる淡《たん》紅色《こうしょく》とでも言えるものであろうか。井伊家の武具類は、上質の朱漆《しゅうるし》を惜しまず丹念に塗り、研《と》ぎを繰り返しては磨き上げているのだという。それがあの見事な「朱」の量感を醸《かも》し出しているのに違いない。

今、彦根城博物館には、直弼所用として名高い「朱漆塗紅糸威縫延腰取二枚胴具足《しゅうるしぬりべにいとおどしぬいのべこしとりにまいどうぐそく》」という逸品《いっぴん》が陳列されている。だから、私はその日、井伊家伝来の武具を見る代わりに、それ以上には考えられない贅沢《ぜいたく》な解説者の案内を得て、「朱色」に輝く庭を見ていたということになる。

平成十六年十一月十二日、冊子小包が届き、差出人は「井伊文子」とある。開封してみると、最新の自著『ひとすじの道　―仏の教えに導かれて―』（二〇〇四年、春秋社）が、ふっくらとして厚みのある封筒に入っている。

考えてみると、たった一回きり、それもほんの三十分くらいの出会い、しかも立ち話をした時のことを覚えてもらっていたのだろうか、と表紙を開く。「拝呈」と書かれ署名のある栞《しおり》とは別に手紙が入っている。見返し頁《ページ》にも署名があり、印章が押されている。印章のふちどりには沖縄の抱瓶《だちびん》（携帯用の酒瓶《さかびん》で半月形の断面を持つ）が描かれている。

手紙には季節の挨拶《あいさつ》があり、続いての本文には、

御文と「滋賀作家」を頂戴いたしながらお礼状もさし上げませず今日まで失礼いたしほんとうに申しわけなく心からおわび申し上げます。

と書かれてある。

直弼の藩校時代の儒学教授「中川禄郎《なかがわろくろう》」のことを書き、その掲載誌を数ヶ月も前に送付していたことをすっかり忘れていたのである。

手紙の文章の終わりには、

この度出版いたしました著書拙《つたな》いものではございますがおわびのおしるしまで拝呈させていただきます。それではくれぐれも御身《おんみ》御大切に、御健筆を祈り上げます。

合掌《がっしょう》

と結ばれていた。

井伊文子さんの急逝《きゅうせい》を知ったのは、それからわずか十日後、平成十六年十一月二十二日のことであった。

■付記　井伊文子さんのこと

旧琉球《りゅうきゅう》王家の二十一代・尚昌《しょうしょう》の長女で、彦根市長を九期務めた故井伊直愛《なおよし》氏（大老直弼の曾孫《ひまご》）の夫人。東京での少女時代から佐佐木《ささき》信綱《のぶつな》に師事し短歌を学ぶ。昭和十七年（一九四二）に直愛氏と結婚後も、新短歌（自由律）の歌人として活躍。歌集のほか、随筆集『美しく老いる』（一九九六年、春秋社）、『井伊家の猫たち』（二〇〇一年、春秋社）などの著書が多数ある。昭和五十二年（一九七七）に「彦根文芸協会」を設立したり、沖縄と本土を結ぶ社会奉仕団体「仏桑花《ぶっそうげ》の会」の会長を務めたりした。その他、華道、茶道などの文化面でも多大の貢献をされ、彦根市から平成十七年十二月「名誉市民」の称号を贈られた。享年《きょうねん》八十七。

■参考資料

『井伊の赤備え　―彦根藩の甲冑《かっちゅう》―』（二〇〇三年、彦根城博物館）

中村達夫「朱色の鎧　―質実剛健の美―」（一九九七年十二月四日、日本経済新聞文化欄）

「滋賀作家」第九十九号（二〇〇六・六、滋賀作家クラブ）

つわぶき咲く埋木舎

茶室に向かって飛石《とびいし》があり、蹲《つくばい》がある。その先に小さな躙《にじ》り口《ぐち》まであるのに沓脱石《くつぬぎいし》はなく、代わりに置かれた無粋な止め石に驚く。三百俵の捨て扶持《ぶち》の身では十分な茶室の一つも持てず、工事が中止されたのだとのちに聞かされる。

茶室「澍露軒《じゅろけん》」には二面に窓をとりながら床の間がなく、壁の上方に軸を下げるための釣り金具が残されているだけであった。

　茶の湯とてなにか求めんいさぎよき心の水をともにこそ汲め

と詠んだ井伊直弼の茶の湯は、庭の草木にもその心を写しているように思われ、立ち姿の立派な庭木はない。庶民の家の庭にも咲いていたであろう山茶花《さざんか》や、八つ手、萩、それに躑躅《つつじ》、千両、万両、南天などに「堅忍」の志を見る。

埋木舎における人格形成の礎が、後に国難を救う大きな器を育んだことを改めて思う。

霜月《しもつき》に入っていたが未《いま》だ紅葉に早く、黄金《こがね》色の石蕗《つわぶき》だけが濃い緑の海に波打っていた。

「菜の花」第二号（二〇一〇・四、文芸サークル「菜の花」）

貫く

「本能寺」と「桜田門」とを並べて書くと、すぐに思い浮かぶ二人の歴史上の人物の名前がある。天下布武《てんかふぶ》を掲げ、天下取り目前で本能寺の炎の中で自刃《じじん》した織田信長と、安政の大獄《たいごく》を遂行し、開国への道を開きながら、桜田門の雪の朝が血に染まる中、凶刃《きょうじん》に倒れた井伊直弼のことである。

二人の死に共通したものがあるのでは、と感じたのは信長の生涯を描いた小説『下天《げてん》は夢か』の作家・津本陽《つもとよう》が、全国紙の文化欄に興味深いことを書いていたからである。

「本能寺であっけなく明智光秀に討たれたのは謎でした」と書き、そのあと、「屈強な馬廻《うままわ》り衆を遠ざけ、女性を含むたった七十人ほどで本能寺に滞在した理由が納得できました。信長自身が明智を誘い、自分の命運を試したのです。謎解きに二十数年かかりました」というわけである。

今では人気の高い信長も、二十数年前には「書くと縁起が悪い」と言われながらも、信長には書くに値する天才の魅力があったという。

万延元年（一八六〇）三月三日、大老・井伊直弼は江戸城への登城《とじょう》途中、桜田門外で水戸《みと》藩士の襲撃に遭遇した。しかし、直弼は自分の暗殺計画があることを知っていた。水戸藩の内部に通じる他の藩主から知らされ、また、当日の朝にも「ご留意《りゅうい》召されよ」との無名の封書が舞い込んで、直弼はそれを読んでいる。

水戸藩士が直弼の駕籠《かご》めがけて放ったピストルの弾丸は、直弼の腰から大腿《だいたい》部を貫通し、座布団を血で染め、居合術《いあいじゅつ》の達人もさすがに腰が立たず、駕籠の戸を引き破られ浪士の太刀をあびせられている。

供廻《ともまわ》りの武士は折からの大雪で刀の鐔《つば》まで柄袋《つかぶくろ》をはめ、雨合羽《あまがっぱ》を着ていて、直弼はそのいでたちまで見て知っていた。

直弼は自分の運命を悟っていたようで、その正月、自分の肖像画を狩野永岳《かのうえいがく》に描かせ、彦根藩代々の菩提《ぼだい》寺・清凉寺《せいりょうじ》に納めていた。

明治時代の論客、福地桜痴《ふくちおうち》は、早くから、

幕権を維持して異論を鎮圧し、その強硬政略を実施するにおいては、敢爲《かんい》断行してさらに仮借する所なきがごとき、決して尋常の政治家が企及し得べきにあらざるなり。

と、直弼の開国への英断を高く評価していた。

話題転じて、直弼は茶の湯の研究に熱心で、安政四年（一八五七）に『茶湯一会集《ちゃのゆいちえしゅう》』を出している。ところが一方で和歌にも通じ、埋木舎当時からの和歌を勅撰《ちょくせん》和歌集の形式にならって『柳廼四附《やなぎのしづく》』が編集され、直弼自作の和歌が数多く残されていたことはあまり知られていない。

世間一般には「剛直」のイメージが強い直弼にとって、風になびく柳はそぐわないように思われるのだが、決してそうではなかった。

俳諧の句を収めた句集に、『柳廼落葉《おちば》』と題したり、屋敷の軒先に自ら植えた柳の木の手入れについて細心の注意を払うように依頼したり、直弼は柳の木に強い思いを寄せていた。

めまぐるしく変わる境遇の変化や不意の災害、国家の対外的危機の急迫の中で、どのような強風にあおられても、風の流れに逆らわないでしなやかになびく枝垂柳《しだれやなぎ》の姿に、直弼は自分流の人生観を重ね、堅忍の志を研いでいた。

柳の木に「春」を思って詠んだ、

霞より花より春の色をもつ岸にミせたる青柳の糸

の歌が残されている。一方で『柳廼四附』に、

　のどかなるけふなほ心やすからず民安かれとおもふあまりに

の歌があり直弼の信条が理解できるのである。

　ひとときは己の心に従いそれを楽しむことがあっても、大志は常に別のところにあった。

　すぐ近くを通っていながら、安土《あづち》城下に残されている「セミナリヨ跡」には立ち寄ることがなかった。訪ねてみると、跡地は小さな公園として整備され、案内板が建っていた。

　片側には堀割が残り、田舟《たぶね》が一艘《そう》浮かび、一見何事もなかったような静かな跡地に、信長はイタリア人宣教師・オルガンチノを呼び、日本最初のキリシタン神学校を建てさせていた。直弼暗殺の三百年も前のことである。

　信長は時には城を出て、前触れなしにその神学校を訪れ、室内が清潔に整頓《せいとん》されていることを褒《ほ》め、ヴィオラやオルガンの演奏を穏やかな表情で聴き、喜んでいたという。

　温かいハートの持ち主・信長を見る思いがするが、一方では譲ることのできない頑固な意志の持ち主でもあった。肖像画に描かれた信長はなぜか婆娑羅《ばさら》姿などではなく、厳格な衣冠束帯《いかんそくたい》姿のものが多い。やる時にはやる！との怖いような性格の一面が窺《うかが》えるのである。

安土城趾《じょうし》と彦根の地の距離は近い。そして、捨て身の覚悟で事に処した二人の距離も近い。信長が初めて出会った西洋も含め、直弼が目指し、そして開いた全世界への扉を活用して、私たちは今、海外に向けて何らかの発信をし、小さな貢献でもしているのだろうか。

「ひこね文芸」第三十二号（二〇一三・十、彦根文芸協会）

三浦綾子の「直弼論」

作家・三浦綾子《みうらあやこ》（一九二二〜一九九九）が没して、今年（平成二十七年）で十六年になる。北海道の旭川で生まれ育ち、昭和三十九年（一九六四）に小説『氷点』で文学界にデビューし、それ以来、病弱な身体《からだ》にもかかわらず旺盛に作家活動を展開し、『塩狩峠』『泥流地帯』『銃口』など幾多の名作を書きながらも、終生北海道・旭川の地を離れることがなかった執念の作家でもあった。

その三浦綾子が昭和十一年（一九三六）に「井伊大老について」という文章を書いている。驚くべきことに、女学校二年生十四歳の時の作文であり、それは歴史の教師から「井伊直弼」についての感想文を書いて提出するように、学年の全員に命ぜられたからである。

さすが少女の頃からよく本を読み、小学校五年生の夏休みには、初めての小説「ほととぎす鳴く頃」を書いていた綾子のこと、堀田綾子（後の三浦綾子）が提出した「井伊大老について」の作文は見事第一位に選ばれている。

その感想文は、彦根の地からはほど遠い道北の地から、はるか琵琶湖畔の彦根藩主井伊直弼に思いを馳せた強烈な、説得力のある文章になっている。彦根の人たちにぜひ紹介させていただきたいと考えたのは、昭和十一年という国家体制が日本型のファシズム（軍国主義）の方向へ整えられようとする時期に、北海道の市立高等女学校には、まだそのような自由な校風があったということが一つ。

それから、歴史の上に名が残るほどの人物は、いつの時代にあっても、どこかで、誰かがその人物の一徹な人柄に思いを寄せ、そしてその考え方を理解しようとする識者に巡り会っているのだな、ということである。

旧仮名遣いなども含めて、作文の文体は当時よく読まれていた「少年倶楽部」などの少年少女雑誌の小説の文体から、強い影響を受けているように思われるが、長くなるがその全文をそのまま引用させていただく。

井伊大老について

堀田綾子

尊皇！　攘夷！　倒幕！

今やこの声は高々と起り、国内の輿論は佐幕、尊皇の両派に分裂するの止むなきに至つた。この頃、西洋強国の魔手は東洋に延び、東洋の青空は次第に妖雲に覆われつつ有つたのである。

妖雲は日本の空にも次第に近づきつつ有つた。

果して妖雲は襲つた。即ち露国は東侵主義をもつて屢々蝦夷及び樺太に寇し来つた。又英国軍艦は突如長崎に入港し、亡状を極めた。米国使節のペリーの来朝、つづいてその再来、同国第一回総領事ハリスの下田着任。

あくまで威圧的な米国の態度は幕吏を始め士民をして周章狼狽なす処を知らずの醜態を演ぜしめたのである。

米国との通商の件は朝廷と幕府との意見の相違から、幕府は朝廷と米国との板ばさみとなり、時の老中堀田正睦は、不首尾の為日米通商条約の調印問題解決出来ずと職を退き、此処にますます尊皇、攘夷の叫びは京都を中心に次第々々に高まつて行く。

尊皇！　攘夷！　警鐘の乱打を聞く幕府の苦境！

この風雲急を告ぐる国難と幕府内部の大きな国難とを双肩に荷つて登場した人は、他ならぬ近江琵琶湖畔の彦根藩主・井伊直弼その人であつた。

剛毅果断な彼はこの危機に非常置の職、大老となつて出現したのだ。第十三代将軍家定の後嗣問題は将軍の病弱から当然の如く起つた。そして折からの外交問題の切迫。しかし賢明なる彼は、攘夷論を何処までも押通さうとする賢明主義派の将軍候補一橋慶喜を頑としてこばみ、近親主義派の有力なる候補者紀伊の徳川家茂を押立てて、遂にこの問題を解決した。

又英仏両国の我が国に攻め来るを未然に防がんとして、御裁可をも待たずに遂に米国との間に条約の調印を決行し、更に攘夷に固つて居る志士を武蔵野の刑場に送つてしまつたのだ。

この様に普通、我等に考へる事の出来得ぬ方法でもこれが正しいと信ずるとあくまで押通すというのが彼の性格であつた。

彼は男子の意気に燃えて居た。

ここまで読んで感じることがある。それは、人物を取り上げようとすればその周辺のこともよく調べ、その人物に徹底して焦点を合わせ、対象をよく凝視《ぎょうし》していることである。そこに十四歳の少女の頃からすでに培《つちか》われている作家精神を読みとることができるように思う。関連する何冊かの文献を読んでいる様子を窺うことができるが、七十八年前の北海道旭川に、どのような参考文献があったのだろうか、興味深いところである。さらに本文を読む。

彼は天から授かつた運命を素直に歩んでいつた。彼は一個人としてはどんなに嫌であつたらう事でも国家を思う真心は遂に何ものをも退けたのだ。将軍継嗣問題においても若しも彼が大勢に押されて国家の事が念頭より失せてゐたならば確かに、「諸大名が慶喜公をと言うのだから皆に憎まれぬ様に彼を推そう」と考へたであろう。しかし慶喜が如何程国家を思ひ、賢明であつたにしても、慶喜は水戸の攘夷論者を其の背景としてゐる。其の頃の世界の大勢を知らぬ者を危険極まるこの時に当つて将軍としたならば或は攘夷を断行し、其の為めに我が国は実に多くの不利益をかうむつたかも知れぬ。後世の者が之を顧る時、実に心胆を寒からしめられるのである。

しかし後世の我等の中には未だに彼を非難するものが多い。

「何故、貴女は彼を非難するのか」と問へば「一天万上の我が君の御裁可をも待たずに通商条約の調印を決行した事と安政の大獄をひき起した事よ」これは或る少女の言葉だ。

非難の出処は大方この辺らしい。が御裁可を待たなかつたのにしても英仏の我が国に攻め来るを米国によつて救われ様としたからだ。其の頃の我が国の財政と武力とを考慮したからだ。

何時、英仏が来ないとも限らない時に畏い事ながら御裁可を仰ぐことが出来なかつたのだ。

日本の為に！

この様な大胆な行爲は井伊でないと出来なかつたであろう。余人なら大老職を辞すかキ印になる処だ。井伊なればこそ如何なる場合にも泰然自若として難局を打開する道を探知しえたのだ。他の者ならポカンとして攘夷論を称へてもただ指をくわえて眺める位のものであつたろう。しかし斬らなければ国家の不利。一行、一言総て大局から見て国家を考え理性を失はず情に負けずに斬つたのだ。

誠に論旨明解で分かりやすい文章であり「直弼論」である。「情に負けず斬つたのだ」と断言してはばからないところは、三浦綾子が持って生まれたさっぱりとした気性がそうさせるのであり、その気性の奥に物事を考える時の気骨というか、激しさをさえ感じさせてくれるのである。ところが三浦綾子はやはり女性、続く文章に女性の感性を読みとる。

彼も人の子、夜毎日毎に処罰される者の心中を察し家族の歎き等彼の強い意志に輝く瞳の底には必ずやあつい涙があつたであろう。又或時は心臓をえぐられる様に辛く悲しい時を過した事もあらうに。

しかし彼は「情に負けてゐられぬ、辛い使命を果たさねばならぬ」と考へて国の為に尽くしたのだ。

国を思ふ事こそ一つであれ其の国家を思ふ方法が変つているばかりに、斬るもの、斬られる者の違ひがあるのだ。同じ国家を思ひつつ斬る、斬られるその人々の心中は?……直弼はただ断の一字いささかの私情もはさまず彼の信ずる処を目をつむつて成しとげたのだ。

同じく国を思ひつつ、一人は忌まれ、一人は慕はれ、悲しくも争わねばならず、万延元年三月三日桜田門外で水戸浪士の手によつてはかなくも白雪を血の花と散つてしまつた。

井伊大老はこの国難の多くを処理する為に生れ、成し終わつたが為に死んでいつた。

私は井伊大老を偲ぶ彼の行為に無言の教訓があるのを感ずる。「これからは益々必要に迫まられるこの果断の二字、私達はこの心を持つて世の荒波を押切り、我が大日本帝国を発展せしめ、国威を世界に輝かさねばならぬのである」と。

以上が、遠く北海道旭川の地で十四歳のひとりの文学少女が書き残した「井伊大老について」の文章の全てである。

これが書かれた昭和十一年（一九三六）は、奇しくも直弼が暗殺された桜田門のすぐ近くで「二・二六事件」が勃発したその同じ年である。その時代背景のことについては、文中に「我が大日本帝国を発展せしめ……」という言葉で分かるように、多くを語る必要はない。ただ「井伊大老について」を書き残してくれた三浦綾子のことについては、やはり、あと少し書いておきたい。

三浦綾子は作家生活の初期に一区切りをつけるために、自伝小説として『石ころのうた』（一九七四年、角川書店）を書いている。ご本人は、

「女学校に入った時から、小学校教員として敗戦を迎えるまでの、平凡な女の、平凡な話である」

と語っている。先に長々と引用させていただいた「井伊大老について」の作文も、この『石

ころのうた』や、高野斗志美《たかのとしみ》著『評伝　三浦綾子　―ある魂の軌跡―』（二〇〇一年、旭川振興公社）に収録されている。

その『石ころのうた』の終わりで、当時の彼女の状況を「石ころのわたしの青春」と呼んでいる。一途に国家のためにささげつくした青春の全体が、悪夢の虚構にすぎなかった時、その青春を生きた者は、国家に利用され、ふみにじられ、そして捨てられた「石ころ」にほかならないのではなかったのか、というわけである。

昭和二十一年（一九四六、二十四歳）に小学校教員を退職。その後十三年間は、肺結核、脊《せき》椎《つい》カリエスなどのために苦難の闘病生活に入ったが、それに打ち克つ強い精神力を持っていた。

昭和三十九年（一九六四、四十二歳）、朝日新聞社の一千万円懸賞新聞小説の公募に応募し、応募総数七百三十一篇の中から「氷点」が第一位に入選。のち、体調不良のまま執筆活動を続け、八十余点の作品を残し、七十七歳で多臓器不全のために惜しまれて逝去している。「苦難こそ神の賜物」と、真摯《しんし》に生きたクリスチャンでもあった。

幸いなことに、私のすぐ近くに三浦文学についての権威・久保田暁一《くぼたぎょういち》先生（滋賀作家クラブ会長〈当時〉、故人）がおられる。先生は作家生活を続けておられる頃の三浦綾子とごく昵《じっ》懇《こん》の間柄であったと聞いている。同じクリスチャンで評論家でもある久保田先生の著書の中に『三浦綾子の世界　―その人と作品―』（一九九六年、和泉書院）、『お陰さまで　―三浦綾子さんからの百通の手紙―』（二〇〇一年、小学館文庫）などの作品がある。お住まいは湖西の高島市であるが、旭川市の三浦綾子の自宅にも病気見舞いなどで訪問されたりしている。

その久保田先生に改めて三浦綾子の「井伊大老について」を読んでいただき、ごく短時間のうちに恐縮しながら、その感想を聞き出した。七十九年前に書かれたその作文を一読されて、

「三浦さんらしく、きっぱりと言い切っているところがすごいですね」

とわずかにひと言、ぽつりとおっしゃった。

三浦綾子は「いかに生きるか」ということを、大衆の一人として、大衆と共に考え、大衆の心を大衆の言葉によって表現する、ということを明解に自覚されていた語り手であったと評価されている。平成十三年の時点で、三浦文学は十七ヶ国・十三ヶ国語に翻訳され出版されている。それらの本の国の内外を含めた総発行部(冊)数は、何千万冊になるのか、見当をつけることさえむつかしい。

私の本棚にはよく見えるところに「井伊直弼」をタイトルにした本が三冊並んでいる。出版順にいえば、吉田常吉著『井伊直弼』(一九六三年、吉川弘文館)は名著で、直弼研究のための学術書でもある。次に徳永真一郎著『井伊直弼　―物語と史蹟をたずねて―』(一九七四年、成美堂出版)があり、こちらは小説風にまとめられていて読みやすい。もう一冊は母利美和《もりよしかず》著『井伊直弼』(二〇〇六年、吉川弘文館)で、地元の彦根で活動(当時)されている現役の学究の徒らしく、新しい資料などを有効に駆使されて直弼像に迫ろうとする労作である。

今回、『評伝　三浦綾子　―ある魂の軌跡―』を手に取り、その中に「井伊大老について」

の文章を見つけ出し、この拙文を書くに至った動機はそれほどむつかしいことではない。前記の三冊の書物を並べても、若き日の三浦綾子が書いた「直弼論」は、そのわずかな分量の文中に込められた直弼への強い思いという点において、のちに一流の作家となる女性の青春の日の記録として、決して引けをとるものではなく、価値のあるものであったと評価したいのである。

十四歳の女学生が、雪国北海道旭川の地でいみじくも出会った歴史上の人物井伊直弼に、熱い思いを寄せて「井伊大老について」を書いた日があったことを、彦根市民の一人として、その記憶に留めておきたいのである。

平成十年六月に三浦綾子記念文学館がオープンした。場所はもちろん旭川市の郊外で、神楽という外国樹種見本林の中である。

瀬戸内寂聴《せとうちじゃくちょう》さんが札幌から足を延ばし、その記念館を訪れた時に、

三浦さんの記念館は、『氷点』の舞台になったという美しい自然林の中に建っていて、白亜の、いかにも女性の文学館という瀟洒《しょうしゃ》で可愛らしい建物であった。林の中に、ささやかな教会が建っているように見えた。雪の日々には、どんなにかまた、美しいだろうという想像をかきたてられた。

というコメントを寄せている。

林の中にひっそりと立つ館・三浦綾子記念文学館の白い建物の中の常設第二展示室「作家への道のり」の第二コーナーには、今も「井伊大老について」の感想文が展示されている。展示替えもあることだろうから、確認をして、機会があればぜひ訪ねてみたいものである。

以上は「彦根郷土史研究」第四十四号（二〇〇九年、彦根史談会）に掲載した原稿をそのまま転載させてもらった。

理由は次の三点である。

昭和十一年（一九三六）に、北海道旭川市の少女・堀田綾子（当時十四歳）が書いた「井伊大老について」の歴史感想文が、私の胸の内に深くしみ込んでいて、それは文学的見地からも見直されるべきであると考えていた。

第二に、本年（平成二十七年）は井伊直弼が彦根城内の槻《けやき》御殿で文化十二年（一八一五）に誕生して以来、ちょうど二百年の節目に当たり彦根市ではその記念行事なども企画されている。

第三に、三浦綾子の後半生を力強く支え、口述筆記を引き受けるなどして、三浦文学の共働作業を担った三浦光世氏が、昨年（平成二十六年）十月三十日に惜しまれて逝去された。ご夫妻とも昵懇の間柄であったと聞く久保田暁一氏のご心境を慮《おもんぱか》り、光世氏追悼の思いを共有できないかと考えた。

発芽期というにはあまりにも若々しい十四歳の堀田綾子の「井伊大老について」の作文を、三浦綾子の「直弼論」と捉えたには訳がある。二十世紀の最終年度（一九九九年十月）に七十七歳で昇天された一女流作家の文章表現力というか説得力を、世紀を超えて、高く評価したいと考えたからである。

その作文に明快に提示された井伊直弼に対する評価には、一驚《いっきょう》を禁じ得ないものがある。明解な主題を捉まえて、それを組み立て支えていく巧みな筋書きが見事である。登場人物の性格・心理・行動等の視覚的描写や、劇的な場面の転換を含めた物語性もある。そして分かりやすく、たたみかけるように読者の心に迫っていく話法がある。

その頃の少年少女雑誌『少年倶楽部』が彼女に与えた文章の表現技術を、ほぼ完全といえるレベルにまで引き上げて、それを昇華している。どれほど通俗的と批判されようとも、少年少女の胸の内にある欲求を充足させるに足る理念を提供することができていると思う。

本文中に紹介した『評伝　三浦綾子』を書いた高野斗志美氏は、北海道の出身で平成十年には「三浦綾子記念文学館」の館長も務められた作家でもある。作品中の「第二章　石ころの季節」からの引用をお許し願いたい。

国粋主義が幅を利かせている当時にあって、井伊直弼の心情のうちに〈大義親を滅す〉

という信念を認め、安政の大獄を肯定するということは、世間一般の常識を破る大胆な発想であった。尊王攘夷の志士たちを弾圧してはばからなかった幕末の独裁者的な幕政のリーダー・井伊大老の行動を是認することは、尊王攘夷派が理想化されていた戦前においては、いわば異端的思想として批判されるかも知れない懼れがあった。そういう時代のタブーを、女学校二年生の生徒が、その意図の如何に関わらず、結果として大胆に打破し、ユニークな井伊直弼像を描きあげたことは注目されていいことであろう。

平成の時代に入った昨今、直弼のことを異端児的思想の持ち主であった、と評する人はいない。

今また、日本の歴史が分岐点に立つを思う時、三浦綾子的な大胆な発想が若い人の間から出ないものかどうか待たれるところである。

「滋賀作家」第百二十六号(二〇一五・六、滋賀作家クラブ)

緑陰の墓碑

五月の龍潭寺《りようたんじ》参道は、萌黄《もえぎ》色の若葉のトンネルである。山門をくぐり、観光客が立ち寄る庫裡《くり》を左手に通り過ぎ、正面の観音堂の裏手に廻る道は佐和山城跡への登山道でもある。

しばらく歩くと左側一帯に龍潭寺墓地が開け、古い墓碑が数えきれないほど建ち並んでいる。墓地のまわりは樹木が生い茂り、山裾《やますそ》が崩れてきたりしているが、それぞれの墓碑は思い思いのところで、それぞれの家系の来歴と個性を主張している。

墓所の真ん中の通路を左折して少し行くと、右側に「大老　井伊直弼生母之墓」という石柱が見える。墓碑は風化が進みざらざらしているが、「要妙院殿瑞室智晢大姉」と刻まれた文字は、かろうじて読みとることができる。

俗名を君田富子《きみたとみこ》といった直弼の生母・要妙院は美貌《びぼう》の賢婦人として知られ、立ち居ふるまいは優雅で、絶世の佳人であったといわれている。藩中、とりわけ槻《けやき》御殿の人たちは直弼の生母・富子の方を「彦根御前《ごぜん》」という敬称で呼んでいたという。御前などという尊称で呼ばれたのは、数多い井伊家側室の中でも要妙院ひとりであったらしい。

富子の方は江戸の町方の出身であったが、直弼の父・井伊直中（井伊家十一代当主）の側に仕え、既に二人の男子ができていた。直中は文化九年（一八一二）四十七歳の若さで地位を跡継ぎの尚亮《なおあき》に譲り、槻御殿に居住した。

直中は隠居暮らしを共に過ごすため、富子を彦根に連れ帰っていたのである。そして、三年のちの文化十二年（一八一五）に、富子は直弼を出産している。

ところが、直弼がわずか五歳の時（一八一九）に富子は死去している。「三十五歳を一期に、惜しまれて世を去った」とされているが、側室の出ながら「殿」の敬称の格式に取り立てられ、わずか七年のあまりにも儚《はかな》い宿命に、胸に迫る思いを持ってしまうのである。

「大老　井伊直弼生母之墓」の石柱は、昭和五十七年（一九八二）に彦根の郷土史家・細江敏氏（元書店主）が建立しているが、それとは別にアルミ板の案内解説が「たちばな会」の手で立てられている。

天保十二年（一八四一）二十三回忌法要に直弼がこの墓に詣でた時、墓碑のうしろにあった松の木を見上げ、

　　そのかみの煙とともに消えもせでつれなく立てる松ぞわびしき

と、亡き母を偲んで詠んだ歌が残されている。

歌といえば、ふと個人的にお会いすることのできた井伊家の歌人・井伊文子さんのことを、

なぜかその場で思い出していた。

十年も前の日の日記が残されていた。

文子さんは想像していた以上にお若く、美しく、話しやすい八十一歳であった。お浜御殿裏の広いお庭を「手入れが全然できておりませんのよ」と、しっかりした足どりで先導され、大いに恐縮させられた。一見して美しく整った庭園とは言い難いものがあったが「わたくし、ありのままが好きなの」とおっしゃったその一言で、全てが理解できたような気がした。

龍潭寺は元和三年(一六一七)に創建されただけに、墓地に建つ墓碑も年代を重ねたものが多く、昭和、平成のものはほとんど見られない。

お隣りの清涼寺《せいりょうじ》にも藩主の実母としての墓があるのだが、私は樹木に囲まれて独立して建つこちらの墓に気持ちを奪われる。一段高い石組で仕切られ凛として建つ石に、井伊家の持つ特有の雰囲気が漂っているからであろうか。

私はそこに、四百年にわたって受け継がれてきた「質実剛健」の気風を見、「ありのままが好きなの」とおっしゃった井伊文子さんの言葉を噛《か》みしめていた。

左右の花筒に季節の花が生けられていた。

以前、「いつも同じお顔のご婦人がひとり、お花を持って参拝されています」と洩《も》らしておられた住職の言葉が頭の中をよぎった。

「ひこね文芸」第三十四号（二〇一五・十、彦根文芸協会）

福地桜痴『幕末政治家』に直弼を思う

司馬遼太郎が井伊直弼のことを決して良く書かなかったことは、小説『最後の将軍　―徳川慶喜―』を読めば分かるし、名著とされる『街道をゆく　―近江散歩―』の中でも「直孝」についいては多く書かれているが「直弼」についいては、ほんの申し訳程度にしか記述されていないことと併《あわ》せ考え、残念なことだと考えていた。

ところが後になって、明治という時代を生きた高名な新聞人「桜痴居士《おうちこじ》・福地源一郎《ふくちげんいちろう》」の著書『幕末政治家』（二〇〇三年、岩波文庫）を読むに至って、積年の鬱憤《うっぷん》が晴れるような思いを抱いたものである。その内容は、

徳川幕府の末路といえども、その執政諸有司《ゆうし》中にあえて全く人材なきにはあらざりき。

の序言に始まり、

井伊掃部頭《かもんのかみ》は幕府内外困難の際に当たりて、大老の重任を負い、以て幕閣の上に立ち、

おのれが信ずる所を行い、おのれが是《ぜ》とする所をなしたり。幕権を維持して異論を鎮圧し、その強硬政策を実施するにおいては、敢為《かんい》断行してさらに仮借する所なきがごとき、決して尋常の政治家が企及し得べきにあらざるなり。

と論じ、政治家直弼をよく評価している。

「そもそも井伊家は、徳川氏譜代第一の攻臣にして、大老に任ぜらるるの家柄なり」などと、時代を思わせる文章表現も興味深いものがある。

幕府の衰亡もまた、歴史の進歩であるという視点から、そこで重任を果たした人物の才能と仕事を明確にすべき、との意図で執筆されている。福地桜痴の直弼論を座右に置き、金亀山《こんきやま》の白亜の天守や櫓《やぐら》の偉容を眺める時、四百年の歳月と彦根市民であり続けることの重みを感じるのである。

「彦根クラブ会報」第八十五号（二〇〇七・五、彦根クラブ）

Ⅱ　お濠のうちそと

一徹の人

―遠城謙道とその妻・繁子―

彦根城内の金亀《こんき》公園に井伊直弼《いいなおすけ》公の銅像が建っている。ところが、すぐその近くに「遠城《おんじょう》謙道《けんどう》師之碑」と刻まれた二メートル余りの立派な顕彰碑が建っていることは、それほど知られていないようである。

それだけではない。東京の世田谷区にある井伊家菩提《ぼだい》寺・豪徳寺でも、宏壮で格式の高い境内に「遠城謙道遺蹟碑」という石碑が、直弼公の墓碑に寄り添うように建てられている。彦根藩の歴史資料にも、直弼の伝記などにも登場することのない遠城謙道は、文政六年（一八二三）彦根生まれの藩士であった。

十五歳で鉄砲隊に入り、医学、儒学や絵画を学ぶなどし、特に禅の修業を積み、武士としての魂を磨くことに余念がなかったという。

ところが桜田門外における大老直弼公の横死のあと、悲憤の余り主君の旧恩に報いるべく同志と謀り、老中に抗弁するもこれは果たせず、切腹することさえ考えたがそれは「犬死」と判断したらしい。僧侶となり直弼の墓守りを務める決心をし、仏門に入り、平右衛門の名を「謙道」と改め、清涼寺《せいりょうじ》で剃髪《ていはつ》している。

時は慶応元年（一八六五）のこと。家名を捨て、妻子を残しての江戸へという固い覚悟に、謙道の妻・繁子は大いに驚いたらしい。二人の間には六人の子供がいて、繁子のおなかの中にはもう一人の子を身籠《みごも》っていたというから、それはもっともなことであった。

「資性純誠卒直、一たび心に決すれば容易に其節を屈せず、黧面《れいめん》粗服《そふく》毫毛《ごうもう》も辺幅《へんぷく》を修せず一見傖父《そうふ》の如し」（遠城保太郎編『遠城謙道伝』一九〇二年）と評された謙道のことであり、至誠を以て一貫するその態度にはいささかの揺るぎもなかったように思われる。

江戸・豪徳寺に移った謙道は直弼公の墓の近くに庵《いおり》を作り、終生墓掃除をし、雨雪寒暑《うせつかんしょ》を問わず読経《どきょう》をし、その霊を慰めること実に三十七年、主君の墓前でその生涯を全《まっと》うした。

句「妻子まで捨てて落葉の掃除坊」が残されている。

同じ『遠城謙道伝』の文中に「繁子略歴」があり、そこに妻・繁子に関する記述がある。

　固より謙道師の本懐にして、寧ろ其跡を高潔にし其節を全くするものと謂うべし。其配繁子は是時既に二十九、今や所天に生別の悲を見、禄高没収の痛に遭ひ、家に財蓄の裕あるにあらず。而も膝下に六人の子女を擁し、苦心是時より悲澹たるはなし。

とある。夫・謙道が江戸に発つ覚悟を決めた時のことである。

艱難辛苦《かんなんしんく》の中でも気丈夫な繁子の心中には、既に決するものがあったのではなかろうか。
「富岡製糸場《とみおかせいしじょう》と絹産業遺産群」が世界遺産への登録が決定した。日本の産業近代化を象徴する建造物や機械が、百四十年にわたり管理保存されていたのだから立派である。ところが、彦根でもほぼ同じころに、近代洋式機械を備えた製糸工場が市内の平田町に出来ていた。

明治初めの頃、廃藩により彦根の地に見切りをつけた士族や商人たちは、どんどんと町を離れていった。残された藩士の妻や娘は製糸工場に職を求め、再び活気あふれる町を取り戻したいと精励していたのである。

先に操業していた富岡製糸場帰りの工女（後の女工さん）から、機械に習熟した技術を学び、士族の娘たちは独自の技術習得をめざしていた（工場は明治三十四年〈一九〇一〉に閉鎖された）。

一方、富岡製糸場では工女不足に悩み、彦根藩からの堅実な子女の出願要請がきていた。謙道の妻・繁子も三十九歳になっていたが、幸い長男は上京し苦学中、嫁がせた娘もあり、躊躇《ちゅうちょ》なく故郷を捨て、残る二人の娘と共に上野国《こうずけのくに》（群馬）に向けて、徒歩で出立《しゅったつ》している。

富岡製糸場では遠城謙道の藩主への高邁《こうまい》な忠誠ぶりが伝えられていて、尾高惇忠《おだかあつただ》（渋沢栄一の兄）等が繁子の到来を待ちかねていた。着任して間もなく工女取締の任についたが、繁子を待っていたのは予想もしなかった製糸場宿舎内での伝染病であった。

工場では六百人以上の工女を抱えていたが、明治十三年（一八八〇）夏には窒扶期《チフス》病（腸チフス）が大流行し、七十人から八十人の工女がバタバタと病の床《とこ》に臥《ふ》せることになった。繁子の仕事はまるで病室と化した宿舎内での看護、介病の指導役を兼任せざるを得なくなっていた。

貧窮《ひんきゅう》の中、女手ひとつで七人の子育てをし、各種賃仕事や介護まで精力的に経験していた繁子の指示や自らの行動は徹底して厳しく、男勝りとさえいわれた繁子の粉骨砕身の看護などによって、伝染病はやがて治まった。

彦根藩最後の藩主、直憲《なおのり》公の援助もあり、遠城家長男の兵造は医科大学を卒業し、九州唐津《からつ》の病院長に招かれ、のち東京で開業している。繁子は東京早稲田の兵造宅にて過ごし、愛国婦人会の創立に関わったり、当時の婦人の亀鑑《きかん》として表彰を受けたりしながら、稀《まれ》にみる九十九歳という長寿に恵まれたという。

直憲公の計らいかどうか、繁子の墓もまた井伊家菩提寺の豪徳寺の大きな樹木に囲まれて、掃除坊、謙道と共に永い眠りについている。

「ひこね文芸」第三十三号（二〇一四・十、彦根文芸協会）

鳰の声 ―歌人・木俣修とその父―

旧中山道《なかせんどう》の古い松並木が残る彦根市葛籠町《つづらまち》に「月通寺《げっつうじ》」という寺院がある。切妻破風《きりづまはふ》造りで四脚門《しきゃくもん》の山門は立派ではあるが、五〇メートルほど続く砂利《じゃり》敷きの参道の先にある本堂はそれほどのものではなく、ごく質素な造りである。

少年の頃から寺に出され僧籍にあったという木俣本宗《きまたほんしゅう》は、永年勤務していた郡役場での勤務を終えると、隠遁《いんとん》生活を兼ねて、当時は無住であったこの寺で仏門に入っていた。

木俣家は彦根藩時代の城代家老・木俣清左衛門に通じる家柄がその本家であった。彦根城博物館発行の「侍中由緒帳《さむらいじゅうゆいしょちょう》」によると、最終禄高《ろくだか》は一万石《ごく》、井伊直弼の時代には文久二年（一八六二）の政変で、京都を追われた長野主膳《ながのしゅぜん》を、屋敷内に匿《かくま》ったりしている。

彦根城表門橋の近く、重要文化財「馬屋」の反対側の一角に、大樹に囲まれて建つ家老屋敷が木俣家の本家跡である。月通寺で過ごす木俣本宗家は分家であり、いわば傍流《ぼうりゅう》といわれる身分ではあった。

本宗の次男・修《おさむ》（本名・修二、明治三十九～昭和五十八年〈一九〇六～一九八三〉）は、父・本宗が滋賀県愛知郡《えちぐん》の役場書記をしていたこともあり、現愛荘町中宿《あいしょうちょうなかじゅく》で生まれている。のち修は県内の現東近江市《ひがしおうみ》（旧永源寺町）や現長浜市木之本町などを家族と共に転居しながら、大正十五年（一九二六）に滋賀師範学校を卒業していた。

修はその頃しばらくは、その月通寺の庫裡の一室で東京高等師範学校の文科へ進学すべく、受験勉強に余念がなかったものと考えられる。

当時の月通寺の姿は、百年近くを過ぎた今でも変わることなく、竹藪《たけやぶ》や藪椿《やぶつばき》に囲まれ、江戸期のものらしい宝篋印塔《ほうきょういんとう》や石灯籠《いしどうろう》もそのままに、豊かな自然の中に密かに息づいている。

修は幼少の頃から文学少年で、石川啄木《いしかわたくぼく》や北原白秋《きたはらはくしゅう》、そして若山牧水《わかやまぼくすい》などの歌集を、暗唱してしまうほど読んでいたらしい。そして、大正期に鈴木三重吉《すずきみえきち》によって創刊された児童文学雑誌「赤い鳥」との出会いは、修にとって運命的なものとなった。

大正九年（一九二〇）一月号に初めて修の綴り方が入賞「赤い鳥」に掲載され、その後次々と綴り方、詩、自由画などが掲載されるようになる。

東京での師範学校の頃から北原白秋に認められ、世田谷区若林にあった白秋の自宅にも出入りを許されていた修であったが、昭和六年（一九三一）からは仙台の宮城県師範学校で教鞭《きょうべん》をとることになり、三年のち昭和九年には富山県の富山高等学校に転任となっている。

富山への赴任の時に郷里の父を彦根の月通寺に訪ね、父・本宗を喜ばせている。本宗は富山まで同行し、立山連峰が一望できる修の新任地を見て安心したという記録があり、親子の情愛に微笑ましい思いを持ってしまう。

「父は平々凡々の貧乏生涯を送った人で、お人よしだけが取柄で一生を通した」と、修の自著『忘れ得ぬ断章』（一九六八年、短歌新聞社）に書かれているが、昭和十五年（一九四〇）、彦根の月通寺で父・本宗が脳溢血《のういっけつ》で倒れた。

東京では師・白秋の視力に障害が出たこともあり、修は勤務の余暇を見ては上京し、そして彦根の父の看病とに多忙の日を送っていた。修は自著『故園の霜』（一九七一年、短歌新聞社）に、豪雪の中、遅れの激しい北陸線に乗り、彦根郊外の葛籠町に父を見舞った時のことを書いている。

再び起つことはもうむつかしいだろうと医者は言っていたが、それを思うと、長年離れ住んでいたことが惜しまれてならなかった。少しでも看病にあたりたいという切情のままに、冷えこみの激しい夜もいとうことなく、こんこんと眠り続ける父に侍《はべ》っていた。

十五年十一月、父・本宗は帰らぬ人となった。

修は、歌集『短歌哀唱』（一九七三年、新潮文庫）で、父の最期を詠んでいる。

病む父のにほひ愛《かな》しみてわれは坐《ゐ》つ短日の日射しとどく畳に

師の白秋からも、すぐに弔電《ちょうでん》が届いている。

木俣本宗氏近江にて帰寂、乃ちその子息たちに弔電す。
霜月五日土に日ざしの沁み入るをまなぶたあつくみつめまをしぬ　　白秋

翌昭和十六年（一九四一）、修は白秋の郷土九州各地の古代遺跡を白秋一家と共に巡礼しているが、同年十二月、母・稚が急逝している。白秋は自分の息子を、修がいた富山高校に通学させるなど、木俣修には相当な信頼を寄せていた。

翌昭和十七年、修は父の一周忌を営んでいた最中に、師・白秋死亡の報を受けることになる。連続して起きた三つの不幸は、多感な詩人にとっては生涯の危機であったと考えられるが、修はその悲傷を思い出の中に封じ込め、自らの迷いや苦しみを自らの歌に詠み込んだ。

また、白秋生前の遺沢《いたく》に応えるための道を志向し、それらを立派に成し遂げている。修の作品や短歌に関する著書『日本の詩歌』（一九七六年、中公文庫）、それに加えて『白秋研究』（一九四九年、文化書院）などは、学会でも高く評価され、昭和三十七年（一九六二）には、日本近代文学館設立に大きな貢献をしている。

一方では、玉川学園から昭和女子大学教授、のちに実践女子大学文学部長などを歴任しながら、宮内庁御用掛《ごようがかり》を拝命、新春一月初め宮中で行われる華やかなセレモニー「歌会始め」の選者として、その任を永く務めている。

木俣修は、その生涯に一万首以上の歌を発表している。『木俣修全歌集』（一九八五年、明治書院）には優れた短歌九千余首が収められていて、ふるさとの歌も入っている。昭和三十三年（一九五八）、現愛荘町の中山道沿いに残っていた古い旧居を訪ねた時の歌がある。

藩老の裔もなにせん微かなる官員となりて生きし父はも

日露役の事務とるとこの街にきほひけんわがいまだ生れぬ日の若き父

こころざし得ずしてこの街を去りにけん父はみどり児のわれを抱へて

これらの歌を読むと、修がひたすら父を想うその感懐に心動かされ、熱いものがこみあげてくるのである。さらに歌集『呼べば谺《こだま》』（一九六四年、牧羊社）には、その時に月通寺にも立ち寄ったらしく、「旧屋《ふるや》」という修の作品が残されている。

亡き父のゆかりの人ら生き生きて八十の翁いまなほ酒をたしなむ

戦に死にたる友の父親の野良着のままに来てわが名呼ぶ

一語一語もらさざらんと耳をたつ亡き父が友の翁らのこへ

これらの歌は、すべて父・本宗への思いにあふれていて、ロマンチックな情緒を感じさせるものであるが、その感覚の世界の底に流れる人生論的哀感が、いっそうの詩情を高めてくれる。

短歌というのは、常に作者のヒューマン・ドキュメントでなければならない。

とする木俣修の持論と、鋭い感性と深い人間性とを窺《うかが》い知ることができるように思う。かつて、城代家老の一族、その末裔《まつえい》に生まれたことなど、言葉に出てくることがあっても、歌詠みの世界では思惑はそれらを超越しているように思われるのだが、どうだろう。

「旧屋《ふるや》」最後の歌に、

石投げてさびしみし日よ篁《たかむら》はけふも奥ふかく笹鳴の音

という歌があるが、こちらの月通寺の庭奥にあったと同じ竹藪や藪椿が、東京・高井戸の木俣邸にも植えられてあったという話には、興味深いものを感じるのである。

努力家の修は常に前向きの歩みを続けるが、人生詩人としての使命感にあふれていたのか、後に続く若人に期待してのことでもあろう、各地の学校に頼まれ校歌の作詞を数多く手がけている。昭和二十七年（一九五二）頃から昭和五十六年（一九八一）頃までの間に、全国六十校ほどの小・中学校や高等学校の校歌の作詞を手がけている。

歌詞の多くは童謡「とんぼのめがね」で知られる平井康三郎が作曲をしているが、沖不可止《おきふかし》作曲という校歌も数多くある。郷里滋賀県内の校歌も手がけ、彦根市内では市立南中学校、同東中学校、同鳥居本中学校などが木俣修の作詞で、どの校歌にも郷土愛が盛り込まれている。

近江高等学校の校歌もまた、昭和三十二年（一九五七）、木俣修によって作詞されている。平成十三年八月、甲子園球場の球児や応援スタンドの観客を背景に、ＮＨＫテレビのネットワークを通して全国津々浦々にまでその歌詞が映し出された。

琵琶湖の水の色ブルーをイメージしたユニフォームに身を包んだ近江高校の選手たちが、にこやかに、そして誇らしげに歌ったこの校歌の歌詞は、

湖の街彦根の空
雲と明かりてうるわしき
白亜の校舎ここにして
窓うち開く若人の
声こそ響けほがらかに
学べよ深くわが真理
ああわれら　近江高校

というものであった。学校がどの街《まち》にあるのか、を周知してくれただけではない。校歌は、夏の甲子園大会の一回戦、二回戦、準々決勝、準決勝と、計四回にわたって画面に映し出され、声高らかに歌われたことが忘れられない。

修の父、木俣本宗の墓は、佐和山のふもと井伊家菩提寺の清凉寺墓地にある。墓石の正面には「木俣本宗」と「木俣稚」の名が並び、その下に「卜其ノ子孫之墓」と刻まれている。何でもない名前の刻み方ではあるが、両親の愛情をそのまま誠実に受けとめて、修をはじめ六人の子供たちがそれに報いようとする思いが察せられ、何とはなしにさわやかな気分にさせられる。本宗は倒れるその日まで、手元を離れた六人の子供のことを日記にこまごまと書いていたという。

木俣本宗が居住した葛籠町の月通寺には今また住職が居ない。本堂には行基菩薩《ぎょうきぼさつ》の彫造と伝わる地蔵菩薩が安置され、わずかばかりの本宗の遺品も残されている。留守を預かる年配のご婦人がひとり、咲き乱れる境内の花の香りの中で、佳《よ》き日々を送っておられたが、訪ねてくる人もほとんどなく、今はどうしておられることだろう。

昭和五十四年（一九七九）、春の叙勲《じょくん》で勲三等瑞宝章《くんさんとうずいほうしょう》を受けた修は、翌五十五年十一月、滋賀県文化賞も受賞している。そして、昭和五十七年秋、彦根市立図書館の入口の正面に、四国伊予産の石に刻まれた佳麗な歌碑が完成した。

城の町かすかに鳰のこゑはしてゆきのひと夜の朝明けんとす

と、詠まれた歌碑の石は漆黒《しっこく》で、文字はあざやかな白である。お濠《ほり》一つ先の距離のところに木俣屋敷も残されている。

市民が誇らしく思うこの歌人の碑、その除幕式に出席した修は、翌五十八年春に厳しく峻烈な七十七歳の生涯を終えている。この歌碑が全国各地に建つ木俣修最後の歌碑となった。

鳰《にお》はカイツブリの古称である。白亜の櫓《やぐら》や天守、張り巡らされたお濠、その近くで聞いたカイツブリの声、それらに象徴される風情《ふぜい》と望郷の念。それこそが、近江国《おうみのくに》が生んだ近代の歌人・木俣修が、終生持ち続けた郷里へのしたたかな執着であり、修自身の原風景でもあったように思われてならない。

「滋賀作家」第百二十七号（二〇一五年・十、滋賀作家クラブ）

お城の桜

―彦根へ「ござれ」のまごころ―

お濠端の小道をゆっくりと歩く。人の気配に驚いたのか、足もとの石垣の陰から小さな水鳥が一羽、ツツー、ツツーと水面を走った。水跡が白く光る。その白い光の線の先に緑の樹木を通して城山の天守が見える。

そこは「埋木舎《うもれぎのや》」の斜め向い「旧池田屋敷長屋門」の南側を入った所で、私のお気に入りの静かな場所である。市立図書館前で見てきたばかりの歌碑に詠まれた「城の町」を実感させてくれるし、その歌人「木俣修」の先祖、城代家老を務めた木俣家の屋敷は、この中濠のすぐ向こう側に残されている。

尾末町《おすえちょう》と呼ばれるこの一帯は、築城以前の「彦根古図」を見ると「尾末山」という山になっている。その後、藩政時代になってからであろうか開墾《かいこん》が進み、天保七年（一八三六）の「御《ご》城下惣絵図《じょうかそうえず》」によれば、その町内の全域が「武家屋敷地」と変わっている。ところが、その後、武家士族人口の急減の時代が到来し、家屋も減少し、あるいは取り壊され、この一帯は明治の初め頃には空き地が多く、荒れ地同様に草が生え放題になっていたらしい。

吉田繁次郎（一八八七～一九五六）の父・吉田惣次郎（一八五九～一九一八）は、そうした空き地に目をつけ、そこに牛を飼うことを思いついたのである。仏教思想の影響を受け、牛乳・乳製品を摂《と》る習慣のなかった日本人ではあったが、時代は変遷し、明治政府は飲用牛乳の生産を奨励し、食の面においても洋風化を目指していた時期でもあった。

屋敷の多い所から、この尾末町の広い用地に移り、牧場を拓《ひら》き乳牛を飼ったのは、そうした時代背景と「滋養」のある新しい食品を彦根の町民により広く提供したい、という父・惣次郎の熱い願いがあったからに違いない。兄たちも搾乳《さくにゅう》、加工などの家業を手伝っていたが、弟の繁次郎はとりわけ機転も利き、積極的に仕事をしたことから、商品化された牛乳を販売することに努力をした。彦根の町内はもちろん、遠くは中山道近くまで販路を広げ、早朝からの配達全般をまかされていた。

血気盛んな繁次郎ではあったが、この時期、目の前のお濠をはさんで仰ぎ見ることができた天守を、朝に夕に手を合わせるように拝んでいた父・惣次郎の姿が目に焼きつき、城下町彦根で、将来自分にできることは何であろうかという考え方が強く芽生えてきていた。

独立して寿司屋（後に「ござれ食堂」）を開業し、町会議員にもなっていた吉田繁次郎が、お城の一帯に桜を植えることを思いついたのは、昭和八年（一九三三）の皇太子誕生の年で、繁次郎は既に四十六歳になっていた。

実際に植樹作業にとりかかったのは、翌昭和九年のことであるから、今、彦根城近辺や城内の目につくようなところに立つ桜の木は、そのほとんどは七十数年前の風雪に耐えて生き延びてきた古木、老木である。

そして「ソメイヨシノ」がほとんどであるというその種の桜の寿命は、樹木医さんに聞くと、七十年から八十年くらいまでだという。

繁次郎は、非常時体制に入ろうかという昭和のむつかしい時期に、どういうわけか作業の邪魔をされたり、集めた寄付金のことであらぬ噂をたてられたりの妨害をものともせず、ひたすら「桜の彦根城」を夢見て、組織の力を借りず個人で苗木を買いに行き、固い土を掘り起こし、植樹をし、添え木を立て、水をやり、病害虫を取って歩いたという。

苗木が育って、やっと背丈をこえるほどになって、桜が花をつけ出した昭和十八年(一九四三)、繁次郎にとってたった一人の息子・洋次郎が、外地で戦死したことを知る。この時代に戦争があったという日本の歴史は悲しい。繁次郎にとっては惨《むご》い知らせであった。愚直とさえ思われるほどの一徹さを持った繁次郎の「桜」に対する思いはいっそう高まり、深まっていった。

父は自由奔放《ほんぽう》なところがあり、正に頑固一徹であった。自分でこうと決めれば、人の言うことは聞くことはなかった。

と、教えてくれるのは繁次郎の末の娘さんで大阪近郊の地で市会議員として永年ご活躍、議長まで務められたことを繁次郎は知らない。

彦根城の櫓を代表する天秤櫓《てんびん》に向かって、左右両側の石垣に桜の大木がある。天守の東側広場にも名木といわれるソメイヨシノが、白壁に映えて絢爛《けんらん》たる花を咲かせる。私は、よく目につくところに咲く古木の姿と、着物姿で木を見廻っていた吉田繁次郎の姿とが、瞼《まぶた》の中でオーバーラップすることがある。

桜花は黙して語らない。そして、繁次郎もまた、晩年は多くを語ることはなかったと聞く。

ここ尾末町の吉田牧場は、後に土地続きでもあった「大森牛乳」と提携したらしい。今はどちらの跡形もなく「旧池田屋敷長屋門」のみが、貴重な文化遺産として残されている。

お濠の水鳥が二羽になって戻っているのを眺めながら、弓道場の方へと歩を進めていた。

「ひこね文芸」第二十六号（二〇〇七・十、彦根文芸協会）

頼山陽夫人の土人形

「鞭声《ベンセイ》粛々《シュクシュク》夜河《ヨルカワ》を過《ワタ》る」という漢詩がある。

それが「川中島の合戦」を詠んだ江戸末期の代表的詩人・頼山陽《らいさんよう》の作であることは、よく知られたことである。ところが、生涯にわたって頼山陽を支え、良妻賢母の鏡といわれた山陽夫人・梨影《りえ》が彦根の生まれであったことは、それほど知られていないことである。

彦根市南部の湖岸の地・三津屋町《みつやちょう》の旧家・疋田《ひきた》家は、代々機織《はたおり》をしながら農業を営んでいた。疋田家の四女として寛政九年（一七九七）に生まれた梨影は、わずか二歳で母と死別し、四歳の時に京都の機屋に養女として貰われたという。

十二歳になり、京都の有名な蘭医・小石元瑞《こいしげんずい》の屋敷で、行儀見習いとして奉公していた。

一方、頼山陽家は皇室にも関わる名門であり、父・頼春水《しゅんすい》は広島藩に儒学者として仕えていたが、山陽の幼少時には江戸詰であった。

広島で母と二人暮しの山陽は、天賦《てんぷ》の才に恵まれ、十二歳の時に「立志論」と題する詩を作り、十四歳の正月には「千載《センザイ》青史《セイシ》に列《ツラ》ならん」という、大家も及ばぬような五言古詩を作って、周りの人たちを驚かせている。

寛政十二年(一八〇〇)、二十一歳の時、命がけで広島より脱藩、やがて捕えられ制裁され自邸に幽閉されたが、その三年の期間にのちの『日本外史』の稿本はほぼ出来上がっていたという。

文化八年(一八一一)、京都の小石元瑞の世話で家を借り家塾を開いているが、京都の学者連中は山陽のことを良く言わず、閉鎖的であった。

幼くして生家を出された梨影であったが、機転のよく利く明るい女の子であったらしい。小石家から山陽の塾のお手伝いに来ていた梨影は、ある日先生である山陽の書に目を止め、

「伸びやかな中にも、深い思いがいっぱい詰め込まれている——。うち、先生のそんな字が好きどす」

と、すっかり京都弁になってしまっていた梨影はそんなことを言う。それに加えて、

「先生のお名前は、頼山陽とおっしゃるんどすか」

などと言う。山陽の名前も知らず、しかも自分の「書」を評してその字が好きだなど、よくもぬけぬけと、と皮肉の一つでも言いたい気持ちが山陽に湧いたが、それはほんの一瞬のことであった。

「何卒《なにとぞ》、ごゆるりとおくつろぎくださいますように……」

と、両手の指先を揃えて畳につき、静かな物腰で引き下がる女の優しい一面も見せられて、

梨影が小石家の使用人、つまり下女であると思い込んでいた山陽は自分を恥ずかしく思った。と同時に、「おれの生涯の伴侶は決まったぞ！」と、ひとり悦《えつ》に入《い》っていた。

我慢することが苦手の山陽は小石元瑞に「梨影とやら申す御女中《おじょちゅう》に、私の妻となってもらうことに決めました」と即刻申し入れをし、元瑞は山陽の放蕩《ほうとう》歴なども知りながら、小石家の養女として梨影が嫁ぐことを許した。

時に梨影十八歳、山陽三十五歳であった。

梨影は山陽の仕事をよく理解し、無学であることが山陽の妻としてその名誉に傷がつかないかと、寸暇《すんか》を惜しんで読書や習字に精励した。弟子に対する山陽の講義を襖《ふすま》の陰から一語も逃さず聞き取り、むつかしいところは山陽が暇な時に教えてもらったり、煮炊きをする間も何かの書を手にしたりしていたと伝えられる。

のみならず、母として支峰《しほう》（学者）、三樹三郎《みきさぶろう》（勤皇の志士）の二人の子を立派に育て、山陽の母・梅颸《ばいし》に孝養をつくし、山陽はもとより、多くの塾生からも慕われたという。

山陽は妻の郷里彦根近辺の風景を好み、松原内湖《ないこ》で詠んだ詩も残されている。記録によると、天保三年（一八三二）五月、彦根に来て藩の重臣・岡本黄石《おかもとこうせき》や谷鉄臣《たにてつおみ》に「経書《けいしょ》」を講じている。

ところが同年六月喀血《かっけつ》。わずかの闘病後、九月には五十三歳で帰らぬ人となっている。妻・梨影は未完の『日本政記』を、弟子と協力し、三年後に完成し、山陽の墓前に報告している。

昭和十二年（一九三七）、彦根市三津屋町の琵琶湖岸に近い旧家跡に「頼梨影夫人生誕地の碑」と徳富蘇峰《とくとみそほう》が揮毫《きごう》した文字が刻まれた立派な石碑が建った。建立《こんりゅう》の何日か後に梨影の人柄を知り、童話作家・野口雨情《のぐちうじょう》が参拝し、その時に世話になったという礼状を地元の人が持っている。

最近では山陽の出身地広島県竹原市の「頼山陽顕彰会」が、団体でこの地を訪れている。いつ頃のことか、地元の有志の人が梨影さんに似せた土人形を手作りでこしらえ、それを撮影した古い写真が、石碑のすぐ前の圓徳寺《えんとくじ》に残され、ご住職が大切に保管されている。

多忙の日々を過ごし、画像などが残されるはずもなく、梨影さんの面影を偲ぶことのできるたったひとつの額入りの写真。その人形は、普段着の着物の襟《えり》から伸びた首がやや長く、なかなかユーモラスで「本人にそっくりにできている」と地元の人たちに伝え続けられている。

「ひこね文芸」第二十九号（二〇一〇・十、彦根文芸協会）

たか女　幻影

―京都・金福寺にて―

犬上川《いぬかみがわ》に沿って多賀町に入ったところに楢崎《ならさき》という地域があり、そこに高源寺《こうげんじ》という古い寺院がある。寺のすぐうしろは山になっていて、山門は佐和山《さわやま》城の搦手門《からめてもん》を移築したものであるといわれ、正式には天徳山高源禅寺と呼ばれる臨済宗《りんざいしゅう》妙心寺派の禅寺である。

その高源寺で住職が案内してくれた書院の床の間に、年老いて何となく精彩のない表情の村山たか女《じょ》の画像が、掛軸《かけじく》として飾られていたのには大変驚かされたものである。

描かれている老女は羽織姿で座っており、よく見れば気品は備わっているものの、その表情には老いの淋しさが色濃く漂っている。この画像の老女が、幕末の激動期に井伊直弼と長野主膳を助けて隠密となって諜報活動をし、また女性としては激しい恋に生きた村山たか女であるということは一見しただけではとても分かるものではない。

「たか女」の名は「多賀の女」がなまったものといわれ、高源寺がそれを所蔵していることに不思議はないのだが、見せてもらったことが思いがけなかったこともあり、その時見たたか女晩年の画像というのは、その後も私の頭の中にこびりついて離れず、何かの時にふと思い出されたりしたものである。

舟橋聖一著『花の生涯』（一九五三年、新潮社）を読み出して、つい引き込まれるように読み終える理由のひとつに、村山たか女という一人の魔性の女の登場が大きいのではないかと私は考えている。たか女の美貌については舟橋聖一氏が「たか女覚書」（一九六八年、新潮社『舟橋聖一選集』」第五巻）で書いている。生きながら晒《さら》されている「生き晒しの写生図」に関してである。

その静かに瞳をとざした顔は、悟りをひらいた高徳の尼僧のように見え、彫りの深い鼻すじから、頬の線のなめらかさは、天女の花顔を思わせた。そして庶人はその美しさに気押され……」と書き、たか女の晒し図は、「まことに静寂穏和の姿である」とも書かれてある。その美しさはたぶん尋常ではなかったのであろう。しかしながら、物語の中ではあれほど活発に動き、二十一歳の頃には京都の芸妓《げいぎ》やかたで女将《おかみ》の妹分までつとめたという才色兼備の女性の姿は、高源寺のたか女晩年の画像からは窺い知ることができないのは、無理もないことなのであろうか。

暑さも盛りの七月中半、洛東一乗寺《らくとういちじょうじ》の地に金福寺《こんぷくじ》を訪ねた。

たか女が三条河原で生き晒しの恥ずかしめを受けた後、奇跡的に助けられて、文久二年（一八六二）尼僧となって直弼、主膳等の菩提を弔い続けたというその寺である。

金福寺は芭蕉《ばしょう》や蕪村《ぶそん》とも縁が深く、洛東における俳諧《はいかい》の聖地ともいわれるにふさわしく、草《そう》庵《あん》を思わせる風情をあちらこちらに残しながら、瓜生山《うりゅうやま》のふところひそかに息づいているように感じられた。

そして、私の心を強く捉《とら》えたものがある。

それは、本堂南側の庭に夏日を受けて咲く可憐な桔梗《ききょう》の花であった。

書院の中に並べられたたか女関連の資料、遺品、位牌《いはい》、そして生涯大切にしていたという直弼からもらった和歌の書かれた軸などを見て、ふと目を移した庭先に咲く桔梗の花は、書院の縁先に置かれた沓脱石《くつぬぎいし》に沿って、十株ほども植えられていただろうか。

白と、うす紫の二色の清楚な桔梗の花は、その場になんと似つかわしく、またその先にある大刈込《おおかりこ》みを背景にした白砂に映える花の姿のなんと美しく感じられたことか。

金福寺の住職に多賀町高源寺のたか女の画像のことを話す。そして住職から教えてもらった「頂相《ちんぞう》」という言葉について考える。禅宗では高僧の肖像を写実的に描き、像主自身の「讃」を入れて残すことがあるのだという。たか女の画像もその「頂相」の類《たぐい》ではなかろうかというわけで、私もそのように考えたい。

京都金福寺で描かれたものであろうその画像が、どうしてたか女の郷里に運ばれ、そして今日まで残されたのであろうか。たか女の心は生涯、直弼にあったのかと思われるが、その直弼は先に桜田門外で暗殺されている。

過去を忘れ、剃髪をし、悟りをひらいて私心なく、年老いてただひたすら仏につかえる姿、それを郷里の誰に見てもらいたかったのであろうか。

金福寺の庭に咲く桔梗の花だけがそれを知っているような気がして改めて花を眺めると、その向こうの刈込みの中に立つ槇《まき》の木の下に、一瞬たか女の影を見たような気がして、はっ、とした。

よく見ると、織部形《おりべがた》というのであろうか、いかにも古めかしい石灯籠が一つ、凛《りん》として建っているその姿であった。

芭蕉庵の屋根だけが見える高台の樹木の中から、まだ啼《な》きはじめたばかりの蟬《せみ》の声が聞こえていた。


「ひこね文芸」第十八号（一九九九・十一、彦根文芸協会）

石碑《いしぶみ》の詩《うた》

――細江敏さんのこと――

古くから「松原」と呼ばれている集落の東側は、水路と道路一本をはさんで、滋賀県立彦根スイミングセンターと向かい合わせになっている。琵琶湖を背にし、佐和山に向かって立っているのだが、右前方に滋賀大学と彦根東高校の艇庫《ていこ》が並び、その上方に天守を望むこともできる。

彦根藩が永年にわたり京都守護職を務めていたことは知っていたが「井伊水軍水主町跡《かこまち》」という石柱が、この地に建っていることは知らなかった。水路からほんのわずか西に入った小路《こうじ》の道端に、さりげなく建っている石柱の側面には、大きなことが書かれていた。

藩政当時　この地に井伊水軍の根拠地あり
京都に一朝《いっちょう》事あれば　直ちに湖上より聖上をお迎えに上がる
松原御早船と称する朱塗りの快足船が常備されていた

細かく、三行にわたって刻み込まれたその文字の持つ意味の深さを考えながら近くを見ると、その年代を思わせる土壁の倉があった。

水路沿いを少し歩いたところに農家の作業場があり、採りたてのトマトを年配のご主人が段ボール詰めされていた。恐縮しながら、もうひとつ気になっていた石碑のことについて、その場所をお尋ねした。「百間橋跡《ひゃっけんばし》」という石碑はこのあたりにはなく、関西電力ビルの向こう側にあるのだろう、とのこと。

ご主人が話の中で、何とはなしに不機嫌であった理由はすぐに分かった。彦根の近世の歴史で著名な松原内湖百間橋というのは、

「そら、すぐその目の前から始まって、内湖の中を向こう側まで繋《つな》がっていたもんが百間橋と言うて、わしらは子供の頃によくそこらで遊びまわったもんだよ」

と話しておられて、その石碑は当然すぐこの近くにあるのが本当だ！という強い思いを汲みとってやるべきであった。その事もあり、

「このあたりは今でも水主町と言うんですね」

と、近くの掲示板に残されていた古い地名のことを思い出し、念を押してみると、

「そうやがな。ここは昔から水主町でなー」

と心なしかうれしそうに、作業の手を休めることなく、日焼けした首をたてに振っておられたことが何よりであった。往時、常に屈強の漕《こ》ぎ手を揃えていたことであろう水主衆、その先祖の血が今も流れているのであろうか。

「百間橋跡」という石柱は、大洞弁財天《おおほらべんざいてん》に行く途中の、松原町千原《ちはら》自治会館脇に立っていた。清凉寺や龍潭寺《りょうたんじ》へ行く踏切のすぐ近くである。ここから松原内湖を経て琵琶湖に通じる、稲妻形の橋が架けられていた。その橋も佐和山城の落城とともに取り壊され、今「佐和山城百間橋跡」の石柱が一本残されているだけで、かつての百間橋の面影は跡形もない。

『私の建てた彦根市内の石碑六十基の解説』は、彦根の元書店主で郷土史家でもある細江　敏《さとし》氏が、平成三年に限定出版された冊子である。

「井伊水軍水主町跡」や「佐和山城百間橋跡」も載せられている冊子を手にお濠端を歩く。「いろは松」に始まり「井伊大老歌碑」の案内石柱、「家老木俣屋敷跡」「重要文化財馬屋」「家老脇家屋敷跡」と、細江敏の名前がうしろに小さく刻まれた石柱が続く。

城内の石段を登ると、天秤櫓の廊下橋手前右、桜の木の下に「蕪村句碑」が建っている。

鮒《ふな》すしや彦根の城に雲かかる

と草書《そうしょ》で刻まれた文字は、蕪村の真筆《しんぴつ》を拡大したものである。中ほどが少しくびれて、人形を思わせる珍しい形のその自然石は、細江宅の庭に据えられていたものを持ち込んだと聞く。囲われた竹垣の中へ入れてもらい、石碑の裏に刻まれた文字を読むと「彦根開府三百五十年　本町　細江敏建立」とある。開府を築城の意味に解釈をすると五十二年前（当時）の昭和三十二年（一九五七）のことである。

当時市会議員の職にあったとはいえ、お城を思う強い熱意と信念とで、ほとんど独力で自宅の庭の築山《つきやま》に置かれていた主石《しゅせき》を運び上げたという、敏のその心意気に驚かされる。

昭和十年代、敏は近江聖人・中江藤樹《なかえとうじゅ》の遺墨帖《いぼくちょう》を出版している。のち吉田松陰《よしだしょういん》、橋本左内《はしもとさない》の遺墨帖も出版しているが、安政の大獄で小塚原《こづかっぱら》（江戸時代の刑場）の露と消えたご両人への思いが如何《いか》ばかりであったのか、歴史と人物を辿るロマンチストぶりを窺い知ることができるのである。

私は石を見るのが好きである。石という素材が持つ形、力強さ、個性と寓意性、そして耐久力と重量感などに酔いしれるのである。

城下町彦根を「町ぐるみ歴史博物館」として後世に残したい世界の文化遺産であろうとすれば、石碑が似合うこの町に、石の案内人をあちらこちらに配し、史実と詩情と、そして彦根人の「もてなしの心」を石に託し続けたという、細江敏の功績は限りなく大きい。

明治四十年（一九〇七）岐阜県生まれの敏は、若くして彦根で書店を開業。平成六年に八十六歳で没するまでの六十余年は、明らかに彦根人であった。今、敏は佐和山のふもと井伊家菩提寺の墓地で、どのような夢を見続けているのだろうか。

「ひこね文芸」第二十八号（二〇〇九・十、彦根文芸協会）

金亀城
―山本捨三先生のこと―

彦根城下聞鐘
郷里時鐘《じしょう》響
旅情　忽転遷《たちまちてんせん》
名城山上聳《そびえ》
嫋々剰音《じょうじょうじょういん》延

わがふるさとに時の鐘響き
たちまち旅情は移り変る
立派な城郭は山上に聳え
鐘の音の余韻が、細く長く響いて途切れることがない

五言絶句のこの漢詩は、湖国短歌会「みづき」に所属され、生涯彦根に心を寄せられ、満百歳まで詩を詠み続けられた山本捨三《やまもとすてぞう》先生が、平成十五年に詠まれたものである。

山本捨三先生は、明治四十三年（一九一〇）彦根市城町の山本勝太郎氏の長男として生まれている。中央町の蓮華寺《れんげじ》には先祖代々の墓地があり、仕切りの中には風雪に晒され文字も読めなくなった墓石が三十基余り、ところ狭しと建ち、ご一族の絆の強さを感じさせる。

蓮華寺は関ヶ原合戦のあと彦根にやってきたといわれる古刹《こさつ》だけに、旧彦根藩の藩士で埋まっていて、先生の先祖もまた藩士であった。

旧制彦根中学、第四高等学校、京都大学国文学専攻を卒業し、戦争に召集されすぐ敗戦。のち神戸女学院大学、関西学院大学、熊本女子大学名誉教授などを歴任後退職。昭和五十八年（一九八三）秋には勲三等瑞宝章を受章されている。

『日本近代詩研究』（一九五四年、三和書房）、『現代詩の視点』（一九六一年、日本談義社）、『現代詩の史的展望』（一九七一年、桜風社）など、現代詩に関する著書が多く、漢詩の創作は定年の頃からであると『丘南漢詩集』（二〇〇四年、サンライズ出版）の「詩集後記」で、ご本人が述べておられる。

冒頭の「彦根城下聞鐘」と次の七言律詩「寒稽古《かんげいこ》」は、山本先生九十歳半《なか》ばの望郷の詩である。

寒稽古

湖上寒風厳濠畔《ごうはん》
雪飛囲道場皚皚《がいがい》
換衣《かんい》冷感 鍛《きたえ》心気
戛戛竹刀《かつかつちくとう》磨剣才
文武両途《りょうと》従古守
剣柔ニ道今猶《なお》盛

彦中級友残存少
回想寒稽古永生《えいせい》

詩は、旧制中学時代の剣道の寒稽古を思い厳しい冷気の中で竹刀《しない》の音に、今もなお守られている文武両道のおかげで、長生きさせてもらっていますよ、と解読できる漢字を眺めるだけで、その詩の意味は分かるような気がする。

山本先生は寒稽古の一端として、城山を往復されたのだろうか。選手でもあったその時の汗の雫《しずく》が、城の石段にしみついていたのかもしれない。などと考え込まされてしまう。


山本先生が日々仰いだ彦根城も、ピンチを迎えた時があった。明治四年（一八七二）廃藩置県で城郭施設は不要となり、取り壊しが決定した。天守解体の足場も組まれた明治十一年（一八七八）、明治天皇と一緒に北陸巡行をしていた大隈重信《おおくましげのぶ》は、目前の天守を仰いで感じた。大隅は四十歳までは九州佐賀城を朝夕眺め、その後とり立てられた佐賀藩士、地味な佐賀城と比べてこれほどいかめしさのない、純情無垢《むく》な美しい城は見たことがない、と胸に迫る思いを持ってしまった。

解体はいつでもできると決め、天皇への進言をし、宿泊先の旧近江町（現米原市）福田寺《ふくでんじ》の奥方（京都の公家出身で明治天皇のいとこ）の、強い意向とも重なって、彦根城は命拾いをした。

別の話になるが、大隈重信は彦根藩士の努力により、横浜掃部山《かもんやま》公園に建つ井伊直弼の銅像除幕式の来賓挨拶で、何ら臆する事なく、「文明日本の今日あるは、君の殉国と、君の先見と、君の叡智によるところ大である」とぶちあげ、薩・長・土・肥（佐賀）の仲間から非難を受けた話が語り継がれている。

ところで、山本捨三先生の漢詩を取り上げてきたが、先生は金沢の四高《しこう》在学中から短歌を作り、昭和六年（一九三一）「アララギ」入会、退職後熊本を離れ大阪に住まいを移すも、彦根の「みづき」への投稿を終生欠かせることはなかった。

平成九年、改修された彦根城を詠んでいる。

ふるさとはいまだ寒しと見送りし彼岸の墓参花時に会ふ

本丸と鐘の丸つなぐ廊下橋チャンバラ映画なじみの掛け橋

本丸の桜は今を盛りなり新参の天守閣とわれ対面す

なづみつつ城山下れば歴史博物館すでに閉まりて物音もせず

「みづき」第二百八十五号（一九九七・五）

親友として永く昵懇《じっこん》にしていただいた私の岳父《がくふ》は、築城四百年祭の年（平成十九年）に九十八歳で亡くなったが、山本先生はその後三年、平成二十二年（百歳）まで生き、私たちに心を込めた自筆の年賀状を送ってこられていた。

姫路城が華やかな白で白鷺《しらさぎ》城と呼ばれるのに対し、彦根城が黄金に輝く「金亀城《こんき》」と呼ばれるのは実に爽快でいいことだ。私も、一度も戦火を交えることなく、静かに四百十年を迎える金亀城を何よりも誇らしく思う。

山本先生はその思いを短歌に託されていた。

本籍を今も彦根に残しおく心の中にああ金亀城

「みづき」第三百二十九号（二〇〇九・夏）

「ひこね文芸」第三十五号（二〇一六・十、彦根文芸協会）

春立つ風　―彦根の詩人・藤野一雄さん―

その人のことをもっと知りたい、お会いもしたいと思っていた矢先の輪禍《りんか》であった。お濠端の桜も散りはて、奥様のお気持ちも少し和《やわ》らいだかなと考えながら、藤野一雄さんが住んでおられた風見鶏《かざみどり》マークの家を訪ねた。

奥様とは初対面であったが、遺影への供花《きょうか》のあとすぐに打ち解けていただき、東京の孫娘さんの話を持ち出すことも間もなくできた。

私は二人の孫娘さんのうち、下の苑子《そのこ》ちゃんの小学校四年生の時の姿をよく憶えていて、その聡明さというか物事に対する関心の示し方に、何か怖いものさえ感じていたのである。空き店舗を活用して「まちなかギャラリー」をやっていたところへ、文芸の大先輩・藤野さんと一緒に来てくれた苑子ちゃんの強烈な印象は、その後四年間消え去ることはなかった。

東京都葛飾区《かつしかく》の小学校の体育館の入口に、お正月休み、春休み、夏休みのあと何日かして、全校生徒の前に張り出される苑子ちゃんの作文があったという。作文には彦根のおじいちゃんと一緒に見に行った琵琶湖の向こうの青い山や空、そして暑い日に登ったお城や弁天さまのこと、その町の空気がおいしかったことなどが書き綴《つづ》られていたようである。

奥様はお話し好きであった。最近の手紙に、「私はいつかおじいちゃんの一生を書きたいと思う。おじいちゃんのことは、もっと世間に知らしめてみる必要がある。苑子がぜったいにそれをやる」と書かれ、奥様をことのほか驚かせたらしい。

最近十一年間（当時）の『藤野一雄作品集』を読む。合計百三十篇の詩が集められているが、彦根の町のことや、自転車で巡られた琵琶湖周辺のことに思いを寄せた作品が七十二篇とその大半を占めている。「淡雪の町」「鳥磁石考」「湖の岩石」などに、町の風土と共に生きられた明敏な郷土詩人であったことが立証されていて、身の引き締まる思いを抱かせるのである。藤野さんは「濠ばた晩秋」「ある冬の日に」「濠端小景」など、城内のお濠端の風物がお好きであったらしい。とりわけ「埋木舎」の斜め向かい「旧池田屋敷長屋門」の南側を入ったあたりの詩を多く作られているが、そこは偶然にも平成十九年の「ひこね文芸」で私もとりあげていた石垣に沿った小道である。

拙文中に「明治の終わり頃には乳牛が飼われ、牧場になっていた」などと、確実な資料もなく聞きとりだけでそのことを書き、その後も一抹《いちまつ》の不安を抱えていた。ところが平成二十年に藤野さんが詩「僕とイチョウと」を発表されていて、迷いは一気に払拭《ふっしょく》された。

昔の武家屋敷の門と土塀を残してゐる
濠に沿ふ小径は屈折しながら続いてゐる
イチョウの葉が目の前に落ちる
城の高い石垣の裾に軽鴨が並んでゐる
父と母と子らと五羽が日を浴びてゐる
小学六年生のとき　あの城壁の木立から
ここの牛舎と二本のイチョウの樹を写生したのだ
あのころの灰青色の屋根の牛舎は
とっくに窓の大きな住宅に変わってゐる
（後略。傍点は引用者による）

というわけで、藤野さんの六年生は昭和ひとけたの頃であり、うれしい証人の登場であった。

最後の作「濠の水の面」はその終局がきびしく描かれている。

幾つかの角を曲った処の水面は　枯れ蓮の折れた茎の三角形で一杯だ
冷たくて明るい砥石色の丸い葉を浮かべてゐた
空いた水面に一と番い鴨が静かに浮いてゐた

とお濠の水面を活写されているが、自らの心象風景を重ね合わせたような「砥石《といし》色の丸い葉」という表現に思わず言葉を失うのである。

「近江詩人会」が「追悼・藤野一雄さん」という特集号を出されていて読ませていただいた。四十名ほどの詩の仲間が、短期間のうちに県外からもそれぞれの思いを寄せられた冊子で、ひかえ目でありながら存在感のあった気骨《きこつ》の人・藤野一雄さんが炙《あぶ》り出されていて興味深い。

大雪の日以外は毎日通われていた図書館や、直接手紙を持参されていた郵便局本局の職員さんたち。そしてよく通われていた珈琲《コーヒー》茶房《さぼう》の主人やご近所の商店街の皆さん、シャイで小柄なひとりの登山帽姿の老人が見えなくなって、淋しい思いでおられることでしょう。

東京の苑子ちゃんに申し訳ないが、その人たちに教えてあげたい。『立春小吉』という詩集が図書館にありますよ、と。そこには、「五位鷺」や「カイツブリ」や「濠にくる鴨」たちと一緒に、藤野さんがおられますよ、と。

その詩集に「星」という詩が載っている。星を見上げることが少ない、と鋭く指摘される〝この土地の人びと〟に、くり返し読んでもらいたい熱き希《ねが》いの込められた詩である。

今、城の町の夜空に、瞬《また》きを忘れない優しい星を一つ、見つけ出すことができるはずである。

「ひこね文芸」第三十号（二〇一一・十、彦根文芸協会）

エスカルゴ　―鎌田淡紅郎さんと戦争―

古風な建物の間を通って、石畳のなだらかな坂道を上って行くと、モンマルトルの丘があった。そこには、学生の時よく聞かされていたように、ところ狭しとばかりにキャンバスが立ち並び、絵筆をふるっている人でいっぱいであった。

この文章で始まる「エスカルゴ」という鎌田淡紅郎《かまたときお》さんの作品を読んで、私は市民文芸に触発されたような気がする。

しろうとの領域を超えた文学というものに、何とはなしに憧れを持つことができたような気がする。退職後間もなくの私は「彦根市民文芸」に入選したり、全国紙の投書欄に初めて投稿したものが時宜《じぎ》にかなった内容で話題にもなったりで、すっかり有頂天《うちょうてん》になっていた。

鎌田さんなどの先輩の存在を知らず、今思うと実に思慮の足りないことであった。

作品「エスカルゴ」はそのあと少し飛んで、

この後の旅行コースは昼食になっていて、丘の中腹にあるレストランに入った。料理はエスカルゴ料理と聞かされていて「エスカルゴ＝フランス語で食用のカタツムリのこと。欧米人には美味とされ、最大の消費地はパリである」と、案内書の解説にあると続く。フィリピンのルソン島で戦場の最前線をさまよい歩き、山岳地帯でゲリラ部隊のような毎日を過ごし、食べられそうなものなら何でも口にした経験を持つ筆者に、やがて思いがけないことが起きる。

フランスのグルメを期待して、早速二個の塊を口に入れた。二～三度噛んで、「ああ、この味だ」と飲みこんでしまった。昔、味覚の底の方に沈みこんで、忘れていた味と古い記憶がよみがえってきた。

私はすぐ席を立ってトイレに行った。少し吐き気がしてニガミのあるゲップが上ってくるような感じがした。急いで水を飲み、しばらくじっとしていた。

傍らに座っていた同じグループの若い夫婦の容器を見たら、もう空になっていた。気持ち悪くなったのは私だけらしい。

と、その場の状況はそこで留め置きながら、思いは残酷な戦場に走る。

近くの山に出かけてイゴロット族（原住民）の焼畑を探しまわり、甘藷をあさって命をつないだ。畑が見つからない時は、雑草の軟らかいものしか口に入らなかった。

誰もがどこにいても、何か食えそうなものを追いかけるのが本能のようになっていた。時には日本兵どうしで食糧をめぐって命をかけるようなことさえあった。

などと書き進められている。

作品「エスカルゴ」もそうであるが、著者・鎌田さんの文中には戦闘場面は一切出てこない。作品は単なる戦記ではなく、飢え衰えてさまよい歩く日本兵の姿がまざまざと描かれているだけである。その日本兵の人間としての姿から、戦争の悲惨さ、空しさを力強く訴える文章力は読者をひきつける。

小説ふうな作品や随筆《ずいひつ》、あるいは評論のような作品ありで、あたかも雑炊《ぞうすい》のような趣《おもむ》きになった、と話されながら平成十二年に『ルソン島の戦記』を編集し刊行された。

戦死した者の生きざまを、遺族に伝えるのが生き残った兵の責任ではないか、という思いと、戦争を二度と起こさないために、戦争の実態を多くの人に知ってもらいたいと、この二点を胸に留めながら、黙々と書き綴られた戦争体験三十篇はずっしりと重い。

『ルソン島の戦記』の「はじめに」に、

その頃よく夢をみた。逃げても逃げても、重砲、迫撃砲に追いかけられ、もう駄目だと覚悟した時、叫び声でよく家族を驚かせた。そんなことが二十年以上も続いた。

と書かれている。

そして、そのような体験の中から、作品「生涯の悔恨」などという象徴的なものが生まれてきたものだろうと考える。

そこには、生き残って帰ってきた自分自身に対する罪の意識が描かれている。

東北の四大祭りのひとつ弘前市のねぶた、その巨大な人形の大きな目と眉《まゆ》の武者絵を、正視することができないらしい。睨《にら》みつけられているように見えて怖いというわけである。私はそこに著者・鎌田さんの東北人としての純粋さというか、かくしだてのできない高度の人間性の豊かさというものを感じてしまうのである。

遺体は近くに穴を掘って埋めた。雨と涙でぐしゃぐしゃになりながら、もし生きて帰ることができたら、必ず迎えにくるからと誓いながら土をかけた。

ねぶたには精霊送りの要素もある。私は戦友のいまわの一言をきけず、誓いも果たしていない。武者人形の目、太鼓の響、それは私の罪の意識をかきたてる。でも、それは一生持ち続けなければいけないのだろう。

と、生涯断ち切ることのできない悔恨の念をさらけ出して、「生涯の悔恨」という短篇を結んでいる。

鎌田さんの生まれ育ちは秋田県であった。名門、旧制秋田中学を四年終了で農林省水産講習所（現東京海洋大学）に入学、昭和十七年（一九四二）に北部十七部隊に入隊され軍事教育を受けておられる。「淡紅郎」は「トキオ」と読み、この粋で美しい名前は、お父さんが旧制中学の漢文の先生であったことによるものと考えられるが、縁があって滋賀県に来られたことは私たちにとっては幸せなことであった。県の職員となり、水産課から醒井養鱒場《さめがいようそんじょう》に入り、昭和五十二年（一九七七）に養鱒場長で退職されるまで、淡水魚の研究に没頭され、貢献もされたといわれる。

鎌田さんは小柄で人なつっこい人でもあった。自宅にお伺いし、文学論や処世術を聞かせてもらったりしたが、一時間で帰ることはなかったように思う。

また、柔軟な一面も持ち合わせておられ、身近な女性に関心を寄せられるロマンチストでもあった。そのひとつを紹介させていただく。

その女性とは整骨院で知り合ったということであったが、後によく聞くと私と同級生のＫ子さんで、普段は目立たないおとなしい人で、足を悪くされ不自由な身体《からだ》であったことはそれとなく知っていた。

彼女が飼っていた亀が死んで、その遺体を松原水泳場の砂浜に埋めにいった話から、その話し相手に格別の思いを持たれたのであろうか。それ以上のことは聞かされた憶えはないが、彼女はその昔彦根の遊郭《ゆうかく》があった袋町《ふくろまち》に住んでいた。

その袋町で最近までお座敷料亭をやっていて、私も利用させてもらったことがあるが、その環境というか雰囲気を少しも感じさせない、品性さえも感じさせる女性であった。不幸にも鎌田さんが亡くなり、駅前のセレモニーホールで告別式があった時、K子さんは不自由な足をひきずるようにして参列しておられて、思いがけずに目が合った私と咄嗟《とっさ》に黙礼を交わし合ったことを忘れられないでいる。

私たちの随筆グループでは「多景島《たけしま》」という同人誌を年一回発行している。その第八号は「鎌田淡紅郎遺作抄《しょう》」として鎌田さんの作品七篇がとりあげられている(平成十七年)。その作品群の最初に「初恋の人と菩薩さん」が掲載されている。

たまたま入院された病院で「これから担当させてもらう主治医です」と挨拶《あいさつ》を受けた女医さんに、初恋の女性の面影《おもかげ》を見るという話も興味深い。それは東京から転校してきた女の子で、中学生になって一度葉書《はがき》を出したことがあると告白されているが、小学生の頃の鎌田さんが登

場することになる。その後も、

「彼女は、私の夢の中によく現れた。あ、あそこにいると思って寄ってゆくと、幻のようにふっと消えていった」

と、記述されているが、この時の入院は満八十歳を越えられてからである。

「この後、病気と彼女とどう向かい合えばよいのか。菩薩さんにお任せするしかあるまい」

と、半ば観念したような表現も出てくるのだが、その気持ちの若さはどうだろう、まるでシェイクスピアの舞台劇に登場するような若者の苦悩を、ベッドの病人が語っている。この先輩にはとても敵《かな》わないと思ってしまった。


私は自衛隊という言葉の中の「隊」という文字が嫌いだ。そこに、今度は「軍」という文字が使われだした。自衛隊を国防軍に呼称変更しようとする議論である。

驚いた。戦中を生きた日本人はみんな驚いた。みんな驚かなきゃ駄目だ。

何ということだ。これでは鎌田淡紅郎さんは、ゆっくり成仏《じょうぶつ》できないではないか。あちらで菩薩さんに巡り会うことができないではないか。

子供の頃、空飛ぶB29をいっぱい見たからいうのではない。政治的立場でいうのでもない。今生かされている人間の一人として、血が通っているヒトの本能的な叫びとして申し上げたい。「戦争は嫌だ！」と。

鎌田さんと同じ頃に亡くなられた女流詩人、茨木《いばらぎ》のり子さんの詩「わたしが一番きれいだったとき」の一部を引用し、鎌田さんの文学と重ね合わせ、その思いを共有しながら「ペン」の持つ力について思いを深めたい。

わたしが一番きれいだったとき
街々はがらがら崩れていって
とんでもないところから
青空が見えたりした

わたしが一番きれいだったとき
まわりのひとたちが沢山死んだ
工場で　海で　名もない島で
わたしはおしゃれのきっかけを落してしまった

わたしが一番きれいだったとき
だれもやさしい贈物を捧げてくれなかった
男たちは挙手の礼しか知らなくて

きれいな眼差しだけを残して皆発っていった

（後略）

この詩に、戦争に抵抗する美意識を感じる。なんという皮肉一杯の凄い詩だろう、と感じると同じように、私は鎌田淡紅郎さんが全作品を通して訴求《そきゅう》している共通のものを肌で感じることができる。それはまぎれもなくヒューマニズムである。

「一番きれい」と「戦争」との単刀直入な対比は、鎌田文学における「人間」と「戦争」との対比に似て、心惹《ひ》かれるものがある。そして、どちらにも悲愴な発想とリズムの中に、何とはなしにロマンの香りが漂っていることを見逃してはならないと思う。

どちらの作品も、味わい深く悲しい旋律《せんりつ》を奏《かな》でながら、その中で私たちに聞かせてくれるものには、温かいハートが秘められている。

十二月がきて、鎌田さんのお顔が見られなくなって満八年（当時）となる。月々の例会の時に、ふと鎌田さんの面影が過《よ》ぎり、淋しく思うことがある。今年の師走の風は心なしか冷たく、そしてきびしいような気がする。しかしながら、生涯を通して反戦を貫き、死の直前までロマンに生き、ヒューマニストとして生きたひとりの東北男児に心を寄せながら、それを乗り切らなければと考えている。

「多景島」第十六号（二〇一三・二、多景島）

彦根音頭　―野口雨情と彦根―

彦根市内の文芸に関する歌碑を調べ歩いていた。「井伊家ゆかりの社寺めぐり」というパンフレットに「第十一番・金毘羅宮慈眼寺《こんぴらぐうじげんじ》」が載っている。野田山のこんぴらさんのことであり、その石段下までは行って、名木三本杉を眺めたこともある。

そこにはきっと石碑などもありそうだと思い、すぐ近くに住む友人のT君に前以《もっ》ての調査をお願いしておいた。返事があり、歌碑があると聞き、早速出かけてそれを見て驚いた。歌碑には「昭和十三年　野口雨情詠《のぐちうじょうえい》」とある。

山の中でも野田金毘羅は病厄除けあらた神

と、個性的な崩し文字で野口雨情の歌詞の一部と思われる歌が、磨きこまれた御影石《みかげいし》に彫られてある。碑には文字を小さくして説明文が続いている。

右の詩は日本三大童謡民謡詩人と称される野口雨情が当山来山の折当寺にて詠まれた詩

です。

雨情の代表作として「七つの子」「しゃぼん玉」「十五夜お月」「青い目の人形」「証城寺の狸ばやし」などがあります。

と、野口雨情のことについて書かれていた。ただ、三大童謡詩人とあるにしては、これまでこの歌碑のことは広く知られていないし、病厄《やまいやく》除《よ》けというお寺の宣伝臭みも気になり、もう少し深くかかわって調べてみたいと思った。

春の例祭の日に、当寺の信徒らしい格好をして参拝をさせていただき、交通安全の祈禱《きとう》をしてもらい、T君には住職まで紹介をしてもらった。その日、住職は当然多忙であり、また当寺は住職の交替も激しいと聞き、歌碑の資料にまではなかなか思いが巡らないことであろうと、当方で勝手に判断をした。

T君は身近のことでもあり大変協力的で、ネット検索で野口雨情のことを調べてくれ、昭和十三年（一九三八）頃には近畿地方各地を巡り歩き、「彦根音頭」を作詞していることまで分かった。あとは「彦根音頭」の歌詞の中に野田山の金毘羅宮が入っているかどうかである。

おびただしい分量の雨情の作品の中からは、童謡や民謡の歌の題名までは知ることができても、その民謡などの歌詞の全てを取り出すことまではむつかしいことであった。市立図書館には野口雨情の参考文献はたくさんあったが、地方民謡の細部にわたっての記述が入っている書籍は見つからなかった。

何ヶ月かが過ぎた。横浜から里帰りしていた息子は、業務でもよくパソコンを扱っていることを思い出し、親爺《おやじ》が陥《おちい》っている窮状《きゅうじょう》を訴えた。それほど使っていない我が家のパソコンが偉かったのか、息子の検索能力が優れていたのか分からないが、「彦根音頭」の歌詞は『定本　野口雨情　第五巻　地方民謡』（一九八六年、未来社）の中に載っているという。その本は市立図書館にはなく、県立図書館から取り寄せてもらうことになった。

民謡は詩壇《しだん》的には不遇の時代が永かったという。大正十年（一九二一）に野口雨情が「船頭小唄」を発表した。「おれは河原の枯れすすきおなじお前も枯れすすき」と、不遇時代の雨情その人と自分の詩が世に認められない煩悶《はんもん》とを、渡し船の船頭夫婦に見たて、やるせない詩情を歌ってから状況は一変したらしい。

「高踏的な作風のみが詩の境地でなく、大衆の動き、時の流れの中に無尽の詩境がある」と『定本　野口雨情　第五巻　地方民謡』はその序文で述べている。民謡や小唄が大衆の詩となり、大衆の心を捉《つか》む中で、野口雨情が果たした役割がいかに大きかったかを知ることができる。

同じ雨情作詞になる「波浮《はぶ》の港」に「やれホンニサなぎるやら」という一節がある。なんともまた親しみの持てる囃子《はやし》言葉で、中山晋平《なかやましんぺい》の曲（メロディ）もよく、耳に焼きついたら離れない。
その野口雨情が昭和十三年（一九三八）一月に彦根に来て「彦根音頭」を作詩してくれていたのである。

琵琶湖めぐりは彦根が泊り
泊りゃ帰るがいやになる
見てけ寄ってけ彦根城　（以下囃子《はやし》詞《ことば》略）

西にゆふ日の落ちゆく頃は
沖の多景島ゆふやける

彦根なつかし昔のままに
城で鳴るのは時の鐘

と、以下十七番まで続く彦根音頭の歌詞には四番以後に「伊吹山《いぶきやま》」「松原水泳場」「芹川堤《せりがわづつみ》」「鳰《にお》の浮巣《うきす》」「長曽根虎徹《ながそねこてつ》」「佐和山城址」「いろは松」「烏帽子岩《えぼしいわ》」と続き、「多賀大社」の次に「山の中でも野田金毘羅は……」と待望の「野田金毘羅」の歌詞が出てくる。『定本　野口雨

情　第五巻　地方民謡』に掲載されている歌詞は野田山の石碑に刻まれた詩と一字一句全く同じものであり、まぎれもなく野口雨情の貴重な作品の一つとして記録され、残されていたものであった。

「彦根音頭」のそのあとの歌詞には、「琵琶湖の風」「千鳥《ちどり》が丘」と続き、「大洞弁天さま」と「五百羅漢《ごひゃくらかん》の天寧寺《てんねいじ》」で終わる。

野口雨情の「彦根音頭」の歌詞を通し読みして感じることは、七十年以上という年月を経てなお、彦根の風景、叙情《じょじょう》に変化がないということである。言いかえれば、雨情がのちのちまでも残してもらいたいと願い詠んだであろう彦根の風物は、見事にそのまま残されていて、そのことは彦根市民として雨情に報告したいことであり、市民が誇りに思ってもいい、と考えるのはどうであろう。

「ひこね文芸」三十年記念号が発刊され、市内の文芸に関する碑に「野口雨情詩碑」が追加記載されたことは何よりのことであった。

「菜の花」第四号（二〇一二・四、文芸サークル「菜の花」）

豪徳寺にて直孝公を想う

東京世田谷《せたがや》にある豪徳寺は「招福猫児《まねぎねこ》」伝説の里であり、「ひこにゃん」の生まれ故郷でもある。地価の高い世田谷の真ん中にありながらその広大な用地に改めて驚く。大谿山《だいけいざん》豪徳寺と刻まれた山門に続く参道の両側に、赤松の大樹が立ち並び、鐘楼《しょうろう》、仏殿などが毅然《きぜん》と静座し、寺格の高さを感じさせてくれる禅寺である。

井伊家二代藩主・直孝《なおたか》が、この寺で飼われていた猫の招きで寺に入り、激しい雷雨を避けられたことから井伊家の菩提寺とされているが、その豪徳寺で、のちの彦根藩の藩風《はんふう》さえも決定したとされる直孝のことに改めて思いを馳《は》せる。

直孝は大坂の陣のあと幕政に参加し、将軍・秀忠《ひでただ》の病状悪化に伴って、執権《しっけん》職まで命ぜられたといわれている。寛永三年（一六二六）後水尾《ごみずのお》天皇の二条城行幸《ぎょうこう》に際し、直孝は茶人・小堀《こぼり》遠州《えんしゅう》と共に御膳《ごぜん》のことを司る役割を果たしている。「遠州好み」「きれいさび」などで知られる遠州は、千利休《せんのりきゅう》、古田織部《ふるたおりべ》に次いで将軍家茶道指範を務めた奉行《ぶぎょう》で、近江国は長浜の出身でもあった。

その遠州が江戸詰めの時、見境《みさかい》もなく茶道具などを買いあさり、公金流用事件を起こしてしまった。直孝は幕閣《ばっかく》の酒井忠勝《さかいただかつ》と共に奔走《ほんそう》し、各大名を説得し、金を出し合って遠州の生涯最大のピンチを救ってやっている。小堀遠州の名声は保たれ、茶道、建築物、庭園は今に残されている。

彦根藩にとって幸せだったことは、直弼が百五十年前に日米修好通商条約を結ぶさらに二百年も前に、直孝という果断にして賢明な藩主に恵まれていたことである。歴代藩主の墓に詣で、豪徳寺境内の松籟《しょうらい》を聞きながらそんなことを考えていた。

「彦根クラブ会報」第百十号（二〇〇九・七、彦根クラブ）

Ⅲ　近江の埋もれ人

中川禄郎

——直弼の開国論を支えた藩校教授——

(一) 中川少年が見た伊能測量隊

伊能忠敬《いのうただたか》が近江国《おうみのくに》に入り、湖岸や内湖《ないこ》の測量を行ったのは、文化二年（一八〇五）八月のことである。晩学の人・伊能忠敬はその時既に六十歳、暑さも盛りであったのだろう、記録によると彦根市南部の湖岸の地「薩摩《さつま》」では二泊している。

近江国にありながら「薩摩」というのはなぜだろうと思うが、それをいうなら「百済寺《ひゃくさいじ》」「秦荘《はたしょう》」それに「余呉《よご》」などという地名は、明らかに渡来文化の影響を受けているように考えられるから、それらの中に九州の地名があるのは、まあやむをえない。

地名がバラエティに富むことと、城郭遺跡が全国でも稀《まれ》なほど多く残されていることなどは、近江国の歴史のいわば勲章《くんしょう》である。

彦根の市街地から「さざなみ街道」と名づけられた湖岸道路を南へ走る。荒神山《こうじんやま》を左に眺め、宇曽川《うそがわ》と愛知川《えちがわ》のちょうど中ほどにあるこの薩摩は、昭和四十三年（一九六八）までは愛《え》知郡稲枝町《ちぐんいなえちょう》に属していた。

足を運んでみると、薩摩はなかなか美しい静かな集落である。目の前の大きな湖とは別に、小さな内湖が残っていて、その内湖同士が水路で通じている。今ではほとんど埋められてしまっているが、かつてこの地は、琵琶湖と内湖にはさまれた浜堤《ひんてい》の上に開けた集落であったのだろう。東に広がる豊かな水田へ農作業に出掛ける時には、底の平らな田舟《たぶね》に頼っていたらしく、百艘《そう》を超える舟が生活の足になっていたという。

その集落の南部に、ひときわ大きな敷地を持つ「善照寺」は浄土真宗本願寺派の古刹《こさつ》で、伊能忠敬の一行が宿泊したとされる大寺院である。今も、立派な山門、本堂、庫裡《くり》、鐘楼《しょうろう》、それに花頭窓《かとうまど》のある望楼《ぼうろう》のような門が別にあり、その伽藍《がらん》に往時を追想することができる。

春先に江戸を出発した伊能忠敬の一行は、東海道から紀州海岸を測量し、大坂から京都に入り、琵琶湖の東岸を北上し、この善照寺には舟で到着している。

「御測量御用一行」ということで、幕府のお役人がやって来たわけだから、善照寺はもちろんのこと、彦根藩としても出迎えのために人足《にんそく》や馬の準備などに気を遣《つか》ったであろうし、小さな薩摩の集落ではちょっとした騒ぎになったであろうことが想像できる。

寺に運び込まれた荷物の中には、道具一式、磁石台、何本かの間棹《けんざお》（間数を計るのに使う目盛りのある竿）、鎖《くさり》などの測量の道具や、柳行李《やなぎごうり》、刀箱などがあった。

のちに大老・井伊直弼《いいなおすけ》が、ペリー来航に際して幕府に提出した意見書「別段存寄書《べつだんぞんじよりがき》」の草案を作成し、直弼の開国提案の強力なうしろ盾《だて》となった中川禄郎《なかがわろくろう》（号・漁村《ぎょそん》、一七九六～一八五四）はこの時わずかに九歳、善照寺の執事・中川勘解由《かげゆ》の養子としてこの寺に来ていた。

禄郎少年は、寺の裏にある内湖から、あるいは山門から忙しく出入りする襷《たすき》がけの役人たちが、何のために、どのような道具を使って、どのような作業をするのか、じいーっと瞳をこらして真剣な表情でその様子を眺めていたに違いない。

目盛り竿の先にきらめく近江国の恵みの水、瀬田川《せたがわ》、宇治川、淀川を経て、大阪湾から大きな海に流れつくに違いない琵琶湖の水、その大きな海の向こうに見えるはずの異国の地には、どのような珍しいものがあるのだろうか。まだ見ぬその地にはどのような人たちが住み、どのような生活をしているのであろうか。大きな夢をふくらませる禄郎少年にとって、伊能測量隊が与えてくれた刺激は、ことのほか大きいものであったと考えたい。

この地薩摩と隣村の柳川《やながわ》では、中世以降人々は湖上の舟運《しゅううん》を大いに利用し、北に南にと活躍する。ところが彦根藩の時代となり、松原・米原《まいばら》・長浜の三港を彦根藩の三湊《さんそう》として特別の保護を加え、他の港への航行を制限したため、薩摩・柳川の両港は急激にさびれたらしい。でも、この変革にひるむどころか、薩摩・柳川の人々は、その旺盛《おうせい》な活動力をもって新天地・蝦《え》夷《ぞ》へと雄飛し、やがて松前商人の覇者への道を歩むこととなる。

松前漁業の開拓者といわれる田付新助《たづけしんすけ》（一五八一〜一六三二）は、当地の生まれである。彼は、不毛の地として省みる者が少なかった「蝦夷島」すなわち北海道の各地を巡り、海産物の豊かなことに驚き、松前を足場にした漁獲事業に胸を躍らせた近江商人の先駆けでもあった。

中川禄郎がこの地薩摩に連れてこられたのが、寛政年間の後半（一八〇〇年頃）と考えられることから、この地の先覚は、その二百年近くも前から、琵琶湖の遙かかなた、万里の波の向こうに出掛け、交易を企て、そして成果をあげていたのである。

善照寺の真野宏之住職に尋ねると、

「中川家は代々この寺の事務長ともいえる執事を勤めてもらっていた家柄で、この庫裡の普請《ふしん》をした時の記録に、中川勘解由という名前が見られますよ」

と教えてもらう。見上げると、太くて長い用材が大きな屋根を支える梁《はり》として何本も使われている。

『彦根市史』中冊（一九六二年、彦根市）によると「中川家は元藩士であったが、安永二年（一七七三）罪あって追放され、許されて代々愛知郡薩摩村の真宗中本山《ちゅうほんざん》善照寺の寺侍《てらざむらい》となった」とある。そして禄郎の養父となった中川勘解由は、叔父に当たるいわば親戚筋でもあった。

「境内に見える、ほらあの鐘楼の向こうが中川家の屋敷があったところですよ」

と住職に教えられ、それらしき場所に行ってみる。そこは、寺の鐘楼とは道路をはさんで西隣りになっていて、今は新築の家屋とその家の畑になっている。近くに、庭木として用いられるモチノキの古木が一本見られたのが、かつて中川屋敷と呼ばれたその土地のわずかな名残《なご》りではなかろうか、などと考えた。

「大坂冬の陣・夏の陣」では、彦根市内の明照寺《めんしょうじ》、豊郷町《とよさとちょう》の唯念寺《ゆいねんじ》、それと市内川瀬の法蔵寺とともに、二代藩主・井伊直孝《なおたか》から留守を頼まれたのがこの善照寺であった。留守中に彦根城内まで門徒を送り込んで、城中守護の任務を果たした寺もあったというのだから、善照寺の歴史は古く、城下町の歴史と歩みを共にしてきた時代の足跡ということにもなるのであろう。

中川禄郎の父は、小原君雄《おはらきみお》という国学者で、彦根藩の藩士でもあった。大菅中養父《おおすがなかやぶ》、本居宣長《もとおりのりなが》(一七三〇〜一八〇一)などに国学を学び、寛政十一年(一七九九)彦根藩藩校稽古館《けいこかん》(のちの弘道館《こうどうかん》)の和学寮御用掛《ごようがかり》となっている。いわば国学の主任教授とでもいうところであろうか。伊勢松坂の師・本居宣長とは殊《こと》のほか親交があったらしく、宣長が彦根に来て宿泊、歌会を催した記録があり、歌会の参加者の中に小原君雄らの藩士の名が残っている。

医師でもあった本居宣長は『古事記』などの日本の古典に通じ、鈴屋学《すずのや》(儒仏を排して古道に帰るべしなどとする自説)を、彦根の地にも広め、のちの長野主膳《ながのしゅぜん》を中心とする国学者にも影響を与えたという。君雄は、一方では歌の勉強にも励み、当時の藩主井伊直中《なおなか》の命により『彦根歌集十九巻』を作り、『名辨十巻《めいべん》』など多くの本を著している。天保年間(一八三〇〜一八四四)に小原君雄《おはらきみお》が撰《せん》した『彦根夫梨《ぶり》』などでは、領内の著名な歌人を全て網羅《もうら》していて、武士、僧侶《そうりょ》、町人、学者などさまざまな人の和歌を知ることができる。

君雄の人柄を象徴するひとつのエピソードを紹介する。

「一日客あり、家に奴婢《ぬひ》なく妻所用に出る、君雄古今集を手にし、且つ読み、且つ薪を投ず、妻帰れば熱湯沸々たり」（彦根市史稿　人物編）

そのような学者を父に持ち、学問をするための血筋と環境に恵まれて育った中川禄郎は、「幼にして聡敏、長じて学を好む」（近江人物志）といわれるほど、幼い時からいたって聡明で近隣にもてはやされて成長した。

最初は、藩士の西郷路郷の弟子となり漢学を学んだ。漢学の力がつくと次は朱子学、それに直接経書《けいしょ》の精神を理解すべく、芹水正尾義《せりみずまさおぎ》の弟子になって古学の勉強に励んだ。特に経術詩文については、若くして師と仰がれるまでになったが、それでも飽き足らず京都に出た。京都では頼山陽《らいさんよう》（一七八〇～一八三二）、猪飼敬所《いのがいけいしょ》などについて、さらに深く漢学を学ぶこととなる。

中川禄郎と頼山陽との交流は後に述べるが、一流の学者となる人物はおのずと一流の師に恵まれるのか、また逆に、一流の学者はおのずと一流の弟子を育てるのか、いずれにせよ、父・小原君雄と本居宣長、その弟子・中川禄郎における頼山陽との出会いなど、歴史の教科書に登場する大物を師とすることができたことは、彦根藩の学者として、その後の師弟関係の緊密さを考えても、正に願わしい出来事であったと考えたい。

禄郎は京都で学んだ後「諸国を遊歴した」（彦根市史）などと書かれているが、諸国がどこであったかは明確ではない。ただひとつはっきりしていることは「長崎」に行っていることである。長崎では長期滞留して西洋事情を見聞し、漢訳された洋書をむさぼるように読んだという。当時西洋に向かって唯一開かれていた窓口ともいえる長崎で、勝海舟《かつかいしゅう》や吉田松蔭《よしだしょういん》、それに坂本龍馬《さかもとりょうま》などもそうであったように、海の彼方の「異国」を意識することによって、自己の思想を確立していったに違いない。

当時長崎には、世界情勢に明るいとされた幕府の儒員なども勉強に来ていて、禄郎とも親しく交流したという記録がある。向学心旺盛《おうせい》な禄郎にとって、収穫の多い充実した何年間かであったはずだ。

禄郎は、天保十三年（一八四二）十二代藩主・井伊直亮《なおあき》の時に、藩校弘道館の教授となり、嘉永三年（一八五〇）直弼が十三代藩主になると、藩主に学問を授ける侍講《じこう》として召しかかえられるようになる。

中川禄郎の進取的な開国論や、各種の著書についての説明は、『井伊直弼　—その人と生涯—』（一九九〇年、彦根城博物館）の「幕末彦根藩事情」の中に、かなり詳しく説明されている。

その中で特筆すべきことは、禄郎の開国論が単に港を開いて交易を待つ、などというものではなく、日本からも出掛けて行くという、海外渡航を主張する積極的な出資貿易論であったということである。

「歴史を動かすのは人間である」として、日本歴史学会が関与し、専門学者に執筆を依頼し、吉川弘文館《よしかわこうぶんかん》が発行している「人物叢書《そうしょ》」という伝記シリーズ本がある。その中で、吉田常吉《よしだつねきち》がまとめた『井伊直弼』（新装版、一九八五年）は、詳細な周辺資料の収集と検証、それに家系図や年表に至るまで、よく行き届いている。その上、直弼像の捉え方まで納得のできる書き方であり、直弼研究者にとっては手離すことのできない学術書といえる。

その中で吉田常吉は中川禄郎のことにふれ、

> ペリーが来航した後、四年間の間に直弼の対外意見が大きく成長した跡を見ることができる。安政四年（一八五七）溜間詰（江戸城譜代大名の詰所）を代表して、上府を許したハリスの演術書に応えた直弼の意見は、中川禄郎の『海外渡航出貿易論』をさらに発展布衍した結果到達した直弼の所論であった。

と述べている。

(二)　直弼からの病気見舞い

平成十五年の暮れ、彦根市内で話題になった単行本がある。女流作家・幸田真音《こうだまいん》が書いた『藍色のベンチャー』（二〇〇三年、新潮社）という上下二巻の小説である（文庫では『あきんど—絹屋半兵衛—』〈二〇〇九年、文春文庫〉と改題)。幕末の彦根藩において、幻の窯《かま》「湖《こ》東焼《とうやき》」という、いわば先端産業に取り組む商人の姿を描き、作品中には藩主・井伊直弼も登場させている。小説の内容や展開もほぼ史実に基づいており、興味深く読むことができた。その『藍色のベンチャー』の下巻に、著者はわずか一ヶ所ではあるが中川禄郎を登場させている。ペリー来航に際してのくだりの中で、

家老岡本半介の意見は、交易は不許可という立場であった。これは岡本に限らず、家臣らのほとんどは、米国からの要求を拒絶する側に偏っていた。

だが直弼は、これらを採用せず、儒学をもって仕える家臣・中川禄郎の書いた「籌辺惑《ちゅうへんわく》問《もん》」を基にして、開国進取派の中川に起草させ、それに直弼自身が手を加えて、幕府への意見書を作成した。

と書いている。

同じ頃、龍道真一《りゅうどうしんいち》著『化天《げてむ》—小説　最後の武士　井伊直弼—』(二〇〇三年、廣済堂出版)という本が出た。読んでみたが、中川禄郎の名前は全四百ページのどこにも見当たらず、私を大いに不機嫌にさせた。あまり知られていない彦根藩の一学者を登場させる代わりに、江戸表《おもて》での大老直弼に勝海舟や西郷隆盛など、知名度の高い人物をからませた内容になっていた。

いろいろと調べてみたが、中川禄郎が単独で取り上げられている小説、伝記、戯曲などは皆《かい》無《む》である。井伊家、それも直弼関係の資料の中と、『近江人物志』『彦根市史』などに何行かの人物紹介があるだけである。平成に入ってからの人物志『近江を築いた人びと　―草の根群像―』（一九九二年、滋賀県教育委員会事務所文化振興課）は、百五十三名の人物を取上げているが、中川禄郎（漁村）の名前は見当たらない。

その点、直弼の側近としてあちらこちらでもてはやされる長野主膳とは大違いである。主膳の方は「安政の大獄」などで実権をふるい、「影の大老」などといわれたほどの活躍をしたのだから、それはまあ目をつぶることにしておこう。

しかしながら、小説や伝記に登場することがないのはまだしも、登場しても中川禄郎の「中川」の名前が「中村」となっている本がある。『日本を創った先覚者たち』（一九九四年、著者と出版社の名誉のためあえてその名を伏す）を手にするに及んで、我慢のならない思いを抱くのは、地元彦根においてもそれほど知られていない人物だからであろうか。

その本の井伊直弼の項に登場するのだが、本文中に五ヶ所も中川とあるべき活字が中村となっている。誤植や校正ミスでは済まされるものではなく、著者がその人物に深い思いを抱いていないに違いないと考えてしまう。

吉川英治《よしかわえいじ》著『井伊大老』（一九四八年再刊、六興出版）は、さすがに面白く読ませてくれる。直弼と長野主膳の埋木舎《うもれぎのや》での出会いを「寒軻《かんか》不遇の一公子と、孤剣望雲の一寒子とが、端なくもこの世で出会ったのである」

などと、その表現が吉川らしくて面白いのだが、最初から出てくる脇役は長野主膳であって、中川禄郎の名はない。

吉村昭著『桜田門外ノ変』（一九九五年、新潮文庫）は水戸《みと》側から探《さぐ》られた大老襲撃計画であり、童門冬二著『井伊大老暗殺』（一九九九年、光人社）も副題は「水戸藩士金子孫三郎の軌跡」となっていて桜田門の変が中心である。

新しいところでは、早瀬詠一郎著『萩大老』（二〇〇〇年、新潮社）が「能」の世界から直弼を捉えようとしているが、藩校教授・中川禄郎の名前は出てこない。

長谷川泉著『万延元年三月三日　―日本の夜明けと井伊大老―』（一九七二年、さえら書房）は、子供向けの本であるが装画も面白く、大変良い本である。何より人間井伊直弼がどう考え、どう行動したかについてふれていて、昭和四十七年（一九七二）から三十年間にわたって増刷され続けている。その本の中にわずか一行ではあるが、中川禄郎も登場している。

そのように見てくると、毎日新聞社大津支局長として着任され、以後近江国に骨を埋《うず》めることになられた歴史作家・徳永真一郎のハートは熱く、そして温かい。

『井伊直弼　―物語と史蹟をたずねて―』（一九七四年、成美堂出版）の中に中川禄郎を登場させ、禄郎が堂々と持論を展開する場面が続くので、それを引用させていただく。

ペリーのもたらした国書について、藩士たちから提出された建白書はことごとく攘夷論で、家老の岡本半介などは
「江戸の幕府内でも世間の人気でも、水戸斉昭公が傑出している。主君のご性格としてはご不満であろうが、斉昭公の説に迎合しても、世間通りの鎖国攘夷のご建白をねがいたい」
と、水戸斉昭に追随せよとまでいっている。そうした中にあって、国学者中川禄郎(漁村)だけは、その提案の中で
「今、日本の地理を考えるに、四方を海に囲まれて海岸線は長く、防備はなく軍艦もない。アメリカが海軍をもって攻めてくれば、日本の本土を守ることはとうていできるものではない。
また、人材を考えるのに、永い間外国と交際せず、西洋文化より立ちおくれ、世界の田舎《いなか》ものとなっている日本人である。近代戦争に用うべき人材はいない。
次に生産と食糧を考えると、首都江戸は消費地であって、海運を妨げられては一日も食糧を自給することはできない。アメリカと戦争せよとはもってのほかである。
わが国は外国と交際を絶って二百年以上になり、禁制の国法はまだそのまま残されているが、時勢は変化しているのだから、昔のままの法律を守ってゆくことは無理である。世界の人々が交際するのは天地自然の大道である。故に、今日より後は大鑑を建造して海外

と貿易を始めるべきである。しばらくは、紅毛人《こうもう》を雇い入れて艦船進路の法を学ばせ、後日本人が大海に乗り回し、外国の事情もよく知り、鉄砲の撃ち方も熟練し、田舎風を一変してから勇気を海外にふるうべきである。日米開戦せよというなど、無謀きわまることである。しかもアメリカの申し出は単に貿易を希望しているのであって、両国の利益となるのであるから、アメリカと手を握り、今こそ海外発展を計画しなければならない」

という意味のことを延べ、堂々たる開国論を主張しているのである。

直弼は一読して瞠目《どうもく》した。かねてから一般の人たちの意表を衝いた発言をする男だとは思っていたが、これほど理路整然と開国論を展開するとは、想像もしていなかったことである。

「やはり、国学を学んだ者は、実際に即した考え方をするものだ」

直弼は中川禄郎のいうところが、いちいちもっともなことだと首肯した。

と、以上のように書いているのだが、右の文章は分かりやすく書き直されているが徳永の創作文ではない。黒船騒ぎの期間中、直弼はペリーとの交渉の経過を細かく分析し、アメリカ大統領の親書は暗誦《あんしょう》してしまうほど読み返していたといわれる。

その結果、直弼は自分の考え方の上にさらにプラスになるような意見を探し求めていたのである。長々と紹介した中川禄郎の提出した建白書は、直弼の決意をどれほど心強くしたことであろうか。

その内容は、水戸藩などを中心とする尊皇攘夷《そんのうじょうい》派の親藩にとっては、考えも及ばない開国理論であった。

そして、禄郎の建白書であるのに徳永真一郎もまた、直弼と一緒になって禄郎の理論を支持し応援して、開国を肯定しているかのような記述になっている。このところ俄《にわ》かに禄郎にとりつかれた私を、大いに納得させてくれる書き方になっているのがうれしい。

徳永は、直弼のほかにも、近江国にゆかりの深い戦国武将たちを多く取り上げているが、そこに描き出される人物の多くは個性的である。単に正義感に燃えて活躍するということではなく、自由闊達《かったつ》であり、多少型破りなところがあっても、人間味のある、血の通った人物像が浮かび上がってくるのである。その著者が、平成十三年に鬼籍《きせき》に入られたことはかえすがえすも残念なことである。

舟橋聖一は、その著書『花の生涯』の上巻に、中川禄郎を二度登場させている。

最初は、後の吉田松蔭の密出国の話題で、直弼と長野主膳との会話に禄郎が口をはさむ場面である。

「面識とてないが、佐久間象山の門に、吉田なる有能有爲の俊才がいることは承知してい

る」と直弼が話すそばから、

「象山の門とあれば、開国論者でございましょうな」と禄郎が言葉を挿んだ。

というのが、彦根の家臣の中では、中川禄郎が何と言っても、象山の影響を一番強く受けている男であった。

と書いている。

この頃、日本が文明の先進国と考えていた中国（清）が、イギリス軍艦の力の前に敗退したアヘン戦争があり、佐久間象山《さくましょうざん》は「海防に関する藩主宛上書」を草し、やがて日本にも交易を求めてくるだろうと読んでいた。象山は禄郎より若かったが、考え方では学ぶところがあったのかもしれない。

『花の生涯』における禄郎二度目の登場は、やはり長野主膳が半年ぶりに彦根から江戸に下っての、直弼と二人での会話である。

「時に主膳、中川禄郎の病気はどうじゃ」

禄郎は、藩公の命によって「籌辺惑門《ちゅうへんわくもん》」「籠城退縮を救うの論」等を草したのち、去年の秋頃から所労の徴があり、安政元年に入って俄かに病勢悪化、再起も危うしと伝えられていた。

「三浦北庵の診立てによれば、命旦夕とのことでございます」

「それは、まことに気の毒な。近くば見舞にも行きたいところじゃが、なんとしても、汽車汽船のない国では、東海道の上り下りに、莫大の時を費す」

「その御厚志のみにても、中川瞑するに足りまする」

「今死なすは、惜しみても余りある男じゃ。届けてやりたい特効薬もあるのだが、若し汽車道を敷設せば、江戸と彦根はまる二日と要しまいぞ。世界の文明国人は、談笑裡に長途の旅行を企てるというに―国家の幸福、乃《すなわ》ち人民の幸福じゃ」

と、直弼は遠大な夢を追うように、瞳を上げた。


舟橋聖一が、中川禄郎について記しているのは以上である。

直弼が汽車道敷設といっているのは、ペリーが二度目の来航時に鉄道模型を持って来て、日本人にデモンストレーションをしていて、技師も一緒に来て線路を組み立てている。動力は蒸気機関だったが、線路幅は六〇センチで模型としては大きいが、人間が乗れるものではなかったと伝えられている。

それはともかく、禄郎の病気見舞いのために直弼がそこまで考えを巡らせたという記述は、直弼の情け深い人柄や、その時代背景などを考えると興味深いものがある。多くの人は、画像や銅像に見る、どちらかといえばいかつい体型や表情と、安政の大獄を強行した果敢《かかん》な実行力などから、直弼像を自分なりにイメージしてしまう。だから、直弼が、居合道《いあいどう》、能、和歌、国学などに優れ、禅を修め、『茶湯一会集《ちゃのゆいちえしゅう》』を著わした茶人でもあったことはあまり知られていない。

茶道では、石州流《せきしゅうりゅう》に一派をたて、茶道具も作ったほどの情緒派であったからこそ、中川禄郎への思い入れがひと一倍強かったのではなかろうかと思う。

大老井伊直弼から「惜しみても余りある男」と言われた中川禄郎は、その前の年、嘉永六年（一八五三）直弼が彦根を発ち参勤の途につく時、これに同道している。

直弼は中川禄郎に、水戸の徳川斉昭《とくがわなりあき》がつい最近、幕府へ提出した「海防十条五事」と題する六千三百字にのぼる大論文の写しを読ませていた。内容は非現実的なことばかり並べたて、きわめて空疎《くうそ》なものであった。

「鋼鉄艦隊撃滅の戦術について」では、敵船に乗りこみ、対談するがごとく見せかけて敵将を突き殺し、また甲板《かんぱん》にのぼって米兵が船倉より出てくるところを、皇国伝統の武技である槍剣《そうけん》で切り殺す。甲板上の日本兵は艦内からは見えぬゆえ、敵兵は大砲を撃つこともならず、わずかの兵でことごとく敵兵を退治できよう。

徳永真一郎『井伊直弼　—物語と史蹟をたずねて—』（一九七四年、成美堂出版）

などと、まるで子供だましのようなことが書かれてあった。

対米処置について幕府の諮問《しもん》に対しての彦根藩の意見書は、禄郎のこの時の意向を十分にとり入れ、この時期に江戸屋敷にて作成、提出されたものと考えられる。それは時局情勢を十分に捉え、理路整然としたものであった。次の年、安政元年（一八五四）三月、日米和親条約が調印されたが、暮れの十二月、禄郎は五十九歳で彦根で病に倒れている。

㈢　多彩な門弟たち

作家・中村真一郎はその著『頼山陽とその時代』（一九七六年、中央公論社）の中で、

頼山陽の晩年の弟子の多くが開国説を採るに至っていたことは、中期の弟子たちが矯激な攘夷論を唱えたのと対照して興味がある。後、井伊直弼の政府内においても、やはりこのグループのひとり中川漁村が、政府顧問として開港を推進させる働きを果した。


と書いている。

初稿を二十歳代で書き出してから数回書き直し、ようやく四十八歳で書き上げたという頼山陽の『日本外史』は、源平以来の武門の歴史が書かれていて、多くの攘夷論者にもてはやされ

たという。ところが、師山陽の作品のふところの深さであったのか、禄郎はどうやら攘夷論にこだわることなく、当時の西洋事情に深い関心を寄せ、目を大きく外に向けている。自分自身の自由な発想でこれを読み、自分のものにしていったように思われる。

　頼山陽は、彦根の地には度々足を運んでいる。その妻・梨影の生地が彦根市三津屋町で、湖岸に近い当地円徳寺前の疋田家屋敷跡には、今も顕彰のための石碑が建っている。

　山陽の作品に「佐和山城墟」なる漢詩が残されていて、彼は、良妻賢母の鏡といわれた梨影夫人を愛したと同じように、彦根近辺の自然の風景を気に入り、そして愛着を感じていたのではなかろうか。それともうひとつ、禄郎もそのひとりであったが、京都での山陽の弟子に彦根藩の若者が多くいたことにもよるのであろう。

　市内後三条町《ごさんじょうちょう》の長久寺には、若くして亡くなった弟子を惜しんで書かれた山陽の詩文の石碑が残されている。市内本町の奥野家には逗留《とうりゅう》のお礼に置かれたものではないのかという、木版刷りの『日本外史』や、『天籟』と書かれた頼山陽の書が、大切に保管されている。

　頼山陽は、天保三年（一八三二）五月九日に、大津から彦根の薩摩に舟を寄せて、中川禄郎宅に一泊している。

　その日山陽が寄せた五言律詩「舟遊誌《しゅうゆうし》」が中川家に残されている。

舟遊誌

湖岸逢ヒ君ノ宅ニ　日晡繋グ我ガ船ヲ　柴門爲ス一喚
花竹亦タ欣然タリ　瓲ニハ擷リ蓴緑嫩ヲ　盤ニハ呼ク鯉膾鮮ヲ
此情何ノ所似ル　戸外水如シレ天ノ
赴　彦根　維ギ舟ヲ薩摩村ニ　訪フ禄郎老友ヲ
頼襄

琵琶湖岸の禄郎宅を訪ねた時の、山陽の喜びがよく表現された詩であると思う。浅学非才《せんがくひさい》の身では完全に理解するのは無理であるが、文字面《もじづら》からそれとなく伝わってくる自然の風景描写は、流石と思わせるものがある。

緑柔らかな蓴菜《じゅんさい》と、新鮮な鯉《こい》の膾《なます》が、当時のもてなしとしては最高のご馳走《ちそう》であったのだろう。平成の世の料理と比べて考えさせられてしまう。

「戸外水如天」の意味が、私の考えているようなことであれば、頼山陽の『天草洋に泊す《あまくさなだ》』にある「水天髣髴青一髪」の一節を思わせるスケールの大きさであり、江戸三百年間では比肩《ひけん》するものなし、といわれた天賦《てんぷ》の才に思いが移るのである。

この年、師・山陽五十二歳、弟子・禄郎三十七歳であったから、二人の結びつきは十五歳の年齢差とは関係なく、かなり緊密なものであったのだろう。

山陽が遊びに来てくれたことに驚き、そして喜んだとする禄郎の「山陽翁来訪詩」が残されているが、頼山陽は翌六月喀血《かっけつ》、その年の十二月に京都で亡くなっている。

この頃、禄郎は長崎の遊学から帰り、しばらく経ち、この薩摩の地で私塾「月釈義社」を開いていた。寺子屋が大激増した天保年代（一八三〇〜一八四四）のことでもあり、近所の各層、各年代の人たちが弟子となっていたのであろう。

この時以後十年ほどの禄郎の消息はよく分からない。禄郎について書かれた文献資料のどこにも載っていない。ただ、はっきりしていることは天保十三年（一八四二）十二代藩主直亮から、藩校「弘道館」の教授として迎えられたということである。十人扶持《ぶち》をあてがわれ彦根藩藩士となったのである。

弘道館の教授としての授業がとても上手で、分かりやすかったので人気があったと知り、調べてみる。そのことでは、『彦根市史』の記述が興味深く、

中川先生の講義といえば、内容が古今東西にわたって面白いから、と無理をしてでも受講するというほどであった。彼は口癖のように、「攘夷攘夷と刀の手前強そうなことを言う、世界知らずの輩には分かるまいが、今に彦根に異人の顔が見られる」と常々話していた。

とある。

当時の彦根にあっては最も西洋事情に通じていた禄郎は、決して学者ぶることもなく、ひょうきんでユーモアがあって、売れっ子教授であったらしい。

禄郎には『西洋一覧』という著書があり、キリスト教伝来の経緯や、四大州の国名、歴史および現状が述べられていることから、当時他の藩校では聞くことができなかったような新しい内容の講義であったことだろう。

この頃には日本全土を踏査し続けた伊能忠敬の測量図がもとになって『大日本沿海輿地《よち》全図』『輿地実測図』などが完成していて、日本国土の正しい形が外国の地図にも描かれる時代になっていた。

禄郎は、幼い日に薩摩村善照寺近辺で目のあたりにした伊能測量隊の様子を、分かりやすく見たままに説明し、世界の中における日本列島の位置づけを紹介し、説明していたに違いない。世界地図の中では、このように小さな島国において、そしてもはや大砲と鉄砲の時代になっている列強の軍備状況の中にあって、いまだに刀剣を振りまわして「攘夷」を叫んでいる日本の「愚」を、面白おかしく話していたのであろう。

表情豊かに話をし、生徒と一緒の時に限らず、「笑うときには相手が誰であっても、大声を出して腹の底から笑う人であった」、とこれは中川家代々に伝えられている話である。

その頃まだ埋木舎にいた直弼に、天下国家を治めるための『芻蕘《すうじょう》之言』四巻二十篇を提出したのは、その後である。それは藩主への建白書であり、西洋諸国が日本に接近する中にあって藩の政務の取り扱い方、藩主としての処世訓が述べられていた。禄郎は儒臣として、藩校において直弼に最も信頼されていた人物であり、説くところの理論は儒学的政治観ともいえるものであり、修身治国のための聖賢に至る道であった。

　禄郎はまた藩校の問題にも触れて、

　たとえば蝋燭《ろうそく》の如く、時々芯を切らねば暗くなり候と同様にて、只今学校の士気一向に衰え申候。

と現状認識をし、忌憚《きたん》のない藩校の改革を訴えている。

　彦根藩の弘道館は、水戸の彰考館《しょうこうかん》、鹿児島の造士館《ぞうしかん》と並んで三大藩校としてその充実を誇っていたものである。

　十一代藩主・直中、十二代藩主・直亮の時代を経て、直弼に受け継がれた藩校の問題点の指摘に、直弼、家老たちが敏感に反応したことはいうまでもない。

　学問を以《もっ》て門弟《もんてい》の考え方や行動に影響を与え、門弟が後の世のために尽くすことほど師にとって幸せなことはないと思う。十三代藩主・直弼は、正に中川禄郎という有能な為政《いせい》の師に恵まれて、自分の持てる勝れた能力にいっそうの磨きをかけていったということであろう。

埋木舎時代の直弼にとって、師・禄郎との出会いは、吉川英治風にいえば、正に「寒軻不遇の一公子と無私不偏の一儒官との出会い」ということになるのであろうか。

中川家七代目に当たる故・中川寿一氏の奥様・清子さんは、今年（当時）八十二歳になられるが、彦根の地を離れることなく、至ってお元気である。

中川家にお邪魔をして、掛軸《かけじく》や古い書物を見せていただく。中に「門人姓名録」という禄郎自筆になる弟子の古い名簿が出てきた。

人数にすると全員で五十八名が載せられているが、僧侶の名前が意外に多いことに気が付く。出身地を見ると、越前、美濃《みの》高田など今でいう県外からの越境入学の門弟もいる。県内であっても湖西の比良《ひら》村など遠方の人の名前が書き込まれていたりする。

最初に「寺村友賢《てらむらゆうけん》」の名がある。友賢は文学者として、また医師として彦根の近郊開出今《かいでいま》町《ちょう》の住人に大きな影響を与えている。友賢は藩校弘道館の教授になる人物だが、松宮増雄著『開出今物語』（一九八四年、サンライズ出版）によると、

友賢その人となり温厚なる処にして躬行《きゅうこう》を先にし父詞を後にす。人皆其の徳に感じ、今孔子として尊敬せり。

とある。師・中川禄郎もこの友賢を筆頭弟子の扱いとし、その人柄に感じ入り後に詩篇を贈ったり、禄郎の口添えで自分の妻の妹を娶《めと》らせたりしている。

なお開出今町は、明治中期から大正年間にかけ「出稼ぎ」を目的とした北米移民が激増し、その勇敢なチャレンジ精神が今に伝えられる進取的な土地柄である。

姓名禄にある田中半十郎というのは「田中芹坡《せっは》」のことであろうか。芹坡は後、明治三年（一八七〇）に藩校弘道館の教頭職につき、優れた漢詩の著書『知《ち》非録』『師友存歿記《しゆうそんぼっき》』などを残している。最初医学の道を志したが、「人の病を治せんより、人の心を医するに如《し》かず」と、禄郎に儒学を学んだのち、さらに京都でも勉学に励み、藩校から召し出されたものである。

「渋谷鐵臣《しぶやてつおみ》」（後に谷鐵臣）という名前が門弟姓名録の中ほどに見られる。鐵臣は儒学や蘭学を幅広く学び、父親の後をついで医者になり、滋賀県では初めて種痘《しゅとう》の技法を広めた人物である。ところが、そのようなことでは終わらなかった。桜田門外の変で十四代藩主・直憲《なおのり》は謹慎させられ、禄高《ろくだか》は十万石《ごく》を削られるなど、幕府からの厳しい仕打ちを受けた彦根藩のために活躍をする。

すなわち、鐵臣は藩の外交窓口（他所向《たしょむき》御用掛）として、初代の総理大臣・伊藤博文や井上馨《いのうえかおる》などを相手にし、藩のその後の考え方などをよく説明し、納得をしてもらうという大切な仕事をやり遂げている。大変な時期に、彦根藩の政治のために尽くした谷鐵臣の功績は大きいものがあった。明治三十八年（一九〇五）と、二十世紀まで永生きをし、八十四歳で亡くなっている。

もうひとり禄郎の弟子として、前の三人とは違い、商人として大老・直弼のために、ひいては彦根藩のために大活躍をした「奥野武綱《おくのたけつな》」（武右衛門《ぶえもん》）の名前を「門人姓名録」から見落とすことはできない。

奥野武綱は、士・農・工・商と江戸時代の封建社会の階級観念からすると、至って地味な存在であった商人。にもかかわらず、なかなかどうして若い頃の直弼によほど惚れ込んだのか、禄郎の儒学の教えに感じるところがあったのか、わずか三百俵の捨て扶持で不遇の生活を余儀なくされていた埋木舎時代の直弼に、目立たないように、金銭的な支援を続けていたのである。

当時奥野家は、大丸屋という屋号で郷宿《ごうやど》を営んでいて繁盛していた記録があるが、度々の献金をした上に、直弼が江戸詰となった後の江戸大火（一八五〇）では、類焼の被害を受けた上屋敷の改修のためにも献金をしているというのだから中途半端ではない。

安政二年（一八五五）に建てられた住宅がそのまま残る奥野家に行き、井伊大老から寄せられた直筆の書簡（礼状）を見せていただく。

右の者先年部屋住中手許の儀内々格別掛心頭自分の所帯向をも不厭度々上金致し候志誠以て奇特の至り深く至満足候就ては往々別段の存寄有之候間呼出し件の趣密々可申渡もの也

武右衛門

この書簡が見つかった時の「大阪毎日新聞」（昭和十五年〈一九四〇〉四月二十七日付）滋賀版は、井伊大老の人格を物語る好資料として「恩義に報いる温情」と大きく報じている。直弼が大老の要職に就くや奥野武綱は、苗字帯刀《みょうじたいとう》を許され、ご褒美《ほうび》をいただいた上に、安政四年（一八五七）十月には、江戸屋敷での茶席で正客として招かれている。町人としては破格の待遇を受けたものである。

奥野家九代目の文雄氏は、城下町彦根に江戸情趣を再現するために「夢京橋キャッスルロード」の立ち上げに努力され、今もその充実に向けて活躍中の医師である。江戸時代を思わせる家並みに続くお濠端《ほりばた》の道は、かつて奥野武綱が夜のとばりの中を旅籠提灯《はたごちょうちん》を片手に、長野主膳を案内したとされる埋木舎に通じる道路である。

「今孔子《いまこうし》」といわれた寺村友賢、弘道館教頭で文学者の田中芹坡、彦根藩の外交を引き受けた谷鐵臣、そして、直弼が世に出る日のために身銭を切った奥野武綱、彼らは中川禄郎の弟子のうちの幾人かである。

弟子というものは師の「作品」のひとつである、とする考え方からすれば、禄郎はずいぶんと高価で貴重な労作のいくつかを後世に残したものである。

直弼のあとの十四代藩主・直憲は、廃藩置県で廃止された藩校弘道館の代わりに、町立彦根中学を設立するなど、新しい時代のリーダーを養成するために努力をした。そして藩校時代から受け継がれた彦根藩魂は、彦根藩士・相馬永胤《そうまながたね》が明治十三年（一八八〇）に専修大学（私立法律学校）を創設し、増島六一郎《ますじまろくいちろう》が明治十八年に中央大学を創設するなど、明治政府への反骨精神と相まって、学を極める道での、「井伊の赤備え」からくる「赤鬼魂」として、今に引き継がれているような気がする。

禄郎の弟子ではないが、もうひとり忘れてはならない奇特な人物が、中川家直系にいる。中川禄郎を祖父に持つ「中川留三郎」（一八六六～一九二二）である。留三郎は、幼少の頃に苦学をした経験から、育英上の難儀困窮《なんぎこんきゅう》を救うことが自分の生涯の務めと考えた。明治の後半期に大阪の実業界で信用を得て成功したが、不幸にして途中病に倒れた。留三郎の遺志を受けて、弟・良蔵《りょうぞう》が大正十三年（一九二四）、遺産七万四千円（当時）を彦根町図書館竣工《しゅんこう》のために、とそのままポンと寄付をしているのである。

昭和二年（一九二七）四月に、市街地の中心旧四番町《よんばんちょう》に建設された市立図書館は、鉄筋三階建ての書庫を持つ県下筆頭の独立図書館となり、初めて専任館長が置かれた。以後、文教都市彦根の発展のために果たしたこの図書館の役割は、はかり知れないほど大きいものがあった。

㈣　画像に見る禄郎の人柄

ＪＲ彦根駅からお城に通じる駅前通りに彦根市役所がある。その五階建ての庁舎の正面に向かって、左の芝生の中に一本の石碑が建ち、「漁邨《ぎょそん》　中川禄郎屋敷跡」と刻み込んである。

彦根の郷土史家で元書店主の細江敏氏が、戦後に彦根市内の名所、旧跡の表示や、句碑、歌碑等を石に刻み、後世に伝えようとして建立した六十基の石碑の一つである。

この市庁舎に毎日通勤する職員も、石碑の存在に気がつかないかもしれないし、ましてや中川禄郎が何者であったかを知る職員や市民は、ほとんどいないのかもしれない。

余談になるが、細江氏は彦根城内内濠《うちぼり》の南側にある「西郷屋敷長屋門」の取り壊しを中止させ、さらには昭和四十年代初め、県の土木課が河川改修の名の下《もと》にとりかかった芹川《せりがわ》堤の名木「欅《けやき》並木」の伐採を中止させ、城下町の貴重な景観保存のために尽力《じんりょく》されている。

おかげで、禄郎の屋敷跡が意外なところにあった事実を知ることができたのだが、屋敷は今の市役所用地のたぶん一部分であっただろうし、禄郎がその屋敷に終生住んでいたとは考えられない。

その用地はのちに専売公社の用地になっていたことを、おぼろげながら憶えている。昭和の初めの古い地図で「専売局出張所」となっているその用地は、昭和二十九年（一九五四）の「市街全図」を見ても、餌指町《えさしまち》「内閣印刷庁彦根工場」となっている。つまり、あとあとまで公的に利用されている用地は、もともと藩の公用地ではなかったのだろうかと考えるのである。禄郎を藩校教授として迎えるために、今でいう社宅（公舎）扱いの屋敷を作って、提供していたのではなかろうか。

もしそうであれば、屋敷からは城内の内濠を回れば、教授を務めていた城西《じょうせい》の弘道館（今の彦根西中学校あたり）までは遠い距離ではない。まだ埋木舎で自己研鑽《けんさん》に励んでいた直弼のところへも、藩儒として屋敷に出入りし、進講をするにしても好都合であった。

ところが、自由人・禄郎にとって不都合なこともあり、その住まいは、それは多分に私の臆《おく》測《そく》ではあるが、……気分的には窮屈《きゅうくつ》でもあっただろうと思われるのである。なぜならば、禄郎にとっての晩年は、日本にオランダの使節がやって来たり、英仏の船艦が相次いでやって来たりする時期と重なる。

開国論者の禄郎にとって、お城の近くに住む家老や家臣は全部攘夷論者であって、鎖国という固い皮に閉じこもっていた日本と同じように、心やすく話し合える仲間がいる環境ではなかったのである。それよりも、琵琶湖からの爽快な風を直接肌で感じることのできる、薩摩村の鄙《ひな》びた侘《わ》び住まいにいるほうが、よほど住みごこちが良いと考えていたのではなかろうか。『彦根市史稿　人物編』の中にそのことを裏づける、次のような記述が出てきた。

人と爲り剛直にして權貴を避けず、頗る父の風あり、直弼大いに嘉納す、然れども之が爲に同藩士より毀《そし》りを受けたり。

という禄郎の人物評がそれである。

藩校では若い生徒に人気があり、軽妙洒脱《しゃだつ》の話が通じても、時代の大勢が攘夷の風向きであれば、禄郎を見るまわりの目はやはり厳しいものがあったのであろう。

長崎では時の西洋事情に目を開かれ、そのことについてはいち早く藩主に提言をしながらも、個人的には欲を持つこともなく恬淡《てんたん》として、藩においての出世を望むことなども全くなかったと考えられる。

もうひとつの人物評（近江人物志）にも

「人と爲り澹泊《たんぱく》を好みて閑散に就く」と短評をされているが、落ち着いて心静かに、浜辺の波の音に耳を傾けられる住居の方に、あこがれを持っていたのではなかろうかと思うのである。

いつの頃から使い出したのか「漁村」という禄郎の「号」には、押さえきれない湖岸の地への望郷の念と、そして諧謔《かいぎゃく》性が込められている。数えきれないほど多くの漢字を学んだはずの禄郎が、あえて、「漁村」という二文字を雅名《がめい》に選んだところに、禄郎の人柄の一面を見たような気がする。

画舫ノ篗輿両岸ノ風　花籠ノレ西
岸影臨ムレ東ニ　可シレ憐ム浅白輕雲ノ
色　未レ著紅楼繍譜ノ中　　漁村

沿洄盡クシレ日ヲ歩晴沙　易地行ノ厨
就二幾涯一　吟魚不レ如二童子ノ巧一
風箏放及ス二絶巓ノ花一
漁郎

右は、美しく表装されて残されていた二本の掛軸に書かれた禄郎の詩である。ようやく書き写した漢字の一部には間違ったものもあるかもしれない。禄郎独特の文体なのであろうか、山陽の「舟遊詩」とくらべると難解である。

一語一語の漢字の意味は理解できても、むつかしい文字もあってよく分からない。

一つは、舫《もや》い船が浮かぶ川岸の風景であり、川に影を写す花や、流れる雲の色などという、豊かな雅趣を詠《うた》ったものかと思う。あとの詩は、晴れた日に一日中湖岸沿いに歩きまわった。中ほどはよく分からないが、遠い山並の花の色を背に、紙凧《かみだこ》（風箏《ふうそう》）が舞っている、というほどの内容であろうか。いずれも薩摩村近辺の自然の風物を、感性豊かに詠ったものではないか、とその程度にしか解釈することができないのは残念である。理解できる方があればぜひ教えを乞いたいものである。

中川家に残された一幅《いっぷく》の掛軸を見せてもらう。

下半分に禄郎の肖像画が描かれ、上部には谷鐵臣の讃が入っている。たいそう貴重な掛軸であり、肖像画の部分は『彦根の歴史　―ガイドブック―』（二〇〇一年、彦根城博物館）に写真が載せられているものと同じである。

容貌は晩年のものなのであろう、頭髪は後退し広い額《ひたい》はいかにも聡明な学者を思わせ、頰《ほお》から顎《あご》にかけては髭《ひげ》をたくわえている。目は優しく穏やかに、ひざの前に置かれた小さな花瓶の梅の花を眺めている。

右脇に硯《すずり》が置かれ、右手に筆、左手には用紙を持っている。印象からいえば、学者というよりは、やはり歌を詠む文人墨客《ぶんじんぼっかく》の趣《おもむ》きがあり、背後に刀剣が置かれてはいるが、どうやらこの像を描いた画家も、季節の花を賞《め》でる風流人としての人柄を強調したかったのに違いない。

藩主から問われたことに対しては、誰よりも早く持論を披瀝《ひれき》できる有能な儒臣であった一方、風情を解し、物ごとにこだわらない飄々《ひょうひょう》とした人物であったに違いない。

頼山陽からは、例えば先の『天草洋に泊す』にある「雲か山か呉か越か」という、気宇壮大な詩趣を学び、山紫水明《さんしすいめい》の地・近江国にあって、豊かな自然の恵みを独自の触感で捉え、それを「漁村」流に詠い上げることに喜びを感じていたに違いないのである。

心静かに眺めると、禄郎の画像はそのようなことを考えさせてくれ、改めて感慨を深くするのである。

㈤　自然の中の広慈院

市内から名神高速道路の彦根インターチェンジに向かう。八号線を超えるとすぐ左側に、天《てん》寧《ねい》寺《じ》入口の看板が見える。「天寧寺」には五百羅漢《ごひゃくらかん》と直弼の供養塔があり、観光客の姿を見ることもできる。

黄檗宗《おうばくしゅう》「広慈院《こうじいん》」はすぐその東側に位置し、同じ里根山《さとねやま》の山裾ではあるが、天寧寺ほどの坂道を上がらない位置にある。観光寺ではなく墓石群が目立つ、いわば墓守寺《はかもりでら》とでもいうのであろうか。

黄檗宗特有の形をした中国風の小ぶりの山門が目につく。この山門、聞けば近年、中川禄郎の弟子の子孫を名乗る大工さんが勤労奉仕をして、一人で時間をかけて築き上げたものであるという。そういえば、墓地の中で漁村ではなく「漁山」の名前が刻まれた墓石を見たような気がする。

調べてみる。自然石に「森漁山」と刻まれていたその人物は、中川禄郎の門人には違いなく、門人禄には記載されていなかったが、大林《おおばやし》権之進《ごんのしん》(のちに森弘《もりひろ》右衛門《えもん》と改名)と言い、大《おお》塩平八郎《しおへいはちろう》と懇意《こんい》であったというから只者《ただもの》ではない。だから、近年、今の山門の建設を手がけた森定治郎《もりさだじろう》という人物もまた、一徹の人であったらしい。

このようにして、禄郎(漁村)とゆかりのある人物の手になる広慈院の山門ではあるが、黄檗宗本山の山門を模して朱塗り、二層になっている。

ところが、広慈院のこの山門は、どういうわけかくつろいだ雰囲気で、訪れる人を優しく迎えてくれる。優しくといったのはこの禅寺、歩く先にいかめしい伽藍が立ち並ぶわけでもなく、見えるのはごくざっくばらんな草庵風《そうあんふう》の平屋《ひらや》の建物であり、隣の本堂も仰々《ぎょうぎょう》しいものではない。

優しくといったもうひとつの理由は、この寺は名のある尼僧《にそう》が逗留した実績を持っているからであろうか。元禄《げんろく》時代の歌人慈門尼《じもんに》が住んでいたといわれ、今もその墓石が残されている。歌人としても、慈愛深い高潔の尼僧としてもその名を後世に残した人で、彦根藩士の娘でもあった。

藩校創設に力があった僧・海量《かいりょう》が、後に慈門尼の歌を集めて『松風集《まつかぜしゅう》』とし世に送っている。もうひとり、大田垣蓮月《おおたがきれんげつ》という大物がこの広慈院に足を留めている。大田垣蓮月といえば四十五歳という大きな年齢差を越えて、南画家・富岡鉄斎《とみおかてっさい》を愛し愛されたという京都の女流歌人で、陶芸家でもあった。

蓮月尼は、晩年になってから琵琶湖を見るためといっては京都から山中越えを歩き、近江国に来ていたという記録がある。蓮月は彦根藩の子を養子として迎え入れたり、歌を詠む別の彦根藩士と交流したりして、彦根とは浅からぬ縁ができていた。だから、近江に来たうちの多くは彦根の地、それも広慈院に足を運んでいたものと思われる。

遠い記憶をたぐり寄せる。名も知らない野草を美しいな、と思うようになったのはいつ頃からだろうか。広慈院にお墓参りに来て、山門から庵《いおり》までのわずかな距離の参道に、何かしら必ず季節の花が咲いているのを、それとなく見ていたことによるものであろう、と今になってそう思う。

もう六十年も前から、広慈院の参道の風景は今と変わることがない。私が知らないもっと前からそうであったのかもしれない。おびただしい数の墓碑が建つ墓地の中の小道は、むき出しの土と雑多な草の濃密な匂いがして、その中で先祖代々のお墓にお参りをしていた覚えがある。今も変わらぬその小道で蝉《せみ》の抜け殻を見、吹きだまりに蛇が脱皮をした白くてペラペラとした証拠を見つけて「大発見だ！」と叫んでいた幼い日の記憶がある。

つくしん坊が白い粉を吹き、水仙の黄色や彼岸花の妖艶《ようえん》な紅色が風に揺れたりもしていた。お盆参りの時には油蟬のさわがしい啼《な》き声が、まるで空から降ってくるようであった。頭の中で「自然」をイメージする時、その頃から慣れ親しんだ広慈院のそのような記憶を抜きにして、それを語ることができないほどである。

その同じ広慈院に中川禄郎の墓があることを知ったのは、ごく最近のことである。

昭和十二年（一九三七）四月に書き置かれた中川家の記録がある。

中川禄郎　広慈院ノ中川家ノ墓地ニ眠ル。漁村存命時代大田垣蓮月尼住職セラレ、蓮月尼ガ和歌ヲ好メリ、依テ漁村シバシバ広慈庵ニ往来。依テ弟子ノ方々相談ノ上葬ムラレタ。
漁村ノ石碑ハ、谷鐵臣其ノ他ノ方々寄附ニヨリ建立。中川良蔵書記ス。

というわけである。

大田垣蓮月尼が住職せられ、とあるのはともかく、蓮月が何日か逗留した時に、禄郎がその名声を聞き足を運んだのであろう。むつかしい漢字の漢詩ばかりで埋められた『漁村詩稿』の終わり近くに、何首かの和歌が書き連ねてあるのは、その頃のものではなかろうかと考えたい。

禄郎が一冊にまとめて書き残した『漁村詩稿』は、漢字だけで書かれたその時々の記録で、いわば日記帳とでもいえるものであろうか、あるいは随想録といった方がよいのかもしれない。五十枚近くの和紙が、黒い柔らかい表紙に綴《と》じられていて、そっと手にすると禄郎の体温がそのまま伝わってくるように思い、緊張させられる。

禄郎の人柄やまわりの出来事などを知る上で貴重な資料だと考えられるが、残念ながら難解な漢字が多く、とても読みきれるものではない。

ページを開き、詩文の中で読むことのできる題字だけを拾ってみると、「秋雨有レ感」「夜聞ク落葉ノ声ヲ」「寒夜ニ聞ク霜鐘ヲ」「春雨野望」「春暁聞レ鴬」「冬嶺秀弧松」などと季節を詠ったいかにも格調の高いものがある。

「天寧寺ニ集賦ス石佛ヲ」「早春登ル磨針《すりはり》嶺ニ」「大洞山春事」「天寧寺看楓」「多景島《たけしま》題詩」「正月快晴歩到古澤村」などのように、彦根の周辺の地名もいくつか出てくる。

掛軸の画像では座っていた禄郎が、そこから抜け出してゆっくりと立ち上がって、彦根の郊外をそぞろ歩きしているのである。穏やかに、まるで歓悦清淡《かんえつせいたん》にして春風駘蕩《しゅんぷうたいとう》の境地を行くように、季節を実感し、生きている今という瞬間を存分に楽しんでいるようである。

天保十四年（一八四三）から嘉永四年（一八五一）の年号を読みとることができるこの『漁村詩稿』、禄郎が藩校の教授を務めている四十八歳から五十六歳までの時期である。

またこの時期には、弘化二年（一八四五）に直弼と一緒に、彦根龍潭寺《りょうたんじ》、仙琳寺《せんりんじ》の僧を入れ、歌会を催している記録が別に残っている（佐々木克編『幕末維新の彦根藩』〈二〇〇一年、サンライズ出版〉）。

禄郎と家老など藩士との交流を窺《うかが》い知る文言《もんごん》ももちろん『漁村詩稿』の中に散見できる。「木俣大夫招飲賞公賜菊花」「脇大夫席上『看菊』」「早春送黄石岡本大夫之江戸」「送太田小西中山三子之相模」などというのがそれに該当するものではなかろうか。

だが、やはり風物を詠ったり、あるいは儒書に感じ入ったり、絵を見て感銘を受けたり、遠く聞こえる祭礼の囃子《はやし》の音に耳を傾けたりする、そのような詩稿が圧倒的に多いように読みとれる。それは、そうした方向にこそ、より大きく気持ちを揺さぶられることの多い詩人禄郎の持つ天賦の感受性があったのであろうと考えたい。

画像の掛軸の上部に、讃が書き込まれている。それは禄郎が詠んだ最後の詩をとりあげて、谷鐵臣が書き写したものである。鐵臣は文字の大きさを変えて、この詩に対する所感まで書き込んでいる。

吾病名醫不レ得　除扁舟歸臥二ス
舊茅盧一　精神ハ蘇了梅花ノ下起
掲ゲ二盧簾一焚ク二諫書ヲ一
　呼呼此漁邨先生之真像
　而先生臨終之詩也□□□……（あと解読不能）
　　谷鐵臣謹書

どのような病なのか、私の病気を看る名医はもはやいないようだ。扁《へん》を除き（門に掲げる表札も取り払い）小さな舟に臥《ふ》せるようにして、古くて粗末な茅葺《かやぶ》きの我が家に帰ってきた。そうすると、気持ちは全く元に蘇《よみが》ったようにさわやかになってきた。梅花《ばいか》の下に（あふれるような自然の中に）起きて、盧簾《ろれん》（すだれ）を巻き上げると、諫《いさ》め事などが記された書物などはもはや不要で、燃やしてしまいたくなるような心境に至った（自分の生涯は、正に痛快そのものであった。そして、もはや思い残すことは何もない)。

と、本文はこのようにでも読みとればいいのであろうか。

この詩文を読んで思うことは、攘夷が当然とされた当時の国民感情の中で、勇気と信念を持って開国の必要を主張した禄郎の気迫といったものは既に失われていることである。自然の美しさを賞讃したり、数少ない短歌から分かったのであるが、実父小原君雄のことを懐かしんだりする、人間・中川禄郎の姿が浮かび上がるばかりである。

しかしながら、あの、

聖人の道、時と共に推移し、物に凝滞せざるを以て法とす。時勢の変遷今や古律を固守すべからず。智識を世界に求めて、国運を伸ぶべく、その請を許して可なり。

と直弼に説いた烈々なる禄郎の思いは、時を経て今に生きている。

明治三十八年(一九〇五)、井伊直弼の衣冠束帯《いかんそくたい》姿が銅像として開港された横浜港に立った。そこは直弼が「日米修好通商条約」調印を決行した場所であり、用地は明治十七年(一八八四)に旧彦根藩士が力を合わせて買いとり、後に横浜市に寄贈されたものである。銅像の除幕式で、来賓《らいひん》の大隈重信《おおくましげのぶ》は、文明日本の今日あるは、君の殉国《じゅんこく》と、君の先見と、君の叡知《えいち》によるところ大なるものがある。

と演説をし、直弼は時代の先覚、開国の恩人であるとされた。

ところが世の変化は激しく、時代の毀誉褒貶《きよほうへん》はその銅像を一度壊させたものの、昭和二十九年（一九五四）になって、横浜港を正面に見る「掃部山《かもんやま》公園」に同じ姿の銅像が建ち、今また悠然と世界の海を見渡している。

中川禄郎は安政元年（一八五四）に亡くなっているので、四年後の安政五年（一八五八）に直弼が大老職に就任したことを知らないし、その同じ年に「日米修好通商条約」が調印されたことも知らない。

だから、六年後の万延元年（一八六〇）の一月に幕府の咸臨丸《かんりんまる》が、遣米使節団を乗せて初めて太平洋横断に成功したことも、三月三日の桜田門の雪の日の朝のことも知ることはなかった。

禄郎が亡くなった安政元年（一八五四）に、先に結ばれていた「日米和親条約」から、今年（平成二十年）はちょうど百五十年目に当たり、横浜市では「開港記念の年」だといっている。

鎖国日本の扉を開けた直弼の陰《かげ》にあって、直弼の黒子《くろこ》役に徹した中川禄郎もまた、あの広慈院の四季の移ろいの中で、没後百五十年という区切りのよい年を迎えている。

■本文中に記載以外の参考文献
滋賀県教育会編『近江の先覚』（一九五三年、滋賀県教育会）
渡辺守順監修『彦根の先覚』（一九八七年、彦根市立教育研究所）
寺田所平『稲枝の歴史』（一九八〇年）
彦根史談会編『城下町彦根―街道と町並―　―上田道三が描いた歴史風景―』（二〇〇二年、サンライズ出版）
松本健一『開国のかたち』（一九九四年、毎日新聞社）
杉本秀太郎『太田垣蓮月』（一九八八年、中央公論社）
中村勝麻呂『井伊大老と開港』（一九〇九年、啓成社）

「滋賀作家」第九十三号（二〇〇四・六、滋賀作家クラブ）

河野李由　――芭蕉の足を彦根に運ばせた俳僧――

㈠　近江の人

今ではもう数年も前のことになる。同人誌「多景島《たけしま》」で、「私の好きな一句」を各人がそれぞれ一句とりあげて、それを四百字詰原稿用紙一枚で解説するという試みをやったことがある。その会は俳句のサークルではなく、随筆《ずいひつ》を書く人の集まりであった。その十六号の巻末にいわば余技的に俳句をとりあげたのである。

私は、あれこれと迷うことなく、

行く春を近江の人とをしみける

という、かねてより愛着のある句をとりあげていた。

そして同じ原稿用紙に、

俳聖・芭蕉《ばしょう》の句で、この句を収めた『猿蓑《さるみの》』集には、「湖水を望みて春を惜しむ」と詞書《ことばがき》がつけてある。

この句でうれしいのは、複数の近江の人が詠《よ》みこまれていることにある。背景には晩春の春霞《はるがすみ》にたゆたう琵琶湖の風景が見え、大きな句である。

近江国《おうみのくに》には芭蕉の人柄や俳諧の指導に共感する門人が多く、膳所《ぜぜ》藩の重臣からは大津の山中に「幻住庵《げんじゅうあん》」まであてがわれている。彦根藩士・森川許六《もりかわきょりく》は蕉門《しょうもん》の有力なひとりとされ、俳諧《はいかい》を学んだ許六は、師の芭蕉に請われて絵画を教えたという。

また、彦根市平田町にある明照寺《めんしょうじ》には、「百歳《ももとせ》の景色を庭の落葉かな」の芭蕉の句と、庭に「笠塚」が残され、当時の住職で弟子・河野李由《こうのりゆう》は、「芭蕉重病で大坂に急行している」

と、説明までつけている。

その時には、彦根蕉門の両巨頭、許六と李由は句にある「近江の人」の中の弟子として当然含まれていると安易に考えていたし、芭蕉と大津の弟子たちとの親密な関係についても、私はほとんど知らなかったようである。

滋賀県は全県一区で旧藩名「近江」で括《くく》られている。「若狭《わかさ》」と「越前《えちぜん》」の二ヶ国で一区とされる福井県や、「美濃《みの》」「飛騨《ひだ》」の二ヶ国で一区とされる岐阜県とはわけが違うのである。だから、芭蕉の句にある「近江」の人に、彦根の弟子たちも入るのはあたりまえであろうと気やすく考えていたのである。

調べてみると、この句でいう「近江の人」は大津市近辺の芭蕉の弟子たちや、その周辺の人を指していっているのであって、元禄三年（一六九〇）三月下旬に、唐崎《からさき》近くの湖上で詠まれていた。

彦根の李由が京都落柿舎《らくししゃ》に芭蕉を訪ね、入門を許される元禄四年からは一年前の句で、許六が深川の芭蕉庵を訪ねる元禄五年からいえば、二年前のことになってしまう。だから、厳しくいえば、彦根の李由も許六も近江の人でありながら、芭蕉の弟子のうちには入っていなかったことになる。

彦根の住人としてここで考えたい。詮索《せんさく》をしたり、つまらない焦燥感《しょうそうかん》を持つのではなく、芭蕉の句の持つ大らかさについて思いを巡らせてみたいのである。芭蕉がしみじみと感じた近江国の人情は、時間や空間を越えているのではなかろうかということである。

その日一緒に琵琶湖を逍遥《しょうよう》した門人たちだけでなく、古代から近江国の春を愛で、それを歌に詠んだ古人たちもいたはずだ。多くの風雅を愛した人たちの心もまた、行く春を惜しんだに違いない。それは例えば司馬遼太郎の『街道をゆく』などで、氏が同じ句を引用したりして、既に証明されているではないかというわけである。

俳諧集『猿蓑』は巻頭の芭蕉の句「初しぐれ猿も小蓑をほしげなり」による命名で、蕉風円熟期、すなわち芭蕉七部集のひとつである。彦根蕉門の僧侶・河野李由が、向井去来《むかいきょらい》や野沢凡兆《のざわはんちょう》などの編集者や、撰の監修をした芭蕉の頭の中に無意識のうちにでも認識されていたのかどうか。そのような何でもない小さなことが気掛かりになって「李由」について詳しく調べてみようと思い立った。

彦根市内では、森川許六のことはよく知られている。「きょりく」と読むのか「きょろく」でもいいのかはともかく、彦根藩士で六芸に秀でた人物として、また蕉門十哲《じってつ》のひとりとして許六を知らない人は、近辺ではそれほどいないとさえいわれている。

それに対して、河野李由という人物はそれほど知られていないようである。ただ、文芸に関心のある人や、許六の研究者などは知っているわけで、それも平田町の明照寺が三十年ほど前に大火事を出したことや、芭蕉の句碑が残されていることと関連づけて「李由」という名前だけが知られているのである。

市民に比較的よく読まれている『彦根の先覚』（一九八七年、彦根市立教育研究所）や、史談会発行の「彦根郷土史研究」二十・二十一号の合併号（一九八五年）や、同誌三十八号（二〇〇三年）には「月沢《つきのさわ》李由」、または単に「李由」としてのみ取り上げられているようである。「月沢」というのは、今も明照寺境内に残されている大きな手水鉢《ちょうずばち》に彫られている文字であるが、当時の地名、平田村字月ノ沢がその由来である。

元禄四年（一六九二）秋、たった一回きり、彦根の地に足を運んだ芭蕉は、河野李由（第十四世住職・亮隅《りょうぐう》）という僧侶の持つ人柄にぞっこん惚れこんで、そのためにだけわざわざ江戸に帰る途中、明照寺に立ち寄っている。

芭蕉は義理で一泊しているのではない。どうやら二、三日逗留《とうりゅう》しているようにも思われる。李由の何に惹《ひ》かれてなのか、知る人ぞ知るということなのだろうか。

私はこのところ十年余り、自分流の人物評伝を書いている。対象とする人物は、どちらかといえば自分好みの目立たない陰の人であり、湖国の恵みを受け、黙々と自分なりの仕事に打ち込む近江国の文化人であった。

藩主で大老となった井伊直弼《いいなおすけ》ではなく、藩校教授の中川禄郎《なかがわろくろう》をとりあげ、茶道では千利休《せんのりきゅう》ではなく小堀遠州《こぼりえんしゅう》をとりあげ、建築家では丹下健三《たんげけんぞう》ではなく西澤文隆《にしざわふみたか》をとりあげてきた。全て、郷土近江の国が生んだ人物であったからだと思う。

洋画家・野口謙蔵《のぐちけんぞう》の名前を知らない人が身近にたくさんいたのは、彼が蒲生野《がもうの》という詩情あふれる地域から、外に出ることを好まなかったのが大きかったが、頑愚《がんぐ》な一地方文士の餌食《えじき》になってしまったのは、彼にとってはむしろ不幸なことではなかったのだろうかと考えている。

㈡　信長と戦った明照寺

今では幹線道路となってしまったが、「くすのき通り」という彦根市を東西に走る大きな通りがある。多賀大社のある多賀町から、国道八号線を高宮町で横切りさらに西へ進む。JR南彦根駅を経て市立病院方向へ行く道であり、やがて湖岸道路に達する交通量の多い道である。その通りから一本北へ入ったところ、すなわち幹線から一〇〇メートルの距離の平田町の中に、新興住宅街にとり囲まれ、目立たないところに妙法山・明照寺がある。

真宗の巨刹《きょさつ》であり、その歴史は明徳四年（一三九三）後小松《ごこまつ》天皇の御代《みよ》、権大僧都《ごんだいそうず》・祐海《ゆうかい》法師の開基にまで溯《さかのぼ》ることができるというのだから、大変な来歴を持つ寺院である。

昭和五十八年（一九八三）八月二十五日の火災がなければ、と心残りに思われるが、今では小泉町の「ジャックアンドベティ」―遊技場―の前から西へ入ったところに残る「本派別格別院明照寺」の古い標石を眺めながら、そこから三百メートル先に見える銅葺きの大楼門に、六百余年の歴史をたどってみたい。

祐海法師開基の場所は今の多賀町後谷《うしろだに》であった。光明遍照寺と称したが、延徳二年（一四九〇）第六世・祐善《ゆうぜん》の時、今の彦根市山之脇町《やまのわきちょう》に移転し、明照寺と改めている。

この第六世・祐善は、山之脇へ移転する前年（一四八九）、浄土真宗・実如上人《じつにょしょうにん》（蓮如《れんにょ》上人の子）が関東へ下向《げこう》され、その途中美濃国土岐村《ときむら》（今の瑞浪市土岐町《みずなみしときちょう》）へ着かれた時、喜蔵坊《きぞうぼう》という山伏《やまぶし》に襲われ、旅費を奪われた上、上人を殺害すると嚇《おど》された時に敢然《かんぜん》と立ち上がっていた。

ひそかに知らせを聞いた祐善は、直ちに同志を集め、多数の人を送って御難《ごなん》から上人を救い出している。

また、当寺第十世住職・了縁《りょうえん》の代は、姉川合戦の直後であった。浅井長政《あざいながまさ》は湖東・湖北の大きな寺院に檄《げき》をとばして、一向一揆《いっこういっき》に参戦させ、後方撹乱《かくらん》の作戦をとらざるを得なかった。第十世・了縁もまた仏法護持《ぶっぽうごじ》のため、これに応じて信長軍に反抗したのである。

明照寺は今の琵琶湖畔の石寺町《いしでらちょう》に城を構え、湖上を行く信長軍に対して、了縁も自ら大砲を撃って信長軍の新造の船と戦ったという。

「信長は仏敵《ぶってき》なり」として湖上水軍の強さを誇示していた信長軍を攻撃したのは「仏法護持」の信仰のためであり、当時石山城に籠《こも》っておられた顕如《けんにょ》上人からは、感謝の意をこめた書状を受けとっている。

明照寺が他の寺院と比較して、長期間にわたって戦ったことは事実で、記録によると「上田但馬らの一家、高宮の新兵衛や久徳《きゅうとく》の与左ェ門らがよく城を守り、信長のいきどおりを買った」とある。

戦いは利あらず第十世・了縁は信長に追われ、天正元年（一五七三）八月、二十六歳の若さで自害している。その時、従ってきた僧二十余人も湖岸の地、八坂浜《はっさかはま》で斬首《ざんしゅ》されている。

荒神山《こうじんやま》の西に位置し、今では老人福祉施設「近江ふるさと園」のみが目につく静かな湖畔の地、石寺町に、かつて戦いのための戦いでなく「仏法の護持のために」信長に立ち向かった僧侶たちがいたことは、彦根の歴史の中でほとんど語られることはないようである。

天正元年（一五七三）、比叡山の寺院をはじめ大きな寺院は信長によってことごとく焼き払われた。明照寺も同じく焼き討ちに遭い、堂塔伽藍は残らず灰燼《かいじん》に帰《き》した。

その後、当寺第十一世住職・了宗《りょうそう》の時、慶長四年（一五九九）明照寺は山之脇町から現在の地、平田町に移っている。翌年が天下分け目の関ヶ原の合戦である。彦根藩は徳川方につき勝利し、天下普請《てんかぶしん》として彦根山に天守を築くことになる。

明照寺の平田町への移転に際し、次のような話が伝えられている。元和元年（一六一五）、彦根藩主・井伊直孝《いいなおたか》公より明照寺了宗和尚に対しての話である。

「ところで和尚の寺も今の場所では少し狭いだろうから、城下町で広い所へ建て直されるとよいでしょう。和尚のご希望なら、どこでも差し上げます」

「今おります（山之脇町）少し南の場所をいただければありがたく、幸いに存じます」

「城下町から遠く離れた、しかも今度つけかえた芹川《せりがわ》をへだて、人家も少ない所をどうしてお望みか」

「今では人家の少ない田舎ではありますが、彦根の町は南進することはご承知のはず、築城につきましても、その見通しをつけた構想となっています。明照寺はやがて彦根城下町の中心になりましょう」

「和尚のお好きなように」

という会話がなされたようである。

興味深いと考えられるのは、その後、了宗住職の考えたような伸びはなかったのに、それが四百年経った今日、彦根市の発展は南進し、犬上川《いぬかみがわ》のすぐ近くにまで市街地の住宅が建ち並ぶようになってしまっている。

明照寺は、いざという時には僧侶や男衆をすぐに集められる力を持っていたと考えられるが、直孝公の好遇の意に対して、甘え、おもねることなく、自らの考えをきちんと謙虚に伝えているところは立派である。

直孝公は大坂夏の陣に出陣の時、領内の寺院のうち特に大きなこの明照寺に、領内の警備、警戒を頼んでいる。いわば城内留守番役の依頼を受けていたのである。

次いで、当時第十三世住職・亮雄《りょうゆう》は、延宝八年（一六八〇）に撞鐘《どうしょう》を鋳造《ちゅうぞう》している記録が残されている。たぶん境内の鐘楼を立派に整備したのであろうと考えられる。

以上、河野李由を生んだ明照寺の歴史について人物を中心に見てきた。初代河野祐海が今の多賀町後谷《うしろだに》に開基して以来、実如上人を救出した六世の祐善、織田信長の横暴と戦った十世の了縁など。そして、彦根藩主井伊直孝公より場内留守番役の依頼を受けた十一世の了宗と、明照寺の住職は日本の歴史の大きな流れの中で、地域のためにその時代の重責を果たしている。

当寺院第十四世住職・亮隅《りょうぐう》（雅号李由）が、このように大きな寺院の役割や責任を知らなかったはずはなかった。

(三)　慈悲深い李由(十四世・亮隅)

李由と俳諧の話に入る前に、今もなおそのご縁を大切にし、毎年明照寺への参拝を欠かさない人たちがいるというエピソードを紹介したい。僧・李由は実に慈悲深い住職であったという、どちらにも書かれていない話である。

明照寺はかつて今の多賀町後谷にあったが、その後谷と境界線を接する形で「仏生寺《ぶっしょうじ》」と「男鬼《おおり》」という集落がある。その境界線を荘厳寺《しょうごんじ》領に移そうとして、杭《くい》を打ち込んだ五人組といわれる村の男衆がいた。

山と谷が続き、厳しい環境の下、それは今でいう地方自治合理化の動きであったのか、細かいいきさつは分からない。仏生寺村などから五人組が登場し、そのことを藩主にまで直訴《じきそ》することになった。

彦根藩ではこの時藩主は参勤交代で留守。帰藩され判定が下りるまで待てという文書が到着する前に、ただひとり杭を抜こうとした反対派の老婆が、五人組に鉄砲で撃たれた。帰藩した藩主は五人組を捕え処刑した。処刑された五人組の首はむごいことに、彦根の町の中央、久左《きゅうざ》の辻に晒《さら》し首とされたらしい。

久左の辻の「久左」とは、この界隈を所領していた豪商・近藤久左衛門の名に由来する。

それを見かねた明照寺第十四世住職（亮隅・李由）は、遺体をいったん引取り、それを男鬼町の誓玄寺《せいげんじ》（今はない）に安置し、のちそれぞれの男に法名《ほうみょう》を付け、山之脇町にあった明照寺墓所に手厚く葬《ほうむ》ったという。

以来この話は男鬼、仏生寺のあたりに語り継がれ、平成二十七年十月にもその地域代表とされる三名の有志が揃って明照寺に参拝されたという。何年か前までは、お供えに加え芝と炭を持参されていたらしいが、集落に近い火葬場で荼毘《だび》に付された時に亮隅住職が使った燃料へのお返しであろうか。

元禄十二年（一六九九）、李由三十九歳の話で、現在の六雄《むつお》照慶《しょうけい》住職夫人から直接聞き出した逸話《いつわ》である。その時、往生《おうじょう》された五人組の法名は、それぞれ「釈」の文字が入り今も私の手もとにコピーされて残されているが、最近では珍らしく心温まる話であると感じ入った。

元禄十四年（一七〇一）に、明照寺は八年という歳月をかけて豪壮な堂宇を建設している。だから、この五人組の一件はその本堂、庫裏《くり》、書院などの建設中のことであり、住職の李由もさぞかし多忙であったに違いない。

「彦根郷土史研究」第三十八号（二〇〇三年、彦根史談会）に、尾田確一《おだかくいち》氏が明照寺歴代住職名を掲載されているが、それを見ると第二十世住職に月沢諒恵《りょうけい》氏という名前があり、河野姓で受け継がれてきたいわゆる世襲制度であったものが、明治年間に至っていったん廃絶されている。

明治三十六年（一九〇三）、その時の真宗本願寺派管長・大谷光瑞《おおたにこうずい》師が、明照寺の住職を兼務されたこともあったが、間もなく本山から六雄慶哉《むつおけいや》師が特命され、大正十三年（一九二四）以来、現住職に至っている。

㈣　李由の俳句

李由は、第十三世・亮雄の子として、寛文二年（一六六二）七月に生まれた。姓は伊予国《いよのくに》河野の嫡流《ちゃくりゅう》で、母は藤原姓であった。別に月沢道人《どうじん》とも称し、また四梅廬《しばいろ》と号したのは、境内に設けた庵の名にちなんだもので、その庵には芭蕉をはじめ雅人《がじん》が宿泊していて、許六もよくここに遊びに来ていた。

李由（亮隅）の母方は公卿《くぎょう》の出身であった。のちに李由の子・亮覞《りょうげい》の代にも、庭田大納言重《にわただいなごんしげ》孝卿《たか》の次男と縁を結んでいるが、要するにこの時代、彦根の明照寺は由緒正しい家柄で、通り一遍の家系ではなかったことは確かだ。

封建時代における教化階級とでもいえばいいのか、学問文事に縁の深かるべき僧家の中でも、河野家は文芸的環境に恵まれていたと考えられる。言いかえれば、公卿出身の女性を母に持つ李由は、彦根藩城下の武士たちにとって、風雅の導師という立場にあったということもできる。

李由のことを簡潔に紹介する時に用いられるいくつかの俳句がある。また、許六と一緒に編集に携わった俳文書『篇突《へんつき》』、『韻蓋《いんふたぎ》』などを中心に、自分でもそれとなく理解できそうないくつかの俳句もある。それらを八十句ほど拾い出し、並べてみて分かることがある。「地域・近江国」を詠んだ句、仕事柄、お寺の「住職であればこそ」と思わせる句が入っている。それと「酒好き」を窺わせる句があり、李由の人柄を思わせる「ユーモア」というか「諧《かい》謔《ぎゃく》性」にあふれた俳句もある。それと最後に「代表句」というか、作品として興味深い句の五つのジャンルに区別してみた。

改めてお断りしておくが、私は自分で俳句を作ったことは一度もない。句作についてはしろうとである。

近江国を意識した作品としては、

稲むしろ近江の国の広さかな
春雪や近江かぶらの見えぬほど
蛍火《ほたるび》で見れども長し勢田《せた》の橋
鱈舟《たらふね》や比良《ひら》より北は雪げしき

などがある。

最初の句は、穀類《こくるい》でも広げて、叩《たた》くか干すかしようとして敷物を並べてみた。ずいぶんとたくさん敷いてみて大きな気持ちになったけれど、さて、近江国の大きさをふと思うにつけ、やっていることとの格差の違いに気がついた、ということでもあろうか。

最後の句「鱈舟や――」に関しては、許六が上の五句を芭蕉に相談して決めたとされる、曰《いわ》くつきの句である。鱈は海の魚であるが、当時は湖上を北から南へ大量に運ばれていて、当時の生活習慣を窺わせて興味深く思われる。

本職がお寺の住職であったことを印象づけられる句は、

葬の火をたよりに寄るや浜千鳥
卯《う》の花や葬禮《さうれい》の夜の顔と顔
涅槃忌《ねはんき》のくれば紙子《かみこ》もわかれ哉

乞食《こつじき》のこと言ふて寝る夜の雪
なまぐさき朝観音に夕薬師《やくし》
永き日や大仏殿の普請声《ふしんこゑ》
大釜《おほがま》の水呑童《みずのむわらは》や着衣《きそ》はじめ

などであるが、第四句「乞食のこと――」は、明照寺へ芭蕉が来たこととからんで、芭蕉が道中で出会い連れてきた乞食坊主のことを指していて、いかにもお坊さんらしく慈悲心が滲《にじ》んでいて良い句である。のちに触れるがこの句は、明照寺庭園の築山《つきやま》に芭蕉の笠塚《かさづか》と共に句碑として、いつでも眺めることができるように建てられている。

李由が酒に関してはかなりの酒豪であったらしく、許六の餅《もち》好きと並んで、李由の酒好きは評判になっていたことは事実であった。

盃《さかづき》に顔を浮めて花見酒
行年の上戸の腹に淀もなし
踊るべきほどには酔《よひ》て盆の月
松茸《まつたけ》に柚《ゆず》の香《か》とめり菊の酒

などの句をすぐに見つけ出すことができる。
当時の彦根俳壇《はいだん》は、構成メンバーとしてはやはり中級武家たちが多く、句会の席では李由（師）など高僧の打ちとけた作品や、皮肉に充《み》ちた句に出会い、さぞかし満足もし、その一体感に酔いしれたことであろう。

李由の全作品を読んだわけでもなく、それまでに李由の句や俳論を深く研究したわけでもない。その上で、李由の作品についてひとついえるのは「ユーモア」というかウィットに富んだ作品にぶつかることが多いことである。機転の利いた面白さが伝わる作品には、

西行《さいぎやう》の贔屓《ひいき》もたえてちる桜
仙人は日本にもありけふの月
蚊の声の中にいさかふ夫婦かな
袴《はかま》きぬ聟《むこ》入りもありとしの昏《くれ》
初雪や内にゐられぬ公儀もの
いつの時人に落ちけん白牡丹《ばくぼたん》
行春《ゆくはる》にきのうもけふも茶漬《ちやづけ》哉
大食の腹の上なけほととぎす

菜の花を身内につけてなく蛙《かへる》
節絹の紺の兀《こつ》たる寒さ哉
巧者なる芋盗人《いもぬすつと》やこもち月
すす掃《は》きや囲炉裏にくばる番椒《たうがらし》

などがあるが、それらがいわゆる諧謔性というか単なる戯《ざ》れ言《ごと》でなく、庶民の生活の中から滲み出ているところが凄いのである。

李由の性格は、どこかとり澄ました知的な匂いがする、いわば気位の高い人物とされている。一句一句をよく味わってみると、決してそれだけではない、気配りの行き届いた人間味あふれる句に出くわすことが多いように、私にはそう思われるのである。

七夕の川をへだてて踊《をどり》かな
毬栗《いがぐり》の笑ふも淋し秋の山
命二つあらば身なげむ月の海
御玄猪《おげんちょ》も過て銀杏《いちやう》の落葉かな
雲の峰石臼《いしうす》を挽《ひ》く隣かな
秋の野を遊びほうけし薄《すすき》かな

春近き三年味噌《みそ》の名残《なごり》かな
扨《さて》の字に韻《こゑ》なきもよし国の春
大名の昼中《ひるなか》通るあつさかな
竹の子のきほいや人を待つ日数
初茸《はつたけ》に渋笠ゆかし塚の霜《しも》
秋たけてむし音深し枯尾花《かれおばな》
草刈よそれが思ひか萩の露
鶯《うぐいす》が起きて糞《ふん》すりゃ花の春
苗塚《なえづか》に休み処や飛ほたる
金の間の庭一ぱいや八重桜
竹ノ子や喰残《くいのこ》されしあとの露《つゆ》

第三句「命二つ――」は、明照寺に昭和五十八年（一九八二）の伽藍焼失までは残されていた色紙であったが、絵画を許六、讃を李由、点を芭蕉が書いた三人の合作で、値打ちものであった。幸いなことに今では「彦根の先覚」（一九八七年、彦根市立教育研究所）のグラビア写真でそれを見ることができる。

第四句「御玄猪も――」は、陰暦十月の猪《い》の日に「いのこ餅」を搗《つ》いて食べた習慣があったことからの句で、生活感覚が潜《ひそ》んでいる。

第十句「竹の子の――」の句は、江戸から許六が帰ってくるのを、日一日と待ちこがれる李由の気持ちが句に込められ、二人の間柄が象徴されていて清々《すがすが》しい。なお「きほい」は「競《きほ》い」であり、竹の子の成長と見くらべて、その日が迫ってくる様子がよく分かる。

第十四句「鶯が――」の句は、高貴な僧侶であるべき李由が「糞すりゃ」と、精一杯汚物を取り上げておいて、きれいな「花の春」と結んでみせるところが憎いと感じさせられた。

平成二十七年に三省堂から『名歌名句辞典』という分厚い高価本が出版された。俳句では許六の句が六、七句取り上げられているが、見逃されがちな李由の句が三首収録されている。

私が勝手に仕分けしたグループ別分類からいえば「住職であればこそ」のグループから、

永き日や大仏殿の普請声

が選ばれていて、「酒好き」グループからは、

踊るべきほどには酔ふて盆の月

が取り上げられている。そして「ユーモア」グループで、

　　行春にきのうもけふも茶漬哉

という句が抜き出されている。

この辞典は、佐佐木幸綱《ささきゆきつな》、復本一郎《ふくもといちろう》両氏の共編となっているが、収録された三句ともよく李由を理解し、作品全体を見渡した上での、優れた選句であったとうれしく思った。なぜなら、「住職」「酒」「ユーモア」の各グループから各一句が選ばれていて、その三つのジャンルそのものが〝イコール・リユウ〟であり、李由という人物そのものを写し出す鏡ではなかろうかと考えているからである。

㈤　許六と李由

森川許六は、彦根藩井伊家の家臣・森川家の三代目五介《ごすけ》として生まれている。先祖は名高い義経軍の宇治川先陣争いに加わった佐々木高綱《ささきたかつな》であったとされ、歴然とした武門の出であった。師・芭蕉も含め彦根俳壇の年表を一覧し、李由を含め三者の略歴を辿ってみたい。

石川柊《いしかわしゅう》著『潺々《せんせん》―芭蕉・五老井《ごろうせい》の流れ―』（二〇〇六年、朱鳥《しゅちょう》社）の年表を参考にさせ

ていただく。

明暦二	一六五六	許六誕生
萬治三	一六六〇	李由誕生
元禄四	一六九〇	許六「五老井の庵」結ぶ
		李由　落柿舎《らくししゃ》で蕉門へ入門
元禄四	一六九〇	芭蕉　明照寺に遊ぶ
		（許六　江戸在勤）
元禄五	一六九二	許六　江戸芭蕉庵で入門
元禄七	一六九四	芭蕉没　大津義仲寺《ぎちゅうじ》へ
元禄九	一六九六	許六・李由『韻塞《いんふたぎ》』編む
元禄十一	一六九八	許六・李由『篇突《へんつき》』編む
元禄十五	一七〇二	許六・李由『宇陀法師《うだぼうし》』
宝永二	一七〇五	李由没す　四十三歳
正徳五	一七一五	許六没す　六十歳

右の表で分かる通り、許六は李由の先輩でありながら芭蕉への入門は、わずか一年先を越さ

れている。許六は江戸にいて出会えなかったので「かたちがいする事、是また師に縁うすきなり」とたいそうくやしがっている。

ところが、許六は翌元禄五年「十団子も小粒になりぬ秋の風」という一句をひっさげて江戸の芭蕉を訪問した。芭蕉が「しおり（余情）あり」と評し、蕉門への入門を果たしている。それればかりではない。芭蕉は「十団子」の一句を「就中《なかんずく》　うつの山の句、大きに出来たり」と激賞し、自分の俳諧の魂をよくぞ探り当ててくれたものと喜んだという。伝統的な「秋の風」の「雅《みやび》」と、土地の名物「十団子」の「俗」とがうまく取り合わされた上に、「小粒になりぬ」と継ぎ、宇津谷峠《うつのやとうげ》の旅情というか、それとなくわびしさを具象化させているところが芭蕉の賛辞となったらしい。

芭蕉との出会いは、単に風雅《ふうが》の武士の誕生ということに留まらず、新しい風「軽み」の境地をめざしていた芭蕉にとっても、大きな驚きであった。

以後、許六の武門の勤めはどうなっていたか分からないが、元禄五年（一六九二）八月から翌六年五月までの九ヶ月は、許六にとって生涯忘れることのできない芭蕉との〝蜜月《みつげつ》〟の期間であった。芭蕉が少なくとも四度、赤坂御門外の井伊家中屋敷《なかやしき》（藩邸）に許六を訪ねているという記録は何を意味するのだろう。

芭蕉は許六と別れる時「許六離別《りべつ》の詞《ことば》」（紫門の辞）を贈り別れを告げている。

去年の秋、かりそめに面《おもて》を合はせ、今年五月の初、深切に別れを惜しむ。別れに臨みて、一日草扇《そうひ》を叩いて終日閑談をなす。その器《うつはもの》、画を好み、風雅を愛す。——

と、「軽み」の弟子としては嘱望《しょくぼう》された許六を送り出している。それは、心を込めた餞別《せんべつ》の言葉であった。

意気揚々《いきようよう》と江戸を引きあげた許六ではあったが、二つの問題点をかかえていた。そのひとつは、「芭蕉流の血脈を得たるは我なり」と大言壮語《たいげんそうご》してみたり、逆に「その器《うつは》すぐれてよし。難を言うならばとりはやしに少し欠ける」などと、師・芭蕉を臆面もなく批判したりして、大げさな振る舞いが目立ったこと。もうひとつは、許六は成人してからずっと病弱の身であって、江戸滞在中に作った「客中早春」と題する詩にも「二十年来多病の客」とあり、芭蕉に先立たれた後も平生は常に病勝ちであったことの二つである。

それでも、硬軟織り交ざった六十年を生き、

下手ばかり死ぬる事ぞとおもひしに上手も死ねばくそ上手なり

と、いかにも許六らしい辞世の歌を残している。死の場に臨んでもなお自分を失わず、意気

軒昂《けんこう》、自信満々であったろう許六の一面を物語っていて興味深い。

その許六がただ一人、会う時には威を感じる人物がすぐ近くにいた。河野李由その人であった。許六の「五老井の庵」を結んだ時に、「鳳凰《ほうおう》の威をふるうよりは、風鳥の戯《たはむ》れあらんことを喜ぶ」という言葉を贈っている。

どうやら、李由の前では鳳凰たらんとする許六の高言《こうげん》も陰をひそめ、兄弟子に一歩も二歩も譲る気配りが感じられ、興味深いところである。なぜ許六は年少の李由にそれほどの気遣いをしたのだろうか。

許六について著書の多い石川柊氏は『孤高の才人・五老井許六』の中で、次のようにいう。


孤独な許六は、他の誰よりも李由さんを真のこころの友として敬愛していたように思えてなりません。二本差しも裃《かみしも》もかなぐり捨てて、気丈なパフォーマンスから解放された、裸の「人間・許六」を剥き出しにさせる相手は、李由さん唯ひとりだったのです。

芋の子の名月を俟《ま》つ心かな　　許六

この句は李由さんに子が授かったのを祝って贈ったもので、名月が待たれるように、芋の子が世に出てくるのが待ち遠しい、と芋の子を擬人化して喜びを伝えています。

どういうわけか僧侶の李由と武門にある許六とは、宗旨の関係があったわけでもないのによく気が合ったようである。宗旨といえば、明照寺の寺格は院家《いんげ》ともいわれ、浄土真宗西本願寺派では九階級中最上位に位し、僧・李由は住職としては律師《りっし》という立場にあった。

それとは別に、お酒が好きな李由と、下戸《げこ》でお餅が好きな許六とである。きっと、洒落《しゃれ》が好きで知的なところがお互いに惹かれ合ったのであろうか。もちろん、茶、囲碁、絵画など純然たる趣味の世界では、良きライバルであっただろうと考えられる。

「五老井の庵」が先にできていて、李由はその道を足繁く通ったようで、許六もまた李由が結んだ「四梅盧《しばいろ》」への道を身体の調子が良い時には、病の床から起きて訪ねていた記録が残されている。

許六の書いた「絃《げん》の断つ文」は李由が亡くなった時に書かれた追悼文であるが、

我に方外の友あり、江東平田の邑《むら》明照寺十四世の僧亮隅上人、字は李由。四梅盧と号す。かつて律師に任ず。姓は予州河野の嫡流にして安芸《あき》の宍戸《ししど》を兼合せたり。母なむ、やむ事なき深窓の女めにして、藤原なりけり。僧三代、我三代、あるは茶に交りてさびを好み、またはは碁に暮して勝利を喜ばず。我は家に帰る事知らず、ひとつ蚊帳にむれ入り、同じ衾《ふすま》に足をつつむ……

と書かれ、二人の交友の深さを知る資料となっている。

許六と李由は、お伊勢参りや吉野の花見、龍田川の紅葉見物などにも同行している。三日会わぬとそれが百日のように思われ、五日も音信がないと三年も経過したような気がしたというほどであったらしい。

今、市内佐和町の長純寺にある許六の墓は、元禄時代の彦根を代表する文化人の墓としては、見栄えのするものではない。近くに顕彰碑のひとつも見当たらないのも残念である。

それに代わって、といえるかどうか分からないが、荒神山《こうじんやま》の南側の稲里町《いなさとちょう》に延寿寺という禅宗の寺があり、そこに、

卯の花に芦毛の馬の夜明けかな

の許六の句碑がある。句碑には許六の肖像画まで入っているが、この寺の前住職は彦根俳壇「稲枝《いなえ》なぎさ会」で活躍された俳人で、俳諧によほど理解があったのだろう。許六以外にも五老井を嗣号《しごう》されている現代彦根俳壇の立派な句碑が何基かあり、花頭窓のついている入口の門と共に、初めてその場に立つと、情趣のあるその雰囲気に驚かされる。

あと先になってしまったが、五老井庵にもふれておきたい。かつて霊泉があり、水がさらさらと流れていたことからの命名であるが、「風雅のためにたのしむ」目的で作られた草

庵も、今は見る影もない。すぐ目の上を新幹線が走り、その東五〇メートルのところに名神高速道路が通っている。

句碑「水すしを尋てみれハ柳か那」のうしろに棕櫚《しゅろ》の木があり、句碑と並び立つように勢い盛んなモチノキが立っている。許六と餅の木の取合せは面白いがただそれだけである。

場所は名神彦根インターチェンジのある原町の東山霊園の事務所の隣りで、一帯は広々とした切り売りの墓地になっている。蕉門十哲に数えられる森川許六が、風雅を楽しむために師・芭蕉を呼ぼうとした跡地とは信じられない、背筋が寒くなってしまった。

(六)　芭蕉と近江蕉門

芭蕉の研究者が「本国近江」「生国《しょうごく》伊賀」と思わず呟《つぶや》いた話は、それほど知られていない。近江国を愛した松尾芭蕉は貞享二年（一六八五）から元禄七年（一六九四）までの十年間に、近江国には九回来て、それぞれ滞在したり、越年したり、著作をしたり、句会を開いたりしている。大津の義仲寺に眠る芭蕉は、生涯において九百八十一句を詠んだとされているが、そのうち近江国で詠んだ句は百二句で、全句の一割を超えている。

山紫水明の地大津は、膳所藩六万石の城下町であり、東海道の要衝《ようしょう》にあって隆盛を極めていた。そこには人の生活と旅する者との交流があり、ゆったりとした自然に恵まれ、京都のように騒々しさがなく、江戸深川の芭蕉庵にもどことなく似ていたのではなかろうか。

芭蕉が初めて大津に入る道すがら「山路《やまじ》来て何やらゆかし菫草《すみれぐさ》」と詠んだ時には、もうすでに三上千那《みかみせんな》、江差《えさ》尚白《しょうはく》などという、近江国での弟子を得ていた。芭蕉は『奥の細道』の旅を終えて、心身の疲れを近江国で保養しようとしていたのであろうと私は考えている。

それに、弟子の旦那衆《だんなしゅう》としては、荷問屋の河合乙訓《かわいおとくに》がおり、藩の重臣・菅沼曲翠《すがぬまきょくすい》がおり、医者の浜田洒堂《はまだしゃどう》らがいた。その上、蕉門第一の門弟といわれた榎本其角《えのもときかく》の実家も大津にあるなど、安心できる条件が全て揃っていた。

芭蕉は近江国へ入り、聖人芭蕉ではなく、人間芭蕉を取り戻しているような気がする。そして、近江での十年間のうち、最初の五年間で、芭蕉の句風は大きく変化している。それは、「軽み志向」が生まれてきたことによるものである。

後半の五年間とは、門人たちと琵琶湖に船を浮かべて、近江の春を惜しみ、『幻住庵記《げんじゅうあんのき》』を著したりする元禄三年（一六九〇）以後のことであるが、その期間には、彦根の李由と出会い、森川許六が江戸へ出掛けたりして、近江国の風雅を愛する蕉門の人たちとの出会いを全て果たしている。加えて、師の提唱する「軽み」である。

「軽み」とは、「高く心を悟りて俗に帰る」ことであり、高い境地に至りながら、重々しくならないような句を作ろうとする、いわば発句《ほっく》の極意のことである。純朴な近江国の弟子たちは、その真意をなんとか理解し会得《えとく》しようと努力し、また、その趣旨に見合った句もひねり出せるようになってきていたのではなかろうか。

さて、李由のことである。芭蕉の近江での十年間、貞亭二年（一六八五）の千那、尚白らの入門から、大坂で客死し大津義仲寺に埋葬される元禄七年（一六九四）まで、その後半に落柿舎で李由を迎え入れ、許六が江戸で入門を果たすことによって、近江蕉門の基礎づくりが出来上がったと考えられる。その意味において、李由は大津中心の蕉門を湖東の地にまで広げた先覚者でもあった。

それまでから、芭蕉は書簡のやりとりなどで、門弟としては李由の人となりを好ましく思っていたが、直々に落柿舎で出会い、その思いをさらに深くした。「まだ三十歳にもなっていないが、さすがに仏門にある人だけに静かな人で、風雅を志す気持ちがすぐに察せられ、清々しく頼もしく思われた」という。「去来《きょらい》も来合わせて三人で話していると、芭蕉の心は大いに弾んだ」と書き残している。芭蕉を大津に連れて来た三上千那も、後に浄土真宗の名刹・堅田本《ほん》福《ぷく》寺《じ》の第十一世住職になっているが、仏門、僧職という職業に対する畏《い》敬《けい》の念も、芭蕉にはあり、仏教的な修養も積んでいたことにもよるのであろう。

ところで、貞亭五年（一六八八）、大津から岐阜へ向かう途上で、芭蕉が明照寺の李由宛に送ったとされる次の句がある。

昼顔《ひるがほ》に昼寝せうもの床の山

中山道の彦根大堀町《おおぼりちょう》には「旧跡・床《とこ》の山《やま》」（鳥籠山《とこのやま》）の石標があり、市民は通称大堀山と呼んでいる。石標の裏側とは別に、原町の八幡神社に句碑もある。

いくつかの文献を見ると、この句の解釈には二通りある。その一つは、この近くにいるであろう李由はどうしているだろうか、今回は訪ねることはできないので路傍《ろぼう》のひるがおに思いを託し、李由と一緒に昼寝でもしたいものよ、と少々滑稽味《こっけいみ》を出して残念がっているという意味（石川柊著『孤高の才人』より）。もう一つは、彦根の八幡神社まで来て境内で一服していると、神社の拝殿に一人の乞食が寝ており旅のつれづれに話してみると、なかなか話のできる者だったので、その日から彼を弟子にした。後の「路通《ろつう》※」であった、とする解釈との二通りの意味があるようである。

李由贔屓の立場からいえば、第一案を採用したいが、現地に行ってみたりして考えると、その二の解釈を採りたい。いずれにしても、李由宛に託されたこの句で分かることは、貞亨五年にはすでに芭蕉は李由のことを知っていたことになり、その事は李由が正式に入門を許される元禄四年（一六九一）の三年前のことになる。

そして、李由は芭蕉以前の貞門《ていもん》・談林《だんりん》系の俳諧についても学んでいて、近江蕉門の先輩・千那、尚白等とも既に知り合いの仲であった。

※斎部路通《いんべろつう》は、ほとんど乞食坊主で、許六などからは「其の性不実軽薄にして」などと言われた人だが、この人も芭蕉にかわいがられ、ぴったりついて旅をしたといわれる。（大岡信《おおおかまこと》『瑞穂《みずほ》の国うた　―句歌で味わう十二か月―』二〇一二年、新潮文庫）

㈦　笠塚のある庭

明照寺の庭園は、彦根市指定文化財一覧表に掲載されている。許六の絵画をたくさん持っている古沢町の龍潭寺庭園の東庭と共に、昭和四十八年（一九七三）に「名勝」に指定されている。

その庭は、本堂の裏側にあり、書院の方から眺めると、南側に一二〇〇平方メートルの大きさで広がっている。広大な書院から日あたりの良い南を見ると、足元に大きな鞍馬石《くらまいし》の沓脱石《くつぬぎいし》が三ヶ所に打たれている。この石と目の前に広がる庭とは、それが建築物ではないだけに昭和五十八（一九八三）年の火災から免れたものではないかと考えられる。

芭蕉が訪れた元禄四年（一六九一）に、李由は百年以上の歳月を経ている庭であると芭蕉に説明している。そこで、当寺、此《この》平田に地をうつされてより已《すで》に百歳《ももとせ》におよぶとかや、御堂奉加の辞に曰く、竹《ちく》樹密《じゅみつ》に土石老いたりと、誠に木立《こだち》ものふりて殊勝に覚え侍《はべ》りければ、

と、

百歳の気色を庭の落葉かな

の句が出来ている。

この庭が造られたのは明照寺が信長の焼き討ちに遭った後くらいのものなのであろう。池を中心にして眺めると、その対岸も此岸《しがん》も汀《みぎわ》の線の出入りが美しい曲線を描き、サツキの刈込みと石組が呼応して情趣ある景色を見せてくれている。全体としては、端正な築山林泉式《つきやまりんせんしき》の庭園であり、離れて鑑賞していてもいいのだがそうはいかない。芭蕉の笠塚が見たいからである。

庭の中央、正面の築山に、李由の師・芭蕉翁《おう》の笠塚がある。石碑の上に、別の石ともいえる平べったい石が一個のせてあり、それが雨傘の笠ということなのだろう。近づいて触れてみる。三百余年の風雪に晒された石塚には大きなざらつきがあり、そこにまた李由の温かい思いが込められているように思う。

この石の下に、笠に柿渋《かきしぶ》を塗りつけた師・芭蕉の持ち歩いた笠が埋まっている。三百人余りも集った義仲寺での葬儀、弟子たちの間でも師・芭蕉の形見を、どんな物でもいいから貰《もら》い受けたいとする希望者が多かったらしい。「師弟の契《ちぎ》り深きこと三世《さんぜ》仏に仕ふるが如し」とされた李由が形見の笠を貰ったのは、周囲にいた高弟たちにとっても至極当然のことであったように思われていたのであろう。

笠塚の近くに自然石を利用して建立された李由の句碑がある。「乞食のこと言ふて寝る夜の雪」とは辛うじて読むことはできるが、この場所でこの句に出会うと、「乞食のこと言ふて寝」たのは李由ではなくて、師の芭蕉だったのかもしれないと考え込む。この句は、明らかに芭蕉が明照寺に来ている最中の句であり、芭蕉は彦根へ入る時から乞食僧を一人連れてきていると聞いていたからである。それはともかくとして、許六著『風俗文選《もんぜん》』の中に、李由が「笠塚碑」を書いているので転載する。

蕉門に入て学をつむ事二十余年。恩は琵琶湖より深く、をしへは打出《うちで》の真砂《まさご》より高し。朝夕には香華《こうげ》を備へ。夕べには句を練って、推敲《すいこう》を定めむ事を祈る。（中略）月のあみだ笠に、時雨霰《しぐれあられ》のいかめしき音を。侘《わび》られたる俤《おもかげ》もなつかしとて。死後に此《この》笠を乞うけ、終《つい》に土中にこめて、門人各一句をささげて、かの塚に同じく納む。（中略）死後の門人、師にま見えぬ事をなげく事なかれ。はやく此塚に来り。季札《きさつ》が剣をかけて、一句をたてまつらば、生前の門葉《もんよう》にひとしかるべしと。

と、名文を残している李由は、この笠塚を建てることによって、門人を励まし、信義を重んじて一句を供えれば、師の一門に加えられるのですよ、と後に続く弟子に呼びかけているに違いない。

李由は追悼句「啼《なく》うちの狂気をさませ浜千鳥」を捧げている。まるでそこに芭蕉翁がいるごとくに笠塚に向かい語りかけている李由の姿があったと、のちのちまでも語り継がれている。

元禄四年（一六九一）十月初め、李由が明照寺で芭蕉と共に過ごした日のことは詳しくは分からないが、『笈日記《おいにっき》』（俳書。各務文考《かがみしこう》編）に、

明照寺に羇旅《きりょ》の心を澄《とも》して
たふとかる涙やそめてちる紅葉　　翁
一夜静《しづも》るはり笠の霜　　李由

と、唱和が見られるのは、この時のことと思われる。由緒あるこの寺院に参拝する人たちがありがたさの余りに涙を流すこともあるでしょう。その涙が紅葉に染まって、今ほら、散って

いるでしょう、と芭蕉が詠むと、その場はいつまでも師弟の話は尽きることなく、続き、芭蕉の旅笠に霜が降りて、夜も深まったよ、と話し合える喜びをかみしめながらも、次の日の旅立ちを気遣う李由の気持ちも窺える。

人情深い芭蕉のこと、李由とは春に落柿舎で話せなかったこと、その他さまざまなことが話題になったであろうことが予想されるのである。芭蕉は中山道の高宮宿から、今の小泉町を経て平田の明照寺に着いている。途中「稲こきの姥もめでたし菊の花」の句を作っている。

その後の元禄七年（一六九四）、許六と共に彦根への来遊を懇請《こんせい》した書状があるが実現しなかった。

李由は住職・第十四世亮隅として、明照寺六百二十年の歴史の中で、伽藍の改築という大仕事をしている。昭和五十八年（一九八二）に消失した本堂の棟木《むなぎ》には「上棟《じょうとう》　元禄六年九月二十八日、棟梁田中……工数人六千五百立前」と記録された墨書《すみが》きが残されていたといわれている。その後、八年ほどの歳月をかけて、元禄十四年（一七〇一）に完成しているが、用材は槇《まき》の木が中心で江戸建築の粋を集めて「方《ほう》十三間《けん》」（約二三・六メートル）という豪壮で、威厳を感じさせる建造物であった。

それは法城《ほうじょう》と称するにふさわしく、城郭をしのばせるほどで、浄土真宗本願寺派の中本山として、また井伊家の信頼もそのことによって深くなっていった。犬上《いぬかみ》（彦根など）、愛知《えち》、神《かん》崎《ざき》、坂田の四郡に、八坊、四十四ヶ寺を有し、門徒衆《もんとしゅう》数八千といわれた寺院に見合った大工事であった。大きな寺院が改築され、地域の人々に発するオーラは曰《いわ》く言い難いものだったと地方史家・谷沢實《たにざわみのる》氏は次のように指摘している。

大伽藍の風格は地域の人々にとって「かにかくに　ご先祖おわす明照寺」と、自ら尊崇の念湧き、野良にあって仰いでは、安らぎを感じ勤労を感謝し、座して聞法しては「生かされて　ご先祖以来の人類の歴史を生きている私」に目ざめさせる場になっていました。

というわけである。

さて、明照寺の本堂が上棟した元禄六年は、許六が江戸から帰郷した年である。西暦一六九三年であり、李由は三十三歳であった。許六と李由が二人して編集した『韻塞』『篇突《へんつき》』『宇陀法師《うだのほうし》』などの俳文書は、元禄十五年（一七〇二）までの九年間の仕事であり、歌会を催したり、句作に明け暮れていたりしていたと思われがちな李由は、一方では、このような大寺院の再建のための施主という役割を担っていたのである。

(八)　許六三百回忌と李由像

平成二十七年は森川許六が亡くなってちょうど三百年である。年忌が行われていた長純寺に出かけて、追善句集『雲の峰』を入手した。うれしかったのは、二、三ページ捲《めく》ると「月ノ沢」と題し、明照寺と李由のことで一ページ割《さ》かれていたことであった。明照寺で芭蕉が詠んだ「百歳の気色を庭の落葉かな」、李由の「御げんちょも過て銀杏の落葉かな」に加え、李由の息子・自蹊《じけい》（明照寺・第十五世亮範）の句「朝寝仕の寝足らぬそうや花曇り」まで記述されている。

二百年経っても許六には森川家末裔《まつえい》の方々がおられ、このような追善句集を発刊される人々もおられ、俳壇も残されている。今、李由のいた明照寺には句会はおろか、文芸サークルの出入りもない。

芭蕉という大きな存在がまずあり、許六という有力な弟子がいて、そしてついでに李由が取り上げられる現実がある。許六の弟子がいて、その弟子が弟子を育て、許六は三百年にわたり顕彰され、追善供養が行われているのである。

李由にも息子・自蹊がいて、元文二年（一七三七）に三十三回忌追善で『笠の影』を出している事までは周知されているが、それ以後のことは不明である。何よりも、河野李由の河野姓は第二十世で終わってしまっている。公家出身の母を持ち、武家出身の河野家は明治年間に真宗本願寺管長が入り、そのあとには本山の御連枝《ごれんし》・六雄《むつお》家が特命を受けて現在に至っている。現住職の六雄照慶氏はなかなかの好漢であるが、奥様の話ではどちらかといえば「文系ではなくスポーツ系」と謙遜されている。

さて、許六の人格となるとさまざまに評価されているが、没後にその跡を継いだ俳人たちはたくさんいた。その人たちがまた後輩を育て、現代彦根俳壇を担っている「日夏《ひなつ》句会」「稲枝《いなえ》なぎさ会」「彦根ホトトギス会」「びわこ句会」にまで綿々と受け継がれている。そのことを確認でき、新しく奉納された句碑も拝見できた。東京在住の森川許六の研究家である藤井美保子先生の的確な視線で、句集『雲の峰』が編まれたことは「許六没後三百年」の供養には何よりであった。

その日、長純寺では句会が催されると聞き及び、三百年以前の許六や李由が中心であった時代の活況ぶりが文書に残されているので紹介する。元禄九年（一六九七）八月十五日夜に催された夜興を収めた一巻（紫羊文庫蔵）は、李由を中心とした俳諧の集まりのことを次のように物語っている。

　十四夜は五老亭に明し、今宵我また主《あるじ》となる。酔に乗じては、許六琵琶を採《とり》て平家をうなる。汶邨・程己、今様をかなで、徐刀・朱迪が声の吝《しわ》クしてリウタツに移らざる事を笑ふ。終《おわり》に李由が声明《しょうみょう》も月下秋興の感にあふれて、後楼を辞して下る。寺前の月に歩して、

主賓共に孟耶観に入《いり》て、幸《さいわい》に撰集の稿をと丶のへしも、糊次手《のりついで》の帽子《まうす》なるべし

とあり、『韻塞』撰集前後の雰囲気が極めて明らかである。

当時の俳席における亭主としての李由を髣髴《ほうふつ》とさせられるが、許六との交友の深まりも感じられる。この集まりの後、李由は明照寺内に四梅盧庵の新築も完成し、絶頂期を迎えていたといえる。

大津の義仲寺で「翁堂《おきなどう》」の中で李由の画像を見たことがある。「三十六俳人の画像」の中に李由像もあったが、うす暗くて鮮明には見えなかった。その他の画像でも俳人は略画風に扱われたり、南画的に描かれることもあったりと、正確な肖像画には出会えない。だから、李由を画像としてイメージする時には、「小倉百人一首」の中のお坊さんの中で、最も表情が柔和で瞳が澄んだ僧侶が法衣を着ていれば、それが李由だと思い込んでいる。

㈨　李由の現代での評価

岩波文庫の『芭蕉七部集』に、李由の句が収録されているか調べてみる。この本は蕉風俳諧の代表作を集め、蕉門の聖典とみなされている書物である。研究、参考文献の中に、李由と許六が編集した『宇陀法師《うだのほうし》』が入っているので、李由の句も一句や二句は選ばれているのでは、

という安易な考えである。

『猿蓑《さるみの》』は蕉風俳諧の円熟期の編纂《へんさん》で、芭蕉自身も厳しい態度で監修をしたとされている。李由の句がひとつ、「草刈よそれが思ひか萩の露」が選ばれている。露にぬれた萩には風情がある。どうやらお前はそれに見とれていて、鎌を入れる気にならないのであろう、という句である。左右には「曽良《そら》」と「去来」という著名な俳人の名前が見える。

『炭俵《すみだわら》』はいわゆる軽みを理想としながら編纂されているが、李由の句が二首選ばれて掲載されているのには気をよくした。「踊るべきほどには酔て盆の月」の句と、「袴きぬ婿入りもありとしの昏」の一句がそれであるが、いかにも李由らしいユーモアのセンスに満ちあふれた句である。「軽み」といえば、すぐに許六の「十団子も小粒になりぬ秋の風」が取り上げられ、それも良い句であるが、私は李由のこの二首も上出来な句であると考えている。

芭蕉が許六の「十団子も……」を評価した影には、仲良しの李由の存在を感じとっていたのではなかろうかと推測するのであるが……果たしてどうだろう。

『続猿蓑』には「ちか道を教へぢからや古柳」が入っているが、どちらへ行こうとしたのか、一本の古い柳の木がそこへ行くためのよい道しるべになってくれたことよ、くらいの意味であろうか。

以上のように見落としがなければよいが、俳句の聖典といわれる文献に李由の句が四句入っている。李由の句そのものに「力」があったのだと思いたい。

「李由は、俳諧史の上に一時期を画するような存在でもなければ、また、芭蕉との関係において特に注目される俳人でもなかった」と、わずか一行で国文学者の尾形仂《おがたつとむ》先生に断じられると、普通ならば意気消沈してしまうものである。しかしながら、故人となられた先生の記述は、昭和三十四年(一九五九)『俳句講座　三　俳人評伝』下(明治書院)によるもので、半世紀以上も前のものである。

堀切実編注『蕉門名家句選』下(一九八九年、岩波文庫)には、主に関西で活躍した俳人十八名の作品が収めてある。京都では去来、凡兆《ぼんちょう》、羽紅《うこう》、史邦《ふみくに》の四名、近江では三地域に分け、近江(Ⅰ)は粟津《あわづ》とあり丈草《じょうそう》の一名、近江(Ⅱ)に許六と李由、近江(Ⅲ)には尚白、千那、正秀《まさひで》、曲翠《きょくすい》、洒堂《しゃどう》、乙州《おとくに》、智月《ちげつ》の七名の俳人が取上げられている。

この本の中には李由の句が十七句採用され、「許六とともに彦根蕉門の中心であった。作風は気品高く、知的な匂いが濃いとされる」と、人物と作品に対しての注釈が書き添えてある。『評解　名句辞典』という辞典が創拓社から平成二年に、山高俊郎・麻生磯次《あそういそじ》共編で刊行。この中に李由の「行春にきのうもけふも茶漬哉」を含めて、ユニークな六句が収録されている。『名歌名句大辞典　―歳時・人・自然―』は明治書院から平成二十四年に刊行された辞典(久保田　淳・長島弘明共編)であるが、古典から近代までの短歌、俳句で著名なものが全部入っているから堪《たま》らない。分厚い大型本である。その中に李由の句が一句入っている。現代にも通用する興味深いその句は、「蚊の声の中にいさかう夫婦かな」（『有磯海《ありそうみ》』収録）という作品で、とぼけた味わいのあるユーモラスな句である。どっこい李由は健在！という句でもある。

平成二十七年に、『名家名句辞典』が三省堂から発行され、李由の句が三句取上げられていることは先に述べた通りである。

「特に注目される俳人ではなかった」と、尾形仂先生に一蹴《いっしゅう》された李由ではあったが、二十一世紀も十六年経過した今日、各種句選集や名句辞典の中に、彦根の俳人・李由の名前が必ず出てくることはかたじけなく、また誇らしいことである。

なお、尾形先生の書かれた『俳人評伝』の中の「河野李由」に関する九ページにわたる論述は市民文芸レベルの私たちにはもったいないほどの参考文献であったことを申し添えます。

(十)　私が好きな二つの句

今、明照寺の庭には伐採《ばっさい》が過ぎて大樹が少なくなったのか、往時の庭の面影《おもかげ》が徐々に薄れていくような気がする。書院などとの一体感が感じられないのである。一昨年までは銀杏の大木があったりして、遠くからでも寺院の所在が分かったものである。庭の正面やや左奥の榎《えのき》と欅《けやき》の大木が残り、それらが背景となっているが、「四梅盧庵」の命名の謂れ《いわれ》となった四本の梅の木も、代替わりしているのか見当たらない。ただ、写経《しゃきょう》用材料として使われるタラヨウ（貝《ばい》多羅葉《たらよう》）の木が見られるのは、寺院の庭にふさわしいと思う。芭蕉との出会いのあった庭として、いつまでも一つでも二つでも、ほんの小さなものでも当時の面影を留めておいてほしいと願うものである。

第十四世住職・亮隅（李由）の墓碑は、少し離れた山之脇町の墓所に立っている。千鳥ヶ丘（またの名を雨壺山《あまつぼやま》）と呼ばれる山に近く、周りは田圃《たんぼ》が広がりのどかな所である。元住職の墓石は、卵形になっているため他のものと分別できる。横列に十二基の墓碑が並んでいるが、表面の文字は風化が著しくて読めない。長純寺にある許六の墓碑は、明確に別の標識があって、すぐに分かったが、李由の墓碑はそれらのうちどれであるのか明確には判断できなかった。

庭を改めて拝観し、また、山之脇墓所で墓碑を前にして俳人・李由を身に沁《し》みて思う。

代表的な句は何だろうと考えた。

酒好きであった住職としてふさわしい一句が頭の中を過《よ》ぎった。

盂蘭盆会《うらぼんえ》の夜の盆踊り、月の光とほろ酔い気分につい誘われて踊り出す句がそれである。

踊るべきほどには酔て盆の月　　『炭俵』所収

なんとも微笑ましい姿だが、この句には抑制が利いている。寺の住職としては、踊っている最中にも檀家《だんか》から急な呼び出しがかかることもある。その時には、緊急の対応をしなければならなく、できますよという隠された句意が織り込まれているところが良い。

村の衆の気分にあわせて、その場に溶け込みながらも、自らの職業に対する矜持《きょうじ》はきちんと弁《わきま》えてますよ、久左の辻での五人組の一件を知っている人も、知らない人も、今、住職もみんなの輪の中に入っているのですよと、相互理解がなされているように感じられる一句である。李由はそのような男であった気がする。

もうひとつは、李由の人柄を滲ませた句である。その庶民性というか生活感に心打たれるのである。

雲の峰石臼《いしうす》を挽く隣かな　　　　『韻塞』所収

がそれである。すぐに思い浮かぶ句は、芭蕉の「秋深き隣は何をする人ぞ」という寂しい晩秋の句である。芭蕉は晩年「高く心を悟りて俗に帰れ」として、過ぎ行く季節の哀愁をつかみ「高く心を悟り」ながらも、身近な疑問を絡ませて「俗に帰る」ことをしていると思われる。

それに対して、李由の句は「石臼を挽く隣人」と、具体的に疑問を解決しながら、「俗に帰る」ことをしている。そして、「雲の峰」という性質の異なる情趣ある言葉とを溶け合わそうとしているように考えられる。

李由の性格は、許六の傲慢《ごうまん》さの影響を受けて、気品が高く取り付きが悪いなどの一面を指摘されることもある。その傾向が多少あったにせよ、数多《あまた》の俳句作品から読み取らなければならないことは、李由は知識がありながらも威張らないところがあり、「俗」に帰りみんなの中に浸って一日を過ごしたいとする願いを常に持ち合わせていたことを見逃せないと思う。頭の中ではお隣の「石臼」を思い描きながら、心の世界では「雲の峰」という高いところを目指すという「風雅」の意識を持ち続けていたと言える。

これまで近江蕉門のほんの一部にふれてきたが、滋賀県では連歌《れんが》から俳諧を独立させた山崎《やまざき》宗鑑《そうかん》（十三世紀・草津）、俳諧を大成させた芭蕉に引継いだ北村季吟《きたむらきぎん》（野洲《やす》）などがいて、日本の文芸の幅を広げる役割を果たしている。

芭蕉が近江に出入りした十年は、武家社会を含む封建社会各階層においても、俳句は共通の文芸として成熟期にあったのだろう。その中での彦根蕉門の許六と、その盟友《めいゆう》・李由を取り上げてきた。

明照寺第十四世住職・李由について言えば、師・芭蕉の没後、病弱の許六を支え、俳文書『韻塞』（元禄九年）、『篇突《へんつき》』（元禄十一年）、『宇陀法師』（元禄十五年）の三篇を共著し、許六の代表的俳論『風俗文選』には序文や俳文を寄せている。ただし、李由の人柄を偲《しの》ぶ文書や色紙等は焼失している。伊丹市の柿衛《かきもり》文庫館に問い合わせても、許六のものは所蔵されているが李由のものはなしとそっけない返答で残念なことである。

しかし、平田町には明照寺がある。

現在の伽藍は、昭和五十八年（一九八三）の火災からわずか三年後の昭和六十一年に落慶法《らっけいほう》要《よう》を勤めている。驚くべき早さの復興であった。

織田信長と戦い堅守《けんしゅ》した法灯は揺るぎなく守られ、仏法護持のための各種行事が滞《とどこお》りなく行われている現在である。

李由は、宝永二年（一七〇五）六月、四十二歳の若さで病没しているが、佳麗な明照寺の山門前の芭蕉の句碑の後方から、今にもひょっこりと顔を出してくれそうな気がする。

「滋賀作家」第百二十九号～百三十号（二〇一六・六～十、滋賀作家クラブ）

蒲生野《がもうの》夕照《せきしょう》　——孤高の洋画家・野口謙蔵——

(一)　旧制彦根中学へ

「蒲生野」といっても、とりわけて明確に区画された地域があるわけではない。鈴鹿山系に水源を持ち、琵琶湖へ向かう日野川流域を中心とした湖東平野の一角が、そのように呼び慣わされているのである。ところが「がもうの」という心地よい響きを持ったその言葉を口にするだけで、近江国《おうみのくに》に住む人たちは、何とはなしに胸を熱くする思いを抱いてしまう。どうしてだろう。その思いは、やがて一千三百年の時空を超えて『万葉集』の相聞歌に、

あかねさす紫《むらさき》野《の》行き標野《しめの》行き野守《のもり》は見ずや君が袖振る　　額田　王《ぬかたのおおきみ》

と詠《よ》まれた歌にたどりつくまで、気持ちが落ちつかないということなのであろうか。額田王と返歌を詠んだ大海人皇子《おおあまのおうじ》の時代に、紫草《むらさき》が生えていた御料地の野は、今なおロマンの香りを色濃く漂わせながら、同じ地の自然の中に残されている。

その蒲生野、巨大な三重石塔《さんじゅうせきとう》を擁《よう》す石塔寺《いしどうじ》を抱《いだ》くように布引山丘陵《ぬのびきやまきゅうりょう》が西へ伸び、やがて日野川に合流する佐久良川《さくらがわ》を背にして、今も鄙《ひな》びた姿を残す小さな集落がある。今では東近江市となっているが、かつて蒲生郡蒲生町桜川村大字綺田《おおあざかばた》と呼ばれていたその地に、のちに「鬼才の洋画家」といわれた野口謙蔵《のぐちけんぞう》は生まれた。

謙蔵が生まれた明治三十四年（一九〇一）は、奇《く》しくも二十世紀の初頭であった。

文明開化の明治という時代を十年、デモクラシーと自由主義的風潮が見えかくれした大正という時代を十五年、そして、激動の昭和という時代を十九年生き、わずか四十三歳という短い生涯を走り抜けた野口謙蔵。画家として生き通そうとした謙蔵にとって、あかねさす蒲生野の詩情や、四季の彩り豊かな故郷の山河は、まさに瞠目《どうもく》すべき被写体として彼の心を捉えていたにちがいない。

野口謙蔵記念館を訪ねた去る日、綺田の小さな集落の中をひとり歩いた。細い道があり、寺があり、船板《ふないた》で囲われた土蔵があり、着物姿の人が顔を出してもおかしくない古い家屋《かおく》が並んでいた。小路《こうじ》の先が明るくなり、行き止まりになっていたが、そこからは「サワサワ、サワサワ」と穏やかな水の音が聞こえてきた。

その川はのちに佐久良川《さくらかわ》であると知ったが、川の向こう岸一帯に雑木林が広がっていた。明るい林の中には竹林が見えたり、そのまま放置されている倒木が見えたりしたが、川のこちら側もあちらの岸にも、コンクリートの堤防は見られなかった。水辺には野草が茂り、白く丸い河原石の多くがそれぞれに光りながら、水の流れを造りだしているように見えた。川の流れは、まさに林の中を好きなように蛇行する天然の恵みの水の動きであった。

しばらく川岸に佇んで、どうやら私は謙蔵の描く絵の世界にいるような錯覚に陥っていたのではなかろうか。オレンジ系の色を効果的に使った特異な風景画や樹木の絵、ヒヨドリやシギなどの鳥の絵、草花の群生をテーマにした作品などが入り乱れ、頭の中を交錯し、柔らかい光を浴びて輝いていたように思う。

そこからは山や田畑は見えなかったが、この林の中を流れる川の風景が、画家・野口謙蔵が見た蒲生野の原風景のひとつではなかったか、と考えさせる自然に充ちあふれていた。

桜川村綺田のこのあたり一帯は、かつて見渡せるかぎりの土地が野口家の土地であったと伝えられるほどの大地主であった。謙蔵の祖父・忠蔵は、文政五年（一八二二）の生まれで、幕末には尊王運動で梁川星巌《やながわせいがん》や頼三樹三郎《らいみきさぶろう》らとも親交があったという。維新のあとは区長や滋賀県議会議長に就任するほどの名士であった。父・正寛も、富岡鉄斎《とみおかてっさい》などの文人・学者と交際する知識人で、明治二十二年（一八八九）には初代の桜川村長を務めている。

さらにそれ以前のことをいえば、野口家は桜川村に拠点を置きながら、甲州に進出していた典型的な近江商人の家系であった。宝永元年（一七〇四）頃には酒や醬油《しょうゆ》・味噌《みそ》などの醸造業で財をなし、甲府から駿河《するが》方面にかけて進出した桜川出身の近江商人の先駆けであった、と記録されている。

さて、主人公となる謙蔵のことについて話を進めなければならない。謙蔵は前に述べたような伸びやかな環境と裕福な家系に育ち、明治四十一年（一九〇八）に桜川尋常《じんじょう》高等小学校に入学し、大正三年（一九一四）には、旧制彦根中学（現彦根東高校）へと進学する。

国鉄東海道線にはほど遠い蒲生の地には、明治時代すでに貴生川《きぶかわ》から彦根に伸びる近江鉄道が敷かれていた。桜川村には桜川駅も出来ていたが、謙蔵は電車通学でなく、彦根中学で英語の教師をしていた金沢金助宅に下宿をしている。その家は彦根の勘定人町《かんじょうにんまち》にあって父親の知りあいでもあった。

謙蔵の絵画に関する天分というか画才は、この中学時代に早くも世に認められるところとなった。地元で昭和二十三年（一九四八）十月に発行された冊子に野口謙蔵略歴があり、その中に、

　大正六年十一月、陸軍特別大演習が湖東平野で行われ、彦根中学校を以て大本営と定められた。この時、県下児童の代表学芸作品を天覧に供し奉ることとなり、中学四年生であった謙蔵はこの光栄に浴する一人に選ばれ、「彦根城山大手橋」は特に秀れた作品として、御持ち帰りの栄与を担うこととなった。この絵は彦根城の風景を描いた美しい水彩画である。謙蔵はこの頃から絵に対する責任と自信を持つようになり、勉強の余暇は専ら絵

筆を握ることになった。五年生になってからは、いよいよ美術学校に進み、一生絵をかいていこうと決心した。

と書かれている。

このように書き進めてくると、旧制中学卒業までの謙蔵の経歴はまさに順風満帆《じゅんぷうまんぱん》、何ら問題はなかったようにみえる。ところが、謙蔵は次男坊として生まれていて、幼児期には実に我《わが》儘《まま》、ほしいままに育っていた。

家の中では女中が被害にあうことが多く、刃物で斬りつけられたり、殴られたりして生傷《なまきず》が絶えなかったという。近所の従弟《いとこ》たちのところへ行っても、彼等の玩具《おもちゃ》をとりあげたり、壊したりしていじめていたという話が残っている。

ただ、そうした中にも決して尊大とか驕慢《きょうまん》というわけでなく、のちに幾多《いくた》の友人や先輩たちが感じているように、洗練された肌ざわりの人柄につながる稚気《ちき》愛すべきところがあったのだろうと考えられる。

同郷の従弟たち二人も彦根では同じ屋敷内に下宿することになり、三人は揃って通学するようになっていた。元は彦根藩の藩校であった学校には、武家の流れを汲《く》む家系の子や、僧侶《そうりょ》の息子など多士済々《たしせいせい》の若者が集っていた。

幼いころ我儘のやり放題であった謙蔵は、この時期彦根の町や下宿でそれなりの世間というものを知り、学校の同級生たちの中で揉《も》まれることにより、人間的にも丸くなり、やがては自我を確立するための道を探求するようになっていたったのではなかろうか。

大正三年（十三歳）から大正八年（十八歳）までの多感な少年時代を五年間、謙蔵は彦根の町で過ごしている。謙蔵はそこでどのようなものを見、どのようなことを感じ、どのようなことを考えていたのであろうか。それを探り出すのは野口謙蔵を知ろうとする上で必要なことだと考えるし、私にとってはこの上なく楽しいことである。

その頃の彦根は市制《し》が布かれる前の彦根町であった。しかしながら、明治二十二年（一八八九）の東海道線の敷設《ふせつ》と彦根駅の建設がきっかけとなり、その後の城下町彦根は製糸業《せいしぎょう》の勃興《ぼっこう》などもあり、近代化へ向けての人や物の流れの中心地となっていた。

鉄道の敷設と同じ頃に竣工《しゅんこう》を迎えた彦根中学の校舎は、西洋建築を学んでいた建築家・小原《おはら》益知《ますとも》が独自に設計した、彦根では最初の本格的建造物であった。

謙蔵が中学生であった大正四年（一九一五）には、現在の金亀《こんき》公園に彦根公会堂が建設されている。建物全体に装飾性を帯びた窓や車寄せなどが美しく、中学の校舎同様に偉容を誇っていた。

彦根市史編集委員会編『新修　彦根市史　第十巻　景観編』（二〇一一年、彦根市）の写真を見る。城山《しろやま》から公会堂を見下ろしながら佐和山《さわやま》を望むモノクロ写真が掲載されている。これと同じ光景を、当時近くにいた中学生野口謙蔵はどのような思いで眺めたのであろうか。

当時の彦根の町の景観でもうひとつ加えるなら、明治四十五年（一九一二）に、タバコを製造する専売公社《せんばいこうしゃ》・専売局彦根工場が、餌指町《えさしまち》（現在の元町、駅前通り）に建設されていたことである。大正時代に入り本館が追加建設されているが、今写真で見ても直線と半円形の屋根窓が美しく、当時の建造物の意匠《いしょう》としては斬新《ざんしん》なものであっただろうと思う。

専売局の華麗な建物を、のちに画家となる謙蔵が見逃していたとは考えられない。なぜなら、週末には彦根の下宿を出て蒲生町桜川村の実家に帰る時に、その前の道を通ることを余儀なくされていたからである。

謙蔵が彦根中学に学んだ頃の町の様子を知るために、自身の学舎と、公会堂、専売局の三つの建築物をあえてとりあげたような気がする。しかしながら、それらが当時の謙蔵の心を捉えたかどうかは分からない。のちにスケッチや写生に訪れた形跡も見当たらないし、それらについて書かれた文章や日記などにもお目にかかったことはない。

ただひとつ、彦根城は当然のことながら別格である。歴史や時代が違うということだけではない。彦根の印象として謙蔵の頭の中に唯一刻み込まれたものは彦根城であったのかもしれない。そして、謙蔵が「城」と題して描き残した絵は、その全てが彦根城なのである。

直接カンバスなどに描かれた生の絵は残念ながら見たことはない。東近江市の八日市《ようかいち》文化芸術会館や、蒲生町あかね文化センターなど、地元で開かれる回顧展や展示会には欠かさず作品を見に出掛けているが、そうした場では彦根城を見ることはできなかった。

私が見るのは昭和四十二年（一九六七）に「彩壺堂《さいこどう》」が出版した『野口謙蔵作品集』に掲載されている五点の「城」と題されたモノクロ写真である。それと、昭和六十一年（一九八六）「滋賀県立近代美術館」発行の『特別展　茜さす蒲生野の詩情　野口謙蔵特別展』という図録である。これには三点の彦根城を描いた絵があり、カラー写真でもあり謙蔵流の個性的な画風を見ることができる。

もうひとつ、京都の「星野画廊」が出版している『野口謙蔵とその周辺』（一九九七年）という画集に、「城」という作品が美しいカラー写真でとりあげられている。四号Fという小さなサイズであるが、彦根城の天守が実に堂々と力強く、青空を背景にして描かれている。画面左隅に「昭和十年　野謙」というサインがある。

それは謙蔵三十五歳の作品である。四十三歳という若さで世を去る謙蔵の最盛期というか、画業に専心し充実していた頃の作品である。謙蔵の代表作品としては、評価の高い数多くの蒲生野の絵がある。彼の描く彦根城の絵に強い思いを寄せる熱心な愛好者が何人いるか、それは分からない。もしいるとしたら、その中の最右翼でありたい、とその小さくも大きい一枚の油彩画を見てそう思うのである。

それに加えて、今ひとつ思うことがある。謙蔵が彦根中学在学中に描き、はからずも大正天皇の目に止まりお持ち帰りになったという「彦根城山大手橋」という絵は、どのような出来映えの作品であったのだろうか。

遺歌集『凍雪《いてゆき》』(一九四八、白日社関西支部)に謙蔵の歌が残されている。

　お城のしづかさが心にふれてくる、白い壁の光とかげ(昭和十五年五月　友人と彦根行)

(二)　東京美術学校

野口家は伝統的に文人《ぶんじん》との交際が広く、文化・教養を優先する家系であった。近年日本の不《ふ》世出《せいしゅつ》の画家といわれた富岡鉄斎が、しばらく野口家に寄寓《きぐう》していたことはよく知られていて、そのころ鉄斎が揮毫《きごう》した多くの絵は今でも野口家に残されている。

謙蔵の父・正寛が桜川村の初代村長を務めていたことは先に述べた。その兄・正章は当時の国策でもあったビールの醸造《じょうぞう》に着手するなどの経済活動をしていた。その正章の妻、すなわち謙蔵の伯母《おば》が野口少蘋《のぐちしょうひん》(一八四七~一九一七)という、近代日本画では稀有《けう》な閨秀《けいしゅう》画家であった。東京の華族《かぞく》女学校の絵画教授を永く務め、多くの宮家《みやけ》、妃殿下《ひでんか》などに日本画の指導のために出入したほどの人物で、明治画壇《がだん》では奥原晴湖《おくはらせいこ》と並び称されていた。

彦根中学を卒業した謙蔵は東京美術学校(今の上野にある東京藝術《げいじゅつ》大学)に首尾《しゅび》よく合格して上京。最初に住んだのは麹町《こうじまち》の内幸町《うちさいわいちょう》にあった伯母・野口少蘋宅であった。大正八年(一九一九）三月のことである。少蘋女史は二年前に亡くなっていたがその娘でやはり日本画家であった小蕙《しょうけい》女史の紹介もあり、黒田清輝《くろだせいき》先生の指導を受けることになった。

　黒田清輝は東京美術学校に西洋画科が新設されると主任教授となり、のち各種展覧会の審査委員を任されるなど、近代日本絵画の中心人物となる洋画家であった。湖を背景にして片手に団扇《うちわ》を持つ浴衣《ゆかた》姿の婦人を描いた代表作「湖畔」はあまりにもよく知られている。

　そののち和田英作《わだえいさく》先生の指導を受けることになる。和田英作もまた、創設期の西洋画科で藤島武二《ふじしまたけじ》や岡田三郎助《おかださぶろうすけ》らと共に教鞭《きょうべん》をとった洋画家のひとりで、それまで知られなかったヨーロッパの絵画界の事情なども踏まえながら、いわゆる「アカデミズム」を形成していく指導者であった。

　和田英作との師弟関係というか交友については、謙蔵の晩年まで続いていてそのことからいえば、謙蔵は和田英作の教授を受けていたといってもよいのではなかろうか。ちなみに黒田清輝は謙蔵の卒業年度（大正十三年〈一九三四〉）には亡くなっていて、謙蔵と接した距離間隔について詳しいことは分からない。

　上京を果たし、寄宿先には日本画家がいて、学校ではこの上ない優れた指導者に恵まれながら、野口謙蔵の東京での絵画における成果について、評価され記述・論述されている資料はどちらにも見つけだすことができない。

大正八年（一九一九）から大正十三年までの五年間を、東京で過ごしていることには違いないのだが、残されている作品もほとんどないに等しい。いったいどうしてなのだろうか。上京二年目の大正九年、急性虫様突起《ちゅうようとっき》（虫垂《ちゅうすい》）炎に罹《かか》り慈恵《じけい》医大附属病院に入院した、と記録にはあるが、三ヶ月の間に手術をし、養生につとめ全快し退院したとある。

ただひとつ、同級生で昭和に入ってからも謙蔵との間で手紙や葉書のやりとりが多かった画家・渡辺浩三氏の話が残されている（遺歌集『凍雪』所収）。

まだ僕たちが美校へ入学したばかりの頃、風景コンクールがあって、その時君の描いてきた絵の空の色をはっきり覚えている。それはパリにいた頃に見たゴッホの「オーベルの寺」の空、これが矢張りウルトラフオンセ（超群生色）を生で叩きつけた素晴らしい魅力を持ったものであった。その時にふと君のコンクールの絵の事を思い出し、どこかゴッホと共通したものを持っていると感じた次第。

と、このように話している。どうやら入学当初から、謙蔵の絵には異常ともいえる色彩感覚、それと特異な画風を見せていたことだけは間違いなさそうである。

それと、東京に住むようになって謙蔵は雑誌「白樺《しらかば》」を愛読するようになっていた。当時「白樺」は一部の青年に大きな感化力を持っていたし、毎号多数の西洋名画（セザンヌやゴッホなど）を挿入し紹介していた。白樺派といわれた作家たちの思想や批評・感想などは、感受性の鋭い謙蔵の思考の幅を広げることに繋《つな》がったと考えられる。

謙蔵が書くのちの文章やその感じ方などに、とりわけ人道主義的な思想、正義感の強い潔癖な性格形成などに、白樺派的なものを汲みとることができるように思う。それに加えてもうひとつ、謙蔵は美校内で催される「短歌の会」に出席していた。

子供の頃から綴方《つづりかた》が得意であったようだが、このことは晩年自ら短歌を作り、作歌にもかなりの時間を割《さ》き、没後遺歌集『凍雪』が出版されることに繋がるのである。

謙蔵が亡くなってからの話がある。それは謙蔵を偲《しの》ぶ会で兄の忠蔵氏が話された逸話《いつわ》で、美校卒業に際し、在学中の作品で気に入ったものがなかったためか、全部東京の川へ流してしまったという話であり、それには驚いた。

ずいぶん大胆なことであり、東京での作品が残されていない理由が理解できるのだが、そこまでして謙蔵が考え、意図していたことは何であったのだろう。

謙蔵が東京で過ごした美校時代は、政治・経済・文化などあらゆる面で日本の激動期であった。洋画にも新傾向のものが激しく導入されていた。フォービズム（野獣派）、立体派、構成派、ダダイズム（伝統形式美に反抗）、未来派など、先鋭で前衛的様式をとり入れたものが目につく、いわば疾風怒涛《しっぷうどとう》の時代であった。

それらはのちに黒田清輝以後に引き継がれるアカデミズムへの新旧対立ともなっていた。謙蔵よりも十歳以上の先輩であったが、京都生まれの二人の著名な洋画家・安井《やすい》曾太郎《そうたろう》と梅原《うめはら》龍三郎《りゅうざぶろう》は、どちらも二十歳過ぎからフランスへの留学で学び、活躍をしていた。美校時代の謙蔵の絵にゴッホを感じたという親友・渡辺浩三も、卒業後パリに遊学している。

当時のエリート画学生たちの多くが留学していく中で、謙蔵はひとり違ったことを考えていた。いったい何を考えていたのだろうか。

それまで文部省が主催していた「文展」に代わって、大正八年（一九一九）以来「帝展」が日本の美術展覧会の主流となるのだが、そこで見る多彩な作品群の前に立ち、謙蔵はなぜか馴染めないもの、自分の目指すところとは違うものを発見し、何とはなしに疑惑を感じていたようである。

大正十三年（一九二四）三月、美校を卒業した二十四歳の謙蔵はまっすぐ郷里桜川村に帰っている。彼にとっての留学先は謙蔵の帰りを待ちわびていた近江国であり、彼を育んだ郷里蒲生野の風土そのものであったのだろう。

(三)　ホタルちょうちん

少し前のものであるが、滋賀県の地図帳を見る。今では一部が東近江市となっているのだが、竜王町・蒲生町が表示されている図面には、南北に名神高速道路が走り、黒丸パーキングエリアの表示もある。すぐその東側には「名神八日市カントリークラブ」というゴルフ場がある。

ゴルフ場のコースが展開する同じ丘陵の南側に、インドのアショーカ王が世界にまいたとされる石塔のひとつ、三重石塔「阿育王塔《アショカおう》」が建つ石塔寺《いしどうじ》がある。

石段をのぼりきったとき、眼前にひろがった風景のあやしさについては、私は生涯わすれることができないだろう。

頂上は、三百坪ほどの平坦地である。まわりにも松がはえている。その中央に基座をおいてぬっと立っている巨石の構造物は、三重の塔であるとはいえ、塔などというものではなく、朝鮮人そのものの抽象化された姿がそこに立っているようである。朝鮮風のカンムリをかぶり、面長扁平《へんぺい》の相貌を天に曝《さら》しつつ白い麻の上着を着、白い麻の朝鮮袴をはいた背の高い五十男が、凝然としてこの異国の丘に立っているようである。

『近江路散歩』（一九八八年、新潮社）

と、作家・司馬遼太郎を驚かせた寺である。

古代帰化人が積みあげたのであろうといわれるその奇妙な塔があるために、そのあたりの地名は石塔と名付けられている。

野口謙蔵の住まいのある綺田はこの石塔寺に近く、わずか二キロくらい南のところにあった。そして、その中ほどにあたるところに極楽寺というもうひとつの寺が今も残っている。その極楽寺には、大正七年（一九一八）に奈良県からやってきて住職を務めていた米田雄郎《よねだゆうろう》（一八九一〜一九五九）がいた。

綺田とはすぐ隣合わせの石塔・極楽寺に越してきたこの和尚さん、只物《ただもの》ではなかった。謙蔵とは中学生時代からふれあいができていて、東京の美校へ進学するに際しても、新しい時代の新しい空気を十分に吸ってくることの必要性を説いていたという。謙蔵とは十歳違いではあったが意気盛んな若き僧侶であった。

米田雄郎は幼時から短歌をよくし、当時前田夕暮《まえだゆうぐれ》（一八八三〜一九五一）――若山牧水《わかやまぼくすい》と共に自然主義の二大歌人といわれていた――に師事していた。米田和尚は地元の桜川小学校の代用教員も務め、地元に根を張った文化活動に専念し、一方では近江歌壇《かだん》の興隆・発展に大きな貢献をしている。

かねてより詩ごころのある画人と見通していた米田和尚にとって、謙蔵が桜川村へ帰ってくるということは大きな喜びであった。二人の交際は謙蔵生涯にわたってのものとなり、謙蔵自身も和尚の指導により自由律の歌を詠むことになる。謙蔵は米田和尚を尊敬し、米田和尚を通してさらなる芸術の深さを知ることになる。

渡来人が作ったのであろう石塔寺の三重石塔のすぐ近くで、まほろばの大和からやってきたひとりの歌人と、近江国で純粋培養された夢多き若き画人が、そうなるべくして巡り会っているのであろうか、それは分からない。

ただひとついえることは、謙蔵における美へのあくなき探求心や、絵画の世界で求められる詩的情趣に関して、身近にいる和尚の存在は大きなものがあっただろうと考えられる。

住みなれた郷里桜川村にゆっくりと腰をすえて、油絵を描くことに専心できるようになった謙蔵は、帝展を目標に百号以上の大画面作品に取り組んだ。秋になると東京に出かけて帝展を見た。しかし、自分自身で納得できるものはほとんどなく、また、自分で描く作品もなかなか思うように描ききることができなかった。

せっかく描きあげた絵を破って捨てることも、二度や三度ではなかったようである。

目ざすところのものは、はっきり決まっている。しかし表現は迷っている。迷っては悟り、悟っては迷っている。努力より外はない。これは理屈では解決できない。

と、彼は当時の日記に書き残している。

安寧《あんねい》の地であるはずのふるさとの環境も、かえって謙蔵の焦躁心《しょうそうしん》をかきたてたのだろうか、悶々《もんもん》とした心を抱えた日が続いた。

そのころ、東京麴町《こうじまち》にいた日本画家・野口小蕙は、関東大震災のあと兵庫県西宮市の甲東《こうとう》園《えん》に移り住んでいた。日本画をやってみよう、と考えた謙蔵は野口小蕙を訪ね、日本画、特に「南画《なんが》」を学んだ。南画といえば、日本では池大雅《いけのたいが》や与謝蕪村《よさぶそん》の絵に代表される文人画ともいわれるもので、特有のやわらかい線などが持ち味の日本画である。

それからのち、東京に日本画家・平福百穂《ひらふくひゃくすい》を訪ね、日本画の指導を受けたりしている。歌人画家ともいわれた平福百穂は、「絵は無声の詩なり」をモットーにしていた。その感覚は自然を愛し生活に親しむという、以後の謙蔵の絵に登場する田園風景や少女たちとなって、見事に再現されているように思う。

文展や帝展に琳派《りんぱ》風の装飾的な作風や、抒情《じょじょう》的な世界を持ちこんだとされる異色の日本画家・平福百穂に出会い、その指導を受けたことは大きかった。画家・野口謙蔵の芸術上の世界はようやく拓《ひら》かれていくことになったのではないかと、私は考えている。

それらは、昭和二年（一九二七）から三年にかけて――謙蔵二十六歳から二十七歳――の頃であり、のちに謙蔵の絵が「日本画的洋画」として評価される礎《いしずえ》は、その頃の修練、奮励《ふんれい》努力の賜《たまもの》であったことに相違はない。

謙蔵が描いた日本画について少し触れておきたい。滋賀県立近代美術館発行の画集などを見ても、巻末に「花鳥《かちょう》図」や「紙雛《かみびな》図」、「東海日出《とうかいのひので》」「早春図」「水村晴日《すいそんせいじつ》」などのタテ長の掛軸で観賞したいような、淡い色彩の日本画が見られる。また、墨絵《すみえ》でも「猿猴《えんこう》図」「竹鳩《ちくきゅう》図」などがあり、かの雪舟《せっしゅう》で知られる「山水長巻《さんすいちょうかん》」（紙本《しほん》墨絵・昭和二年〈一九二七〉作）が掲載されている。謙蔵流に描かれた「山水長巻」は、文字通り横に一一メートル六五センチと長い絵巻物であるが、描かれている山水の景色は湖国《ここく》近江がその対象とされている。

鈴鹿山系から湧き出た水が川になり、村を通り森や林を抜け、丘を越え池を巡り、魞《えり》のある内湖《ないこ》に入り、やがて彦根城かと思われる城塞《じょうさい》のあるところから大きな湖に流れ込んでいる。墨の濃淡やぼかしなどを使った正統派の水墨画《すいぼくが》だと考えられるが、私はその墨絵に郷土の山野に愛着を持つ謙蔵の心意気を見、そのスケールの大きさに目を見張るのである。

ところが、かげ口をたたく人もいたようで、

「田園生活を営む大地主の教養的な趣味の世界を出ていない」

と、それらの日本画を良く言わない人もいた。

しかしながら、謙蔵はもう、そのころには別の世界にいた。

野口小蕙や平福百穂先生から授かった無形の力を背負って、研鑽《けんさん》修行から桜川村に戻った謙蔵は、再び「洋画」を描くための絵筆を握っていた。

自宅の画室に石塔の極楽寺から米田雄郎和尚がちょいちょいとやってきた。謙蔵の気持ちは

和らいでいた。和尚は時には日が暮れるまで話しこみ、田んぼの中を一キロほど離れた寺へ帰っていく。

手にしたちょうちんの明かりがきれると、ホタルを何匹かつかまえてちょうちんに入れ、それで明かりをとりながら帰ったと伝えられるこの風流人に、謙蔵はこの頃、どれほどさわやかな感化を受けたことであろう。

昭和三年（一九二八）十月、第九回「帝展」に出品し、庭に立つ少女を描いた作品「庭」が初入選した。

(四)　三年連続で帝展に入選

ふるさと蒲生野に居を定めた気鋭の若手画家・野口謙蔵の作品が、中央画壇で認められるようになってきた。

昭和四年（一九二九）十月、第十回「帝展」に作品「梅干」を出品した謙蔵は、前年に続き連続して入選を果たすことができた。

作品「梅干」は滋賀県立近代美術館の所蔵になっているが、親しみやすい作品である。その絵はまた地域の公立図書館に行っても、手軽に見ることができる。『昭和の美術』全六巻（一九九〇〜一九九〇年、毎日新聞社）が置かれていて、第一巻（元年〜十年）に全一ページを使ってこの絵が紹介されている。

その絵は庭の中に三人の少女が描かれている。梅干を干す一人の少女がざるを持って、背中を見せて立っている。遊びの誘いにでもやってきたのか、庭先でこちらを向いた二人の少女と何か話している。三人とも木綿の着物姿で、画材としてはごく日常的で素朴感にあふれていて好感が持てる。

さらに細かく見ると、こちらを向いている少女は一人がひまわりの花を、もう一人は小さな白い草花を手にしている。今では失われてしまったが、昭和の初期にはどこにでもいた少女たちの、ありのままの仕草そのもので、何とはなしにほのぼのとしたものが伝わってくる。

謙蔵の後半生の絵には、太い柔らかな曲線を大胆に使ったものが見られるが、初期のこの絵に関していえば、構図的にも、色彩的にも規格を重視した固さが目につく作品である。

翌昭和五年、第十一回帝展には作品「蓮」が、三年連続で洋画部門で入選している。

この作品は、綺田の野口謙蔵記念館のすぐ近くにある源通寺が所蔵していて、記念館から声をかけてもらって見せてもらうことができた。

カンバスに油彩で描かれた作品であるが、一六二センチ×一三〇センチという大画面の力作で、本堂脇の廊下に専用の照明まで取りつけられて大切に飾られてある。もちろん、当寺院の檀家である野口家から寄進されたものである。

仏教とのかかわりが深い蓮の花が、見渡したところ池のないここ源通寺の本堂に懸けられている意味を考える。画面には大きな蓮の葉と花がいかにも大らかな筆の運びで描かれ、全ての煩悩《ぼんのう》を包容し、慈しむ心に通じているように思ってしまう。中に描かれている一羽の鳥が何事かを呟いているように考えられ、奔放《ほんぽう》に伸びた蓮の茎の向こうには、ほんの少しではあるが青空をのぞかせている。

野口家の菩提寺でもある源通寺に置かれた「蓮」の絵が、お寺に出入りする門徒さんや地域の人たちにとって、いかほどの心の支えとなり、また誇りとなってきたことか、想像するに難くない。

作品「蓮」が帝展に入選したその年（昭和五年〈一九三〇〉）、謙蔵は近江商人の里・日野町から、岡崎芳太郎の長女・喜久子を迎え入れ、結婚している。

喜久子夫人は母方のいとこにあたり、育った日野町は戦国智将・蒲生氏郷《がもううじさと》の出身地で知られているし、堅実な気質の人が多く住む近江の国の歴史を象徴するような町であった。

夫人は謙蔵が昭和十九年（一九四四）に四十三歳で夭折《ようせつ》したあと昭和四十年（一九六五）までの約二十年間を、目立つことなくひそやかに生きられたようである。画家・野口謙蔵の未亡人として、名門野口家次男坊の嫁として、慎ましく、夫の画業を誇示することもなかったようである。

石塔の米田和尚からはいくらかの歌の指導を受けながら、自分の思いを胸に布引山丘陵を眺めることを日課にしながら暮らされていたのではなかろうか。

かつての絵描き仲間やお弟子さんたちに囲まれて、昭和三十年（一九五五）に撮影された写真がある。その中央に手を組んで座しておられる夫人（二四四ページ参照）のお姿を見て、ついそのように感じてしまうのである。

さて、謙蔵のことについてである。

帝展に三回連続で入選した頃の謙蔵は、帝展のみならず「槐樹社《かいじゅしゃ》展」にも意欲的に出品している。槐樹社は大正十三年（一九二四）に結成された新進気鋭の若手画家でつくられ、のちに「東光会」となり、東光会の発足に関しては謙蔵もこれに参画している。

県立近代美術館刊行の作品一覧表を見ると、この頃の謙蔵は「朱衣少女」「少女」「秋草少女」など、姪にあたる少女をモデルに描いた肖像画が多い。素朴な描写の中にも対象の個性が捉えられていて、どの肖像画にも朱色が効果的に使われているのが特徴である。

大正時代から、日本の画家は人物画において、人の内面の描写に重きを置くようになる。娘の無垢《むく》な聖性を描いた岸田劉生の「麗子肖像（麗子五歳之像）」もそうであるが、東京国立近代美術館が所蔵する村山槐多《むらやまかいた》の「バラと少女」は、当時の名作、名品である。

謙蔵は、のちの日記に「画心一途・槐多大好き」と書いているほど影響を受けているが、謙蔵の少女像はそれらより一見荒々しい表現が見られるものの、少女への優しい思慕《しぼ》が感じられる点において、前記二作品にひけをとらないように思う。

前田夕暮は当初『みだれ髪』の与謝野晶子に傾倒し、のちに白日社を創立し雑誌「詩歌」を創刊するなど、その近代的な感覚から自由律短歌まで唱えた著名な歌人であった。

その前田夕暮が昭和五年（一九三〇）、石塔・極楽寺に米田雄郎和尚を訪ねてきた。

石塔寺に近く、少し小高くなったところに池を前にして極楽寺がある。三十段ほどの石段を登りつめたところに三角おむすびのような形の石が置かれ、それが歌碑になっている。

前田夕暮が宿泊し、その翌朝に詠まれたとされる歌が彫りこまれている。

　五月の青樫のわか葉がひときわこの村を明るくする、朝風、

歌人として活動していた極楽寺の米田和尚は、昭和四年（一九四九）、日本歌人協会の会員となっていて、翌年、第二歌集『朝の挨拶』を出版していた。その本の装幀は謙蔵がしている。

そこで思う。極楽寺に泊まった前田夕暮を、米田和尚は近くで絵筆を握っていた謙蔵のところへ連れて行ったに違いない、と。なぜなら、すぐ何年かのち、「層雲」の俳人・種田山頭火《たねださんとうか》が一笠一杖《いちりゅういちじょう》の行脚僧《あんぎゃそう》姿で極楽寺に立ち寄っている。米田和尚は山頭火を近くの謙蔵のアトリ

エに連れて行き、三人は句歌絵の合作をして遊んだ、という記録も残されているからである。

　分け入つても分け入つても青い山

などという自己流の句を詠み、生涯を放浪の旅に生きた山頭火は、死の一年前の昭和十四年(一九三九)春にも、旅の途中で米田和尚のいる極楽寺にたち寄っている。

謙蔵は米田和尚から短歌の自由律を学び、前田夕暮に出会って以後その歌集を愛読し、そして、種田山頭火という異色の俳人と巡り会っていたのである。

謙蔵の絵に流れる清冽《せいれつ》な詩情は、このような人たちとの交流によっていっそう磨かれ、研ぎ澄まされていった。


そして、謙蔵が住む蒲生郡桜川村からそれほど遠くないところに、同じ時代を生きたもうひとりの人物が、日本文化の近代化に大きな刺激を与えていた。

『日本人を越えたニホン人』(近江兄弟社)といわれたり、『青い目の近江商人』(岩原侑著)などと呼ばれるW・M・ヴォーリズは、明治三十八年(一九〇五年)に来日し、滋賀県立商業学校(現八幡商業高等学校)の英語教師として赴任した。

のちキリスト教団近江ミッション（現近江兄弟社）を創設したりするが、やがて建築家として活躍することになる。昭和五年（一九三〇）から六年にかけて、近江八幡に近江療養院（現ヴォーリズ記念病院）や礼拝堂を建設し、メンソレータム八幡工場を完成させているが、それは野口謙蔵が中央画壇で認められ、その代表作を世に問う時期とほぼ一致している。

近江八幡や桜川村はいわゆる近江商人の発祥の地であった。時代を先取りする果敢な進取性と、機運に恵まれた土壌で仕事ができたことは、米国人と日本人の違いこそあれ二人にとっては幸せなことであった。

ヴォーリズの片腕として近江兄弟社を創立した吉田悦蔵は、ヴォーリズ設計によるアメリカンスタイルの木造住宅に住んだ。その息子・吉田希夫《まれお》さんは、父親が大切にしていた謙蔵の作品「けし」を、アメリカ住まいで日本を離れた時もそれを持って行き、そしてまた日本に持ち帰っている。

近江八幡では、その後もヴォーリズ設計の木造住宅に住む多くの人が、謙蔵の絵を所蔵していたという。謙蔵の絵を陰で支援していたと考えられるそれらの人の家に飾られた絵は、今日的見地からみても、モダンな生活に密着して最良の場所に置かれた贅沢な調度品であったに違いない。

吉田悦蔵が昭和十七年（一九四二）十一月に亡くなり、謙蔵はその告別式にかけつけている。

残された私の絵がさみしく壁にあり、柩《ひつぎ》ひっそり菊にうづくまり　　遺歌集『凍雪』

㈤　自由律短歌

謙蔵の遺歌集『凍雪』は、謙蔵没後四年の昭和二十三年（一九四八）に石塔・極楽寺の米田和尚が編纂し、発行したものである。表紙に草色の和紙が使われた百ページほどの冊子であるが、奥付には非売品とあり貴重なものである。

歌集の最初のころの作品には「雪」が詠まれたものがよく出てくる。

空をうつした積雪の青さ、しみじみと自然の心にふれる
雪の野道の小鳥の足あと、美しいから踏まずにあるかう
夜ふけてしんしんと雪ふる田道、私の夢があるきまはる
戸を開けたとたんに、私の身体中に新雪の匂ひがしみ透る

などの作品に、謙蔵の雪に対する思い入れの深さが伝わってくるのだが、次のような話が語り継がれているので紹介させていただく。

大雪が降ったある日、村人が野口家にあわててとびこんできて、

「謙蔵さんがハダカで絵を描いてなさる！　カゼをひく！」

と知らせに来た。家人が急いで一緒に行くと確かに雪の中で、平然とした顔で上半身素っ裸で写生をしている。みんなの騒ぎを見て、謙蔵は笑いながらこう言ったという。

「肌で雪の心をつかまぬことには雪は描けないよ」と。

心や精神を失ってただ表面的な外見美だけを写しとった絵が氾濫していたころ、謙蔵は魂のない雪にまで、その心を追求しようとしていたことが分かるのである。肌で雪の心をつかもうとして裸になったように、彼は美とは何であるかを考え続ける。

まるで、道を求める求道僧《ぐどう》がするように、謙蔵は自分の芸術について考え、こうだと思ったことに対しては断固としてそれを実行していた。

自由律の歌についても、在来の三十一文字（五・七・五・七・七）にとらわれず、その形式を破ったものであり、それはそのまま謙蔵の芸術確立への心の道程ではなかったのだろうかと思われる。

遺歌集を読んでいて、もうひとつ気がつくことがある。「雪」に次いで多いのが自然の中に棲息する小動物、特に「鳥」を数多く詠んでいることである。

　手にとつて見る山鳩の羽色、しみじみ青い冬空を感じる
春を待ちかねる雲雀の、黒い目玉。私も春を待つ

ピーヒョロロ、私は鳶だ。青い冬空のさみしさに居る
一羽の雌鴨がさむざむと庭石にゐて、暮れかかる雪空のひかり

などの歌がそれであるが、「ひばりの黒い目玉」というが、私たちにはとても気がつかない。見ることさえできないものを謙蔵は見ている。その鋭敏な眼力には怖いような気持ちさえ抱いてしまう。

最後の歌で、「雌鴨」が詠まれている。

昭和という時代に入って間なしのころの蒲生野には、今では想像もできないほどたくさんの野鳥たちが、山林や丘陵地からやってきたのではないかと思われる。村びとたちは鳥や魚や花や樹木などと一緒に生活空間を共有し、境界線などはなく、雌鴨が庭に飛んできても不思議なことではなかった。

天皇行幸のもと、宮廷をあげての遊猟が行われたころの、紫草の生えていた御料地の面影は残され、獲物も十分に棲息していた。謙蔵はまわりの人に誘われたこともあったのだろう、狩猟に出かけることも珍しいことではなかったようである。

そうした環境の中で謙蔵が描いたひとつの作品が、時の日本洋画界に大きな話題を提供することになる。

㈥　念願の特選

昭和六年（一九三一）、第十二回帝展で、作品「獲物《えもの》」が特選となる。入選でなく念願の特選である。当時の帝展は職業画家としての道を選ぶ時の登竜門であり、日本画、洋画を問わず相応のレベルに達してこそ、初めて作品を持ち込める試練の場でもあった。

ところが、「獲物」が特選に推されるに際しては、その当落をめぐって審査会で大もめにもめたということである。

「湖国と文化」第三号（昭和五十三年〈一九七八〉四月号、滋賀県文化振興事業団）に掲載された「誌上美術館・ふるさとの画家―野口謙蔵」から、美術評論家・亀田正雄氏の言葉を引用させていただく。

「獲物」の特選については審査委員たちの間で賛否が大きく分かれたという。一見荒々しい筆の走りの洋画とも日本画ともつかぬ謙蔵の絵は、確かに保守的な伝統を守るおだやかな官展の画面としては問題があったのだろう。「それにしても、これだけの日本画的な構図、筆致、感触を出せる洋画家はいまい」とする一部の審査員の熱烈な支持があって、謙蔵の絵は当時としては数少ない特選の栄誉に輝いたのである。この絵はのちに東京の陸軍病院に買いあげられたが、おそらく病んだ傷病軍人たちの心に、どこか平和と安らぎを与えるものがあったからだろう。

と評価されている。

その絵は県立近代美術館発行の画集に、参考作品としてモノクロ写真のみが紹介されている。よく見ると、描かれているのは狩猟のあとの収穫が屋敷の庭に並べられている。村の少女たちがそれを眺めたり、羽の長い雉子を手でつまみあげたりしている。中央に馬が描かれ、馬上からそれらの光景を見つめる人物や、猟犬をなだめる人物も描かれている。

描かれているどの人物もまるで人形のように無表情で、没個性的に表現されている。それはなぜだろう。興味が湧く画面であり、人物や犬の配置など構図も面白い。ただ、今の時代感覚からすれば、すぐには考えられない光景であり、どこか幻覚的でさえあるような気がする。

新聞は謙蔵の特選を派手に報じ、謙蔵は初めて新聞記者たちのインタビューを受けた。しかしながら、記事になった批評は周囲の期待に反して冷たかった。「三百号という馬鹿馬鹿しく大きな画面」だの「色彩感覚が分からない」などと書かれたようである。

作品「獲物」は褒貶《ほうへん》両様の批評が飛び交い、当時の画壇で議論もされたが、一方では野口謙蔵という異才の画家の名前は一躍広く知られるようにもなった。

その絵について改めて考えてみる。小動物が収穫され獲物として庭に並べられている。それは殺生ということが平然と描かれているのであり、そのことについての罪の意識が謙蔵の頭の中にあったのかどうかである。

作品の評価とは別の、曰《いわ》く言い難い感情が獲物を並べ描いたあとに、心優しい謙蔵の胸の内に去来したのではなかろうかと思われてならない。

絵の中に、一番小さく描かれているひとりの少女がいる。その少女は全てのものに背を向けて、庭から外に出ようとして立っているように見える。いったい、何を意味するのであろうか、意図的に描かれているように見える。

この作品が東京の陸軍病院に飾られていたことの巡り合わせというか、考えようによっては強烈な皮肉については、ひとりの画家の隠された苦悩の表現として捉えられるかどうかによって違ってくるのであろう。この作品はそののち行方不明となり、今は誰もその絵の実物を見ることができないままである。

その昭和六年（一九三一）の十二月、特選の受賞を共に喜んでくれた父・正寛が逝去している。

翌、昭和七年三月、長男彰一が生まれた。謙蔵は長男の誕生をことのほか喜んだ。

幼い子供によくあることだが、彰一は風邪などでよく発熱したようで、その時に次のような微笑ましい一首を詠み残している。

ぢつとりと熱ばんだ彰一の額に手をあてて親である自分に気づいてゐる

童謡が好きだったという謙蔵のこと、彰一がまだものごころがつく前から、そばで歌を歌ってやったことだろう。そして、一緒に凧上げをして遊んだ時の歌も残されている。

冬空をよぎつてぐんぐん太陽の位置まで昇ってゆく彰一の赤い凧
ゆらゆらあがる小さい赤い凧が冬空一面に彰一の歓びを撒く

遺歌集『凍雪』

(七) 新築の画室はヴォーリズ設計

昭和七年(一九三二)。前年の特選によって「帝展無鑑査」の権利を取得していた謙蔵ではあったが、そのことに拘束されることなく、「放生《ほうじょう》」というテーマの構想を練り、それを作品にすべく意欲的に制作に取り組んでいる。

放生とは、仏教では善行を意味するもので、生命の命を救うことにより功徳を積むということである。具体的な礼儀としては、魚などを池や湖沼に放流することであり、謙蔵はそのような絵を仏堂と蓮池と少女を描くことで、仕上げようとした形跡は残されている。

これは大きな作品であったらしいが、結局は自分の意に適わず、帝展への出品はとりやめて、自ら無鑑査の権利を放棄している。前年度の作品「獲物」に対する何らかの思い、そして父親の他界などから、謙蔵の胸に去来した何らかの躊躇、心の葛藤は、逆にその後の作品開眼への大きな踏み台になっていったのではなかろうか。

昭和八年春、謙蔵は野口家の敷地の一角に画室を新築した。その場所は、今でも祖父・忠蔵の表札が残されている本家の倉庫が立ち並ぶ佐久良川寄りではなく、北に広々と田畑が続く向うに、布引山丘陵がなだらかに伸びるのを眺められる絶好の立地であった。

のちに謙蔵の絵に幾度となく描かれる蒲生野は、この画室からの眺望そのものが圧倒的に多い。今も当時のまま残されている画室に立つと、とにかく明るい。その画室の北側についてひとことでいえば、左右上下全部が窓になっているが如しである。

はめこみ式になっている大きなガラス戸は上に四段、下に三段の仕切がついていて、それらの上部天井に近いところにも、明かり採りのための窓が横並びにつけられている。

庭に面した南側も、廊下を挟んで四段に仕切ったガラス戸の上に、さらに上段の窓が左右に二つ設けられている。南側を外から眺めると軒先の上、つまり切妻《きりづま》式の大屋根と下の屋根との間にも、何やら小さな小窓が二つ取り付けられている。

畳を敷けば五十畳くらいになるというこの大きな画室、外見は全くの和風建築であるが、天井には白壁が塗られている。北側の高窓に対してはそれに向き合う壁は曲線を描いてせり上っている。そして、壁面の上部に渡されている横坂（貫板《ぬきいた》）に施された洋風のさりげないアクセントというのかそのデザインは中途半端なものではない。

そこまで見て、この画室、W・M・ヴォーリズが絡んでいるに違いないと確信できた。取り壊すことが話題になって、急ぎ見に行った豊郷小学校の校舎の内側の印象が頭の中を過《よ》ぎった。謙蔵のことで取材に歩く中で、画室がヴォーリズ建築事務所の設計であることを指摘する人は何名かいたことも確かであった。

画室新築の発注主が時の寵児・野口謙蔵であり、その建築を請負った建築事務所の責任者がヴォーリズであったとすれば、二人は近江八幡か、桜川村綺田のどちらかで、直接出会っていたことがあったとしても何ら不思議なことではなかった。

ヴォーリズはその同じ年、名建築といわれ、関西人に馴染まれた大阪大丸百貨店の心斎橋店の御堂筋に面した正面を完成させている。そのほか、写真で見るとまるで夢の国の建造物のような神戸女学院の音楽館を仕上げていたりして、間違いなく多忙の日々であった。

一方の謙蔵、出来上がりつつある画室を横目に、精力的に絵筆を握り続けていたようである。前身が槐樹社であったのが「東光会」に変り、その第一回展に謙蔵は作品「けし」と「夕日の裏庭」の二点を出展している。

「両作品ともに明るい原色系の作品で、大胆な筆致に謙蔵の飛躍が伺える」と、県立近代美術館もこの作品を高く評価している。

謙蔵はそれ以後も、帝展とは別に東光会には優れた作品を出展し続けている。また、この会のメンバーとの交流はのちのちまで続き、謙蔵にとってかけがえのない絆となっていた。

ヴォーリズを含む近江兄弟社等との関連については、ひとつの象徴的な事実を取り上げることにとどめておきたい。それは、昭和八年（一九三三）秋の第十四回「帝展」で二回目の特選となった作品「閑庭《かんてい》」が、近江八幡市の近江兄弟社ヴォーリズ記念病院に持ちこまれているということである。絵は何年か病院に飾られていたが、今も当病院の所蔵品として県立近代美術館に預けられている。

中学生の頃に謙蔵から直接絵の指導を受けたとおっしゃる愛弟子《まなでし》のおひとりが、今（平成二十五年）も八十五歳で東近江市八日市にご健在である。お会いして、画室についてのお話をお聞きできた。

「先生はアトリエという言葉を嫌われていて、人がアトリエと呼んでもご自分では生涯『画室』としか呼ばれなかった」

と。絵画の世界にも海外の様式のものを無条件ではとり入れなかった謙蔵らしいこだわりを感じてしまうし、また、貴重な証言でもある。

そのお弟子さんは藤川与曾吉《よそきち》さんで、旧八日市市のまん中にお住まいであるが、当時は田畑や丘陵を越えて、自転車で謙蔵の画室まで通っていたと話される。何年か前の謙蔵企画展に際し、そのパンフレットに印刷された藤川さんの小文を紹介させていただく。

うすら寒い初冬の或る日、長谷野を越えて綺田へ。底冷えがひどかった。

「画室はさぶいし、こっちへおいで」

と六畳の間ぐらいの台所と覚しき所へ招じ入れられた。おずおずと上り、火鉢の前にかしこまっていると、当時の貴重品さつまいもを出され「ひとつどうや」と蒸したのをすすめられた。

「これ急ぎの手紙や、八日市から出してくれるか……文部省の買上げ作品の推薦や」と言いながら封筒を開かれた。

「岡さんの農家、よかったなあ」と言われ、私には先生と小さな火鉢を囲んで（農家の庭　岡鹿之助）の文字がはっきりと読めた。続いて「須田国さんの八坂神社西門もよかったなあ」と呟かれて共に共に○印を打たれた。

それらの手紙を託された私は自転車に乗って曲りくねった石塔の坂、大きくまた緩やかに上下する松林の中の赤土道を急ぎ走った。右手前方に雪の伊吹、霊仙が見え隠れした。

昭和十八年十二月初めの事であった。

と書いておられる。藤川さんに限らずいったん信頼を寄せた人に対しては、全てのことを隠し立てできなかった謙蔵の人柄の一面も伺えて、藤川さんにとっても少年時代の良き思い出話となっているようである。

㈧　嘉田知事との紙上での出会い

藤川与曾吉さんのように七十年余りも前の話にはとても敵わないので、逆にごく最近体験したことを書かせてもらいたい。

平成二十五年三月二十三日、今では野口謙蔵記念館となっている画室に立ち寄り、何かの調べごとをしていた。帰りぎわになって、庭に面した廊下に置かれていたノートにふと目をやった。小さな机に置かれたノートは、来館者がここに来て感じたことなどを自由に書き込む、観光地などにもよく置かれているものだ。

見開きの左側の頁に「滋賀県知事　嘉田由紀子」という文字が私の目に飛び込んできた。三月十九日、の日付が記されていて、それはつい何日か前のことである。

「絶筆となった『喜雨来《きうらい》』に出会いたく、伺いました。蒲生野の心の宝、大切に守っていって下さい」

と、ごく自然な筆跡でご自分の気持ちが書かれている。もちろん知事（当時）の直筆である。

嘉田知事が自然環境保護などの問題では実績もあり敏感であることは知っていたので、蒲生野という言葉がすんなりと文字になっているのは分かった。ところが前半に書かれた謙蔵のひとつの作品に出会いたくて……のくだりには心暖まる仲間意識を感じてしまった。

多忙な公務の途中であったのだろう、寸暇《すんか》を割《さ》いて、草深い小さな記念館を訪ね、謙蔵の絵にひととき心を寄せられた知事をそこに見ることができた。

ノートのページをよく見ると、右のページの下に空きスペースがあった。私はすぐにペンを取って、その余白のところに何のためらいもなく、それでいていささか胸のたかぶりを抑えながら、「自然の心を絵にした謙蔵に脱帽」などと書きこんだ。自分の名前を署名するのを忘れなかったのはもちろんである。

初めて謙蔵の絵に出会った人は、第一印象として、その絵に少し戸惑いを感じるのではなかろうか。細かく丹念に描きこまれた絵ではないからである。大雑把《おおざっぱ》で、観る人のことを考えない描き方がしてあるように思えるし、決して写実的ではない。筆使いについていえば、まさに大胆そのもので無手勝流といえばいえなくもない。

絵画には全くのしろうとであった私も、最初のうちはそう感じていたし、今でもまだ完全に理解できていない自分を感じることもある。だから、謙蔵の絵を理解するには少し時間をかけた方がよいのかもしれない。

のちに石塔・極楽寺の米田和尚が調べ、明かしてくれた謙蔵の愛読書の数々を見ると、単なる思いつきや、その場しのぎで描かれた絵は一枚もないことが分かるのである。あらゆる領域の先人たちの画集を見、参考にしながら自分の創作に取組んだ形跡が窺えるのである。

眞船豊著『梅原龍三郎』、水原秋櫻子『安井曾太郎』、『村上華岳の作品鑑賞絵画集』、『萬鉄五郎画集』。『モジリアニ画集』、『仏蘭西版ゴッホ画集』、『ルオー画集』、『マチス画集』、前田夕暮歌集『富士を歌ふ』。水原秋櫻子句集『磐梯』、高村光太郎詩集『道程』、『芋銭子画集』、『浦上玉堂画集』、『玉堂・八大山人・木米・龍山・如拙画集』、谷川徹三著『芸術小論集』などの書物が病床の近くに散らばっていたと米田和尚はいう。

画集が多いのは分かるとして、歌集、句集、詩集があり、芸術論文さえ見かけられるところが謙蔵らしい。室町時代の画僧「如拙《じょせつ》」の名が見えるが、水墨画「瓢鮎図《ひょうねんず》」なども早くから謙蔵の手中にあったことには思わず納得。

名前は見られないが「村山槐多《むらやまかいた》」の画集が出版されていればそれも身近にあったはずで、謙蔵が「私の尊敬する画人の一人である」と言っていたことは、藤川与曾吉さんからも聞いていた。洋画家で歌人でもあった村山槐多（一八九六～一九一九）は、わずか二十三歳で自らの命を放蕩《ほうとう》するように早世していて、他に例のない大正時代の個性派であった。

謙蔵の遺歌集『凍雪』に村山槐多のことを詠んだ歌が残されている。

力よどうか俺を見捨てないで呉れと槐多はいふ、秋すみとほり
どこからか私をみている彼の目を感じ、ひやりと身慄ふ

これらの歌に詠まれている気魄《きはく》というか、心の充溢《じゅういつ》というものは謙蔵が常に追い求めていたものであり、その意味からいっても最も傾倒し、心酔していた画家が村山槐多であったことは、そのあとに続く謙蔵の画業においてはっきりとしてくるのである。

数多くの愛読書や、村山槐多への深い思いを知った。最初は少々分かりづらかった謙蔵の絵の魅力が少しずつ分かってくるような気がする。

ふるさと蒲生野の自然や村人たちの生活を描いた謙蔵の絵がある。代表作ともいえる何枚かの風景画のことである。大画面で鳥瞰図《ちょうかんず》的に描かれているが、光や風がふんだんにさしこみ、土や草のにおいがしてくる。画面いっぱいにあふれ、そして描き讃えられた詩情とロマン。それが私たちに激しく迫ってきて、私たちの心を惹きつけてやまないのはなぜだろう。

昭和八年（一九三三）に新築された画室から、その後つぎつぎと生まれてくる意欲的な作品群には、そうした魅力がたっぷりと盛りこまれているような気がしてならない。

昭和九年、第十五回帝展で作品「霜の朝」が特選に選ばれた。三回目の特選受賞である。その絵は政府お買い上げとなり、今、東京国立近代美術館の所蔵となっている。

市立図書館に行き『原色現代日本の美術・七巻―近代洋画の展開―』（一九七九年、小学館）という、大きくてしっかりと重量のある冊子を手にする。油彩、カンバス、一五二・〇センチ×二二二・〇センチと注釈が付記され、謙蔵の蒲生野の平和な朝を描いた作品「霜の朝」が全一ページで紹介されていた。

(九)「近江野謙」

野口謙蔵が描いて、昭和九年に帝展特選になった作品「霜の朝」は、並みいる八人の審査委員を思わずうならせたということでも知られている。

それは、そこに絵が描かれていただけでなく、静謐《せいひつ》な朝の自然の気韻を感知させられたことに対する感嘆の声ではなかっただろうか。

大画面に蒲生野の厳冬の夜明けの風景が展開されている。白く霜が降り、広々とした田園風景はどちらかといえば暗い。しかし、ゆっくりと眺めていると間違いなく見えてくるものがある。

赤い着物姿の少女が犬を追って駆けていく一本の農道があり、その先に一匹の犬と飛び立っていく小鳥の群れが見える。遠くにはなだらかな稜線の丘陵が続いている。しかしながら、じいーっと目を凝らし、呼吸を整えて、その画面を見ていると、見えてくるものはそうした具象的なものだけではない。

大きな自然の中に抱かれた恵みの朝に対する慈しみの念が滲《にじ》んでいるし、やがて明るい農村の一日が始まるだろうことが明確に予感されるから不思議である。表現手法は私たち日本人の感受性に沿っているし、太く描かれた線は力強く大胆で、平明さというか分かりやすさが強調されていて親近感を覚える作品だと思う。

作品「霜の朝」は東近江市（旧八日市市）市子川原《いちこかわら》にある蒲生コミュニティセンター（旧あかね文化センター）で、陶板画として精密に描き写され再現されたものを見ることができる。

コミュニティセンターの玄関を入った正面の壁画に大きく描かれた絵は迫力満点である。原画が百五十号という大画面であったものをさらに拡大されているので、少し離れた位置に立って鑑賞すると、帝展で八人の審査員が思わずうなったという画面にひきずり込まれる。

蒲生コミュニティセンターは近江鉄道桜川駅から西へ十分のところにあるのだが、桜川駅からひと駅八日市に寄ったところに「京セラ前」という駅があり、京セラの滋賀工場がある。

コミュニティセンターの担当者に聞くと、セラミック加工で陶板仕上げのこの大画面の製作に当たっては「ご近所の京セラさん」の支援が大きかったという。そしてもうひとつ、近江国が誇る古窯《こよう》・信楽焼《しがらきやき》の職人集団の技術とを併せた時代の最先端の技法が使われているとのことである。

徳島県の「大塚美術館」で私たちを驚かせてくれ、世界の名画を再現したあの陶板画の技法が、野口謙蔵の代表作「霜の朝」に活用されていることは近江国の住人としてうれしいことである。

いずれにせよ謙蔵の「霜の朝」は、それ以後に続く十年ほどの画歴を眺望する時、ひとつの大きな節目となった作品であったことに間違いはない。

田圃《たんぼ》の畦道《あぜみち》に座りこんだり、野道の小さな草花の匂いを嗅《か》いだりしている不思議な男の人がいた。

「変わったオッチャンやなあ」

「いったい、あんなところで、何をしてはるのやろうなあ」

まだ小学校の低学年であった池内正治《いけうちしょうじ》さんは、遊び友達と一緒にそのような思いで謙蔵のことを見ていたと打ちあけられた。

謙蔵の生家の近くにお住まいになり、お元気で野口謙蔵美術館の仕事をボランティアでお勤めになっているという、いつも好々爺《こうこうや》ぶりを発揮されている八十三歳である。その頃の謙蔵は三十歳を過ぎていたと考えられ、スケッチブックの一冊くらいは持っていたにしても子供たちの目には映らず、「変わったオッチャン」で通っていたのだろう。

池内さんのなにげないお話の中から学ぶべきことは、生家近辺でのいつも変わらぬ画題を求めることへの執着心であり、中央で画業が認められた後といえども、少しも気取ることを知らなかった茫洋《ぼうよう》たるお人柄ということであろうか。

昭和十年（一九三五）、第三回東光会展に謙蔵は「初冬の一隅」と、「五月の風景」の二作品を出展している。

私はこの二つの作品に「変わったオッチャン」と子供たちの目に映った風土画家・野口謙蔵の真面目《しんめんもく》というかその気骨《きこつ》を見る思いを持つ。

「初冬の一隅」には秋の嵐に倒されたのか、大きく折れて横たわるコスモスの花が描かれている。コスモスはまだ枯れずに生きているようであり、一緒に描かれている雑草の名は分からないが、みなひそやかに生命を保ち続けている。近くで雀が六羽ほど思い思いの姿態《したい》で日だまりの中で遊んでいる。

ただ、それだけの絵である。何の変哲もない、普通なら見逃してしまう場面を画題にしている。風土画家という言葉を使ったが、倒れてしまったコスモスも、ほんの少しばかりの日だまりに飛んできた雀も、豊饒《ほうじょう》なる大地、すなわち「土」によって生き伸びようとしている。

「五月の風景」は謙蔵の作品の中ではよく知られていて、県立近代美術館でも見られるが、回顧展などのポスターにも使われている。

視点を低くとり、上方を空の深い青、下方は麦やネギの緑で覆われていて、一度見たら忘れられない大胆な構図になっている。青い五月の空の色は謙蔵が好きであったゴッホの青である。大地と大空の間に集落が望まれ、鯉幟《こいのぼり》の緋鯉《ひごい》の朱色が小さく見える。

麦の群生を描いているのだが、リアルな表現ではなく風景を意匠《いしょう》化していて、装飾性の豊かな作品である。この「五月の風景」を見て強く思うのは描き手の姿勢の低さである。謙蔵はこの絵を描く時にはひざをつき、肘《ひじ》を土につけて、あごに泥でもついたのではないかとさえ考えてしまうのである。

和辻哲郎の名著『風土　―人間学的考察―』は、人間にとっての風土と歴史の重要性を活写したものとされている。哲学者と画家との違いこそあれ、野口謙蔵はさらにその先の細やかなところを見て、それに直接触っているのではなかろうか。

蒲生野の一隅に折れて倒れたコスモスの花や、五月の麦畑やネギの群生に限りない愛着心を抱き、生きとし生ける生物、生命の全てに温かいまなざしを注いでいる。考え方も、身体《からだ》の在《あ》り様《よう》も、物を見る目も全てが土に近いところに置かれて描かれている。とりあげた二作品以外にも謙蔵の絵にはそうした魂が内蔵されているように思われてならない。

作品「五月の風景」には、画面の左下隅に「近江野謙」とサインが書きこまれている。蒲生野に住み、その四季の移り変わりを肌で感じとり、そこに息づく自然を描き続けた謙蔵であってこそ、そのように署名するにふさわしく、実に意味のあるサインだと思う。

単に「野謙」とだけ書かれた作品も「謙」の一文字だけの画面も見られるが、私は近江国と一体になった「近江野謙」の署名に惹《ひ》かれる。それは、謙蔵がよく言っていた、

「どうしてみんな、フランスに行きたがるのか……」

「滋賀県にも、こんなに見あきぬ美しいところが、いくらでもあるのに……」

という自らの主張が込められているからである。

謙蔵は自分の芸術を日本人として、近江人として、湖東の風土を基点に出発させ、ふるさとの人との心の触れあいの中で完成させようとしていたからである。

(十)　和田英作先生

昭和十一年(一九三六)、その年は日本の画壇を揺るがす嵐が吹き荒れていた。文部省が介入し画壇の国家統制を目論《もくろ》み、帝展改組《かいそ》を断行しようとしていたからである。

蒲生野にいた謙蔵にとっても、それは人ごとではなく、所属していた東光会内部の混乱などもあり、東京へ出かけることも多かった。東京美術学校時代の恩師・和田英作も渦中《かちゅう》にあったようだが、この年の秋、和田英作は滋賀県に来ている。

野口謙蔵に会うことが最大の目的であったようだが、中央の画壇の騒動から逃れ、蒲生野の風情を楽しむことも積年の願いであったのかもしれない。残されていたスナップ写真などを見ても、謙蔵が描く近江国の旅情をたっぷりと味わわれ、彦根や近江八幡、そして陶器の里・信楽にまで足を延ばしておられる。

謙蔵が和田先生をお連れして行った時の絵だろうと考えられる一枚の絵がある。彦根市の北東の大洞弁財天《おおほらべんざいてん》（長寿院）境内《けいだい》の高台から松原内湖《まつばらないこ》を挟んで、彦根城を遠望した風景画である。「湖」と題名がつけられ、水の青と波の白が美しく、彦根山の樹木の茂みの中に天守が見え、ほんのわずかではあるが彦根の町らしき点景も描きこまれている。

謙蔵にとっては、この絵に描かれたこの場所がお気に入りであったのだろう。彦根の近辺ではこのような大きな自然の風景が謙蔵の記憶の底に残っていたに違いないと思う。先に、謙蔵中学時代の彦根の町の華やかな建造物のことに触れたが、作品「湖」を見るに及んでただ、恥じ入るばかりである。

その同じ場所から描かれた和田英作先生の「静かなる鳰《にお》の湖」という絵が残されている。鋭い視覚で据えられた画面は、堅実で技巧的であり、官学派といわれるにふさわしい格調にみちている。

日本芸術院会員で、のちに東京美術学校の校長を務められ、文化勲章まで受賞された大御所と一緒に並んで鳰の湖と向き合っていたその日の謙蔵の気分は、いかばかりであっただろうか。

信楽では陶器を熱心に見て回られているスナップ写真が残されているが、その中に石塔・極楽寺の米田雄郎《よねだゆうろう》和尚が一緒に写っている。かつて米田和尚が自分の短歌の師・前田夕暮を謙蔵に紹介したと同じように、謙蔵は東京美術学校時代の洋画の師・和田英作を、誇らしく和尚に紹介し、その日の交遊、同行となったに違いない。

また、近江八幡では舟遊びをされている写真も残っている。

この昭和十一年（一九三六）十月に、和田先生は謙蔵宅に何日逗留《とうりゅう》されたのか定かではないが、十月十二日付で和田先生が描いた「野口謙蔵肖像」と自書された謙蔵の肖像画が残されている。この作品は三十五歳の謙蔵の若々しくもふくよかな童顔が、リアルに描かれていて、滋賀県立近代美術館発行の図録（一九八六年）の冒頭ページを飾っている。

謙蔵の師として晩年まで親交をもたれた和田英作は、昭和十五年（一九四〇）九月、法隆寺金堂壁画の調査の仕事で奈良におられ、その宿舎から謙蔵に宛てて出された手紙が保管されている。

貴兄と共に過ごした八幡での一ト秋の楽しき年を想出されるのです。貴兄の御郷里も亦美しい空に雲に蔽われ居ることでせう。

小生はこの頃毎日朝夕法隆寺への往復にこの感をいつも深く抱くのです。貴兄は恵まれた人です。御自分の製作の形式も大切なことながら大自然が教示して呉れる自然の姿そのものは特に恵まれた画人だけが認め得るものではないかとも考えられますが如何でせう。

和田先生が謙蔵を訪ねて近江に来られたのは、この昭和十一年だけではなかった。

雪ふかい伊吹を窓に感じて、先生と並んで眠る夜はたのしい（和田先生来彦）
掌にふれる穂先の手ざはり、先生の心がひたひたとふれてくる（先生の筆を洗ふ）

昭和十六年（一九四一）の二月に詠まれた謙蔵の歌が、遺歌集『凍雪』に載せられていた。

㈩　評価さまざま

昭和十二年（一九三七）、謙蔵は東光会展に「雪の朝日」、「雑草」それに「冬日《とうじつ》」と題する三つの作品を出しているが、いずれも大作である。

作品「冬日」は一三〇センチ×八〇センチと、縦長型であるが、この絵に対しての実に味わい深い解説があるのでそれを引用させていただきたい。

風景が下から積みかさなって、田から山へ、その向こうの空へと続いている。油絵なのに、日本の南画を見ているような気がしてくる。

うねって走る線条の間に、さまざまな景物が見える。

手前に豆粒のような人の動きがあり、遠くに小さな集落が眠る。田には切株が点々と残る。小川で洗濯する人、洗い物を干す人。お地蔵さんに参る人、車をひく人。

画家は自分のいる空間を下から上へ、上から下へ、折り畳むように眺めてすべてを目におさめようとする。一切は互いに等価であり、それぞれ固有の時間を生きている。つまりこの土地を見おろす彼の目は、あらゆる細部に宿りたまう神の相貌を見ている。どの一つも欠くことはできない。彼もまたこの冬日の空気に身を震わせつつ、ここで呼吸し、生きているからである。

謙蔵の絵に「神の相貌」を見る思いとは、なんと凄い表現力であろうか。謙蔵の絵だからこそこのような思いがけない言葉や価値観が生みだされるのだろうか。あとを続けたい。

驚くべきことだが、わずか数キロ四方の村ぐらしが一人の画家を十全に生かし、駆りたて、全宇宙を体験させたのだ。それは、狭い山内を広大な宇宙と見立て、あらゆる一木一草を拝しながら、一夜に何十キロも駆ける叡山の行者の生にも等しい。

単なる素朴な郷土賛歌ではない。自分の土地を逃れ、郷里を捨てた根なし草たちによって築かれてきた、肉体性に乏しいこの国の近代絵画の主潮に、野口は明確な拒否を突きつけたのである。

と、結びには日本画壇への痛烈な批判さえ入っている。

平成五年十二月、読売新聞の日曜版に連載されていた「名画再読」で、練達《れんたつ》の美術記者・芥《あく》川《た》喜《がわ》好《きよし》氏が書いた文章である。芥川氏はのち読売新聞編集委員を経て美術展評、エッセーなどを執筆され、小さな地方の美術館などを巡り歩いておられる。

昭和十三年（一九三八）、第六回東光会展に出品された「水村雪後」は、大画面に展開する広々とした雪景色で、近江八幡から能登川あたりにかけての水郷地帯が、大胆な曲線を多く使って表現されている。俯瞰《ふかん》的であり装飾性もある。

京都国立近代美術館の所蔵となっているが、詩情にあふれた典型的な謙蔵作品として大切に取扱われているようである。

昭和十四年には赤系の暖色をふんだんに使った「太陽と村落」が描かれ、自然と子供をテーマにした「冬田《ふゆた》と子供」という興味深い作品も残されている。

昭和十五年に描かれた「草千里《くさせんり》」、昭和十六年の作品「畔木《あぜき》の秋」などは、滋賀県立近代美術館の所蔵で、この六月（平成二十五年）にも大津市の文化ゾーンで展示されているのを見てきたばかりである。

この頃に描かれた幾多の作品は、謙蔵の画歴の中でも良い作品が残され、最も安定していた時期であったといわれている。

その頃の作品かどうかよく分からないが、小説家・津村節子さんのエッセーの一部を紹介したい。野口謙蔵との出会いを喜び、小さな掛軸に描かれた作品を楽しんでおられる津村さんは、近年惜しまれて亡くなられた歴史小説作家・吉村昭氏の奥様としてもつとに知られている。

何年か前のことである。庭の隅に建てた小さな和室の床に掛ける茶掛けがほしくなり、夫の友人の画家・八藤清さんに相談したところ、早速二、三の幅を持ってきて下さった。その中に「山上佛在」と題する一幅があり、夫も私も一目で気に入って譲り受けたのである。夫は若い頃から画が好きで、野口謙蔵の絵も文展で見て感銘を受けたことがあると言い、その絵とのめぐり逢いを大変喜んだ。（中略）

私は、早速「山上佛在」を小さな床に掛けてみた。縦六十センチ、幅十三センチほどの細長い絵で、幾重もの山の稜線が描かれ、その中腹と麓近くに愛らしい地蔵さんが少ししいで並んでいる。

山は赤土のような色で、わずかに松の木や草が生えているだけだ。

お地蔵さんのにじんだ墨色も、山頂に見える空の色、山肌の色も淡く美しく、日本画のような、洋画のような面白い雰囲気の絵で、眺めていると、ほのぼのとしたやさしさが伝わってきて、心が和む。

大型のグラフィック雑誌に「風景のあるエッセイ」という企画があり、津村節子が寄せた一文であるが、急いでコピーしたものの雑誌の名前まで思い出せないのが残念である。

あらゆる芸術作品についていえることかもしれないが、良く評価される反面、「どうして？」と、思わず首をかしげたくなるような物の見方をされる人もあるものだ。美術評論家・河北倫明《かわきたみち あき》氏も、謙蔵の作品についての誹謗《ひぼう》ともとれる発言がなされるとは思ってもいなかったらしい。

「この野口のような絵が日本の油絵を毒している」
「このような油絵の行き方が、西欧の絵画の思考を日本に定着させるための一大障害となっている」

と、さすがに名前は伏せられているが、当時のある高名な批評家の話を河北氏は聞いておられる。

河北氏自身は「野口謙蔵のこと」という文章の中で、
「この人の絵を、私はすぐ近代日本の最高例に数えようというのでなく日本の美神経が近代の条件の中で一度はやらなければならぬと思われる仕事を、静かな江州の生活で黙々と実行している点を高く評価するのである」

と、冷静に眺めておられる。そしてさらに、

「野口謙蔵の絵は、若い時期の私に一つの大きなテーマを具体的に提供してくれた、貴重な作例だったのである」

と記され、謙蔵の生きざまについても、

「まさに東洋文人の画作態度である」

「この人の絵の神経を拾いあげることができないようでは、日本美術の内包を独自に肥すこと等、とてもできないだろう」

と論じきっておられる。

㈩　米田雄郎和尚は大忙し

石塔の極楽寺・米田雄郎和尚の略年譜《りやくねんぷ》を見ると、ずいぶん破天荒《はてんこう》なことが多く記されている。明治四十四年（一九一一）四月（二十一歳）、「前田夕暮先生の『詩歌』創刊さる」というのは分かる。が、次の年（大正元年）、「作歌に凝り学業を放棄して大阪上宮中学校卒業試験に落第

す」とある。この年以後、米田和尚は前田先生を唯一の師として、昭和二十六年（一九五一）に先生が亡くなられるまで「約四十年間、師事すること変らず、終始先生と行を共にす」と書かれている。

大正七年(一九一八)、「滋賀桜川村、石塔の極楽寺住職に任命され移住す。同年、桜川尋常高等小学校の代用教員となる」

大正十年、「児童に野球を教え、チームを編成し県下各地の小学校へ遠征す。十三年三月、教員をやめるまで、作文と絵と野球ばかりに力を注ぎ、学課の授業は殆どせず」とある。

謙蔵はこの頃から米田和尚との接点ができ、その交遊は緊密な結びつきを保ちながら、深いものとなっていったと考えられる。

謙蔵が帝展で特選をとった前後、米田和尚はいろいろと多忙であったらしい。よく名前の知られた短歌の先輩を全国各地に訪ねたり、やはり著名な歌人を極楽寺に迎えたりしながら、第三歌集『青天人《せいてんじん》』を、昭和十年(一九三五)に出版している。

昭和十一年には、富山市に赴任中の木俣修《きまたおさむ》氏を訪ねたり、奈良市に前川佐美雄《まえかわさみお》氏を訪ねたりしながら、大日本歌人協会滋賀支部の支部長の仕事を務めている。その同じ年に近江兄弟社の吉田悦蔵《よしだえつぞう》氏や謙蔵と一緒に琵琶湖を周遊している記録まであり、その行動力には改めて目を見張るばかりである。

同じ略年譜を見て驚かされるのは、昭和十二年四月「近江八幡市近江兄弟社にて前田先生、矢代東村《やしろとうそん》、五島茂《ごとうしげる》、野口謙蔵を講師に迎え短歌祭を開催す」という一項目である。前田夕暮先生や米田和尚と一緒に謙蔵が「短歌祭」の講師の一員となっている。

この時代にこの地域で、自在に人を動かすことのできた米田和尚の文化人としての才覚、それに応じたのであろう謙蔵の地域の文芸に対しての心意気を、真摯《しんし》に受け止めたいものである。

米田雄郎略年譜によれば、その後二人は「京都八瀬大原の寂光院に遊ぶ」「種田山頭火翁来訪さる。共に野謙画伯のアトリエを訪問す」「吉野山に遊ぶ」「信楽に遊び、陶器を焼く」などと、その親交ぶりが記述されている。

そして昭和十六年（一九四一）、時代は好ましくない方向に向けて舵《かじ》がとられていたが――若くして逝《い》った謙蔵の晩年に近いその年の十月、

「銀座鳩居堂にて個展開催の野口謙蔵画伯と一緒に上京す」

という一行が記されている。

心の中の深いところで熱いものを持ち合い、感じ合い、そして切磋琢磨《せっさたくま》し合って歩んでいた二人にとって、東京へ向かう列車内の時間の経過はどれほど短いものであったことだろう。

㈢　彦根の人たち

二〇九ページでふれたことだが、一枚の古ぼけた集合写真が手もとにある。前列中央に謙蔵夫人・喜久子さんが穏やかな表情で、ひざに手を組んで座っておられる。この写真を東近江市八日市の藤川与曾吉さんにお見せすると、

「これは野謙忌の時の写真だよ」

と話されながら
「ここにいる一番若い坊主が私だよ」

と笑いながら、頭を丸刈にした青年を指さされる。

謙蔵の没後十年ということで追悼の法要でも済んだ後の写真を、昭和三十年（一九五五）七月に岳父《がくふ》宛に届けられたものである。届けてくれた人は当時の「中部日本新聞」の彦根支社で記者の寺村兵次郎氏であった。

藤川さんの記憶力は大変なもので、いきなり取り出してお見せした写真に写っているそれぞれの人物の名前をほとんど全部、しかも姓名とも即座に口に出されて教えてもらうことができた。写真の中には石塔・極楽寺の米田雄郎和尚も入られていて、それも藤川さんに教えてもらって分かったことである。

メンバーのほとんどが彦根市内かその周辺にお住まいの絵描きさんたちで、その後も洋画の

普及発展のために活躍された人が多い。五十八年前の写真に、藤川さん以外にも今なおご健在の人が二名確認できるのは驚きである。

彦根市では昭和八年（一九三三）に洋画同好者によって結成された「青湖会《せいこかい》」というグループができていた。野口謙蔵は、昭和十三年（一九三八）と十四年にこの会で講習に招かれている。また、座談会や写生会にも積極的に出席され、彦根城などにも一緒に出かけたりした仲間たちである。

今もなお続いている「青湖会」の五十年記念誌に、写真の中のおひとり故中島正治さんが野口謙蔵先生のことを書いておられる。

新緑の彦根城へ写生に行った時と記憶する。先生は天守閣など見むきもしないでサッサと通り過ぎられて、小さなやぐらの前でスケッチをされ、誠に無造作に（私にはそう見えた）描かれた絵を思い出す。

それが仕上ってくると、「すばらしい発色」「すばらしい形」「すばらしい線」造形のエレメントをかちんとおさえた上でのデホルメ。何も説明はいらないだろう。

中島さんは謙蔵宅で一泊した時のことを、

蒲生野の朝日がアトリエ一ぱいに輝く時、私は画友のF君と共に野口先生のアトリエで目を覚ました。前夜先生が本宅の方でお休みになった後、二人はひそかに先生の絵を模写していた。あとで先生はニコニコお笑いになって

「まねしないでね……」

と、ゆったりたしなめられたのである。

というわけであるが、彦根の若い画学生たちにとっては、優しい先生であったのだろう。

その写真では、喜久子夫人をまん中にして左側に島戸《しまと》繁《しげる》氏、右側に秋口保波《あきぐちやすなみ》氏が並んで座っておられる。お二人とも故人となられたが、戦後の彦根を代表する洋画家であり、またすぐれた指導者でもあった。

島戸氏は戦前にも帝展に入選されていたが、昭和三十三年（一九五八）に改組された第一回「日展」では、作品「真昼の漁港」で特選をとられている。秋口氏も、フランス遊学後には特異な絵を描き、彦根では作品の愛好者も多く、のちに春陽会の審査員をされたりしていた。

作品の一部が滋賀県立近代美術館にまで並べられている島戸繁氏は洋画グループ「青湖会」の会長も永年務められたが、謙蔵について、

その頃先生を迎えての講習などは、他の土地では考えられない贅沢なものであった。彦根でも青湖会の講習に来てもらうのは勿体ない話であったが、先生は気安く、講習や写生会にも何度か来て下さった。その名の如く、実に謙虚なお人柄でありました。

と、「青湖会五十年誌」で語っておられる。

旧制彦根中学の出身ということもあって、謙蔵の作品やその気性に触発された彦根の人たちは少なくない。

帝展特選の取材に行った時から謙蔵という人物に惚れこんだ故寺村兵次郎氏は、そののち当時の絵画事情を独学し、各地の展覧会などを見、「青湖会」グループのことでも東奔西走《とうほんせいそう》されたようである。地方の新聞記者でありながら謙蔵の作品を評価、紹介するだけでなく、彦根高等女学校の古谷浩蔵《ふるやこうぞう》先生や彦根中学の鈴木三五郎先生の作品なども高く講評し、広く彦根市民に紙上にて当時の洋画を紹介している。

合計十七名写っている野謙忌の写真で、今なおご健在のおひとり北村利雄氏が、謙蔵のことを目を輝かせて語られるのを最近もお聞きしたことがある。

謙蔵が彦根に足を運んでおられた頃のスナップ写真があり、岩根吉太郎（豊秀）氏もその中に写っている。岩根氏は昭和五十六年（一九八一）に亡くなっているが、東京美校を志望するほどの画才もあったが事情で断念。のち孔版画《こうはんが》で彦根の商業美術に貢献されている。その頃の謄写《とうしゃ》美術印刷の技術は、今のサンライズ出版の技術の礎《いしずえ》となり、地域文化に生きている。

「青湖会」は今年（平成二十五年）六十五回展を開催しているが、本年は新しく日展入選者も出している。

詩歌の分野でも謙蔵に魅せられた彦根人がいた。故河村純一氏は彦根藩の御典医《ごてんい》を継ぐお医者様であったが、謙蔵のよき理解者でその絵や書簡を大切に保管されていた。歌人としても慕われ、同じ歌人の井伊文子さん等と共に彦根文芸協会の設立に尽力されている。

河村氏と短歌同人であった礒崎啓《いそざきけい》氏は、今なお元気で市民相手に万葉集の講座を続けておられるが、大の謙蔵贔屓《びいき》である。礒崎先生のお宅にお邪魔すると、玄関にいきなり謙蔵の油絵の小品が架けてあり、お座敷には扁額《へんがく》に入った謙蔵の長文の書簡が丁重《ていちょう》に飾られてあって、その心酔ぶりには驚かされた。

安土町老蘇《おいそ》（現近江八幡市）にお住まいであった詩人・井上多喜三郎《いのうえたきさぶろう》氏は、堀口大学など中央の詩人とも親交があったが、謙蔵ともうちとけた仲で、その心象的風景画を愛し、作品を自宅にも飾っていた。不幸にも交通事故で亡くなられたが、当初は画家志望であったらしい。のち近江詩人会の設立など、近江国の「詩」に貢献されている。

謙蔵の絵画作品の蒐集に関しては、当然のことながら熱烈なコレクターも何名か彦根においでになる。ご自宅にお伺いして何点かの作品と対面させていただいたお宅では、その頃でも、謙蔵作品の遺作展などへの貸出し要請のある逸品も所蔵されていたことを憶えている。

野口謙蔵へ寄せる彦根の人たちの熱い思いと温かい眼差しが、凝縮《ぎょうしゅく》されたかたちで残されている。

彦根市立花町の彦根商工会議所会館は、昭和五十五年（一九八〇）に竣工しているが、翌五十六年四月に謙蔵の大作「冬の庭」（一二九センチ×一六一センチ、油彩カンバス）を購入し、市民がいつでも鑑賞できるように公開された。

これは、昭和九年（一九三四）の第二回東光会展に出品された作品で、その前年W・M・ヴォーリズが建てた謙蔵の新しい画室で描かれたものであったかもしれない。

やや薄暗い画面で、雑木や草花が茂る庭の中に鮮やかな朱色の椅子が置かれていて、幻想的な絵である。人物を描かないで、全体に不釣り合いと思わせる椅子だけを置いてみせたところが謙蔵の絵らしい。市内の熱心な図画の先生が、生徒を引率して見学に来た話も聞いているが今ではどうだろうか。

同じ昭和五十六年十二月、彦根商工会議所会館四階ホールで「野口謙蔵展」が開催され、カラーの絵入りの案内ハガキも残されている。ハガキの絵は昭和七年に描かれた風景画だが、木々の向うの太陽とその光線は赤系である。

㈹　いのちの「赤」

謙蔵が米田和尚と一緒に東京銀座の鳩居堂《きゅうきょどう》ギャラリーでの個展開催のため上京したのは、昭和十六年（一九四一）十月のことであった。並べられた作品は小品ばかりであったが、謙蔵の円熟期のものが多くあり好評であった。

昭和十五年から十七年にかけての作品は、幸い滋賀県立近代美術館に五点ほどあり、展示されていれば鑑賞することができる。

昭和十六年、第九回東光会展に出品された「凍《こお》る朝」は、今も個人の所蔵になっていると思われるが、以前見せてもらったことがある。厳寒の蒲生野に昇る太陽の色と、それに映える山の色に独特の赤が使われている。田畑は暗く、何とはなしに壮絶な思惑を抱いてしまうのはどうしてだろう。

昭和十四年の「太陽と村落」（第三回新文展）、や「冬田と子供」（第七回東光会）あたりからの絵を見ると、田圃も、道も、山も、空にも、赤系の色が多く使われている。朱色、紅色、茜《あかね》色、そして赤錆《あかさび》色とでもいうのだろうか、それらが冬の雪景色の中にさえ使われている。この鮮烈な「赤」は何を意味するのだろうか。

その頃に詠まれた歌を遺歌集『凍雪』から拾ってみる。

飛ぶ群鳥が畫心に点火する。初冬の夕日あかく燃え

深夜、かきかけの畫が私をよぶ。大空のふかみに日輪を描けといふ

などという自由律の歌が詠まれているが、歌集によれば、昭和十五年九月に岸田さんという女流画人が自殺で亡くなっている。そして同年十一月、畏友《いゆう》・種田山頭火の死を知らされている。

ころりと眠つたやうに死んだであらう、秋草花を部屋に飾つて（山頭火翁の死）

この頃の謙蔵は、赤によって象徴される人のいのちのはかなさ、そしてひとり歩み続ける独自の画境への厳しさに、他人には容易に分からない寂しさを感じていたに違いない。

燃えあがる畫心が一途なタッチとなり、拙い私の絵が生きてくる

あかあかと落ちる夕日に向って描く私も夕日になる

などと詠んでいるのは、気持ちが萎《な》えることのないように、いつまでも私は燃え続けられるようにとする心境であったのだろう。そしてさらにいえば、愛すべき人々のいのちや、蒲生野

の自然の中に生きとし生ける生物に対する祈りの気持ちが「赤」という色に託されていたのではなかろうかと思う。

　昭和十七年六月、母・屋恵が死亡する。

「この悲歎は實に大きく、嚴父をなくした時よりも更に大きく、心にこたへたやうであつた」

と、のちに米田雄郎和尚が遺歌集『凍雪』のあとがき「略歴」のところで述べている。

　昭和十八年六月、東京で「文展委員会」が開催され、その結果、野口謙蔵は文展第二部の審査員に任ぜられている。当時、帝展は文部省主催の「文展」の名称に戻っていて、それはのちに「日展」に改組されるのだが、いずれにしろ謙蔵は近江国にたてこもりながら立派に中央の画人として認められたのである。

　ところが、作品に赤系の色を多用し、いのちへの祈りを作品にしていた謙蔵ではあったが、糖尿病を永く患《わずら》い、もともと病弱気味であったその身体は少しずつ蝕《むしば》まれていた。

遺歌集『凍雪』に次のような歌もある。

　　吾がなすことの大き力ありと自らに思はしめ眠らむとすれど心淋しき

　　いのちかけたゴツホの畫を見て泣ける。少し疲れてゐる、夜昭和十八年十二月、体調不安は継続。文展の審査から帰宅後にはたいそう衰弱が目立ったので、夫人が心配して尋ねると、「在京中には食欲が進まなかった」と答えている。休養につとめ体力の回復に努力したが黄疸《おうだん》の診断が出た。

昭和十九年、病勢は変らず臥所《ふしど》にて新年を迎えている。元気の良い日には色紙などに小品を描き、和田先生や友人に手紙を書いたりもしていたが、本人やまわりの人たちの意に反して、謙蔵の身体は次第に痩《や》せていった。

七月五日、いつになくよく眠った日の朝、家族近親に見守られ眠るが如く逝去。病名はカタル性黄疸で、享年《きょうねん》四十三であった。

枕もとには絶筆となったクレヨン画「喜雨来」がひっそりと置かれ、菊の花が活けられていたと伝えられている。

　現実に君を死なせていかりさえわきくるおぼゆすべなかりしも

米田雄郎の歌集『忘却』には、謙蔵への哀悼歌十四首が収められているが、右はその一首である。

謙蔵より十歳年長の米田和尚は、早すぎる友の死を悲痛な思いで迎えていたが、自ら葬儀委員長を買ってでた。そして、葬儀は滋賀県芸術文化報国会の主催で「芸術葬」としてとりおこなわれたということである。

詩人・井上多喜三郎氏が蒲生郡老蘇村（現近江八幡市）から駆けつけ、葬儀では弔辞を読んでいる。

野口よ、その一生がカンバスの鬼であつた野口よ、君はあの世でも又絵筆をにぎつて、聖戦祈願の不動尊でも描いてゐるであらうか、祖国隆んなるとき、君のゆけるはわけてさびしい。

と呼びかけている。文化報国会といい、聖戦祈願などという言葉に、昭和十九年という時代背景を思わせていっそうの空しさを感じさせる。

麦のやうに素朴な、ネギボーズのやうに清純な、ひまわりのやうにたくましく、霜柱のやうにきびしい君の絵。君の絵は君の詩だ。それ故に君の作品はどれもこれもとても新しいのでビックリしてしまふ。芸術で示されるべき至上の美にかがやいてゐる。君の絵のわかるひとは君の詩のわかる人だ。芸術に対する信念強く、支那事変が起り、大東亜戦が始つても、君は相かわらずに、居村の田園風景ととりくんで動ぜず、その態度は実に立派で

あつた。（中略）

「君が詩集をつくるときは、その対頁に絵をかいてあげよう」とはかねてよりの約束であつた。私のへたくその詩も、いつかは野口君の、絵の水準に達する時もあらうと、その厚意を楽しみにしてゐたのであつたが、もうその人はゐなくなつてしまつた。（中略）

野口君よ　なぜ死んだ。

『井上多喜三郎全集』（二〇〇四年、井上多喜三郎全集刊行会）

大正、昭和の関西詩壇《しだん》で活躍した井上多喜三郎は、呉服商をしながらも決してもうけ主義に走らず詩作に励み、童心にあふれた素朴な詩をたくさん残している。

㈤　絶筆「喜雨来」とびわこ空港

謙蔵が枕もとに残した絶筆「喜雨来」については、やはり米田雄郎和尚が歌集『凍雪』のあとがきに、次のように書いている。

「喜雨来」は、長い旱天に雨を待ち望んだ村人五、六人が、今慈雨を得て、裸体になり、篠《しの》つく雨に打たれて喜ぶ姿がゑがかれてゐる。それは全く狂喜法悦《ほうえつ》の姿である。謙蔵最後の心境が此處《ここ》に到達し得たかと思ふ時四十年の努力精進の終極を思はざるを得ない。

と解説してくれているのだが、その絵を描いた時、謙蔵はもうクレヨンしか握ることができなかったのであろう。旱魃《かんばつ》に苦しむ人々が雨の到来に喜ぶ姿を略筆で描いている。よく見ると、村人たちのうしろに牛が描かれ、前の小川では魚や蛙までが一緒に喜んでいる。少し弱々しい線ではあるが、描かれているのは確かに動物であり、小魚であり、人間だけが喜んでいるのではない。

謙蔵の風景画にはさまざまな姿の子供や、村人が登場する。人々への優しさや動植物へのいたわりが、詠んだ歌にあふれていることもあるのだが、ことここに至って牛や小魚……。なんということだろう。

名もない人たちと共に生き、誰も顧みることのない牛や小魚と共に生きた野口謙蔵の面目躍如たる絶筆「喜雨来」を、胸を熱くして見ることができるのは幸せである。

村の人々や草原の生きものは、謙蔵が大好きであった蒲生野に生き、やがては蒲生野の土に還る名もない人たちであり、生きものである。

名もない人たちの血筋をひいた桜川村・綺田集落の人たちは、のちにこの地が「びわこ空港」開港のために接収されようとした時、毅然《きぜん》として反対の意思表明をした地権者たちでもあった。

当時の知事はもちろん、各政党のほとんど、地元の日野町や蒲生町（当時）の町長までも全部、びわこ空港の推進派であった。ところが、謙蔵のおひざもと「綺田」の小さな集落だけは最後まで信念を曲げず、空港反対でがんばったのだという。

びわこ空港などという、思慮に欠けたこの計画が阻止されたことを、地下の謙蔵が知っていたはずはない。謙蔵はただ、この地に恵みの雨が降ってきたことを素直に喜び、「喜雨来」という一枚の色紙を、禅僧がする「遺偈《ゆいげ》」として、のちの世に残したかったのかもしれない。

㈥　異色の近代画家展

野口謙蔵のことはよく「忘れられていた画家」などといわれる。昭和十九年（一九四四）に亡くなり、翌年の終戦から世情が混乱期にあったことにもよるが、それだけではない。

謙蔵の画境が本当に熟したとされる三十歳代の後半から、亡くなる四十三歳までの作品が永らく隠れていたため、戦後は見直される機会が少なかったということが大きい。それに加えて、ヨーロッパ風の造形主義に翻弄《ほんろう》された一時期の美術鑑賞の風潮が、日本画調の謙蔵の表現方法を受け入れなかったこともあったらしい。

昭和二十四年（一九四九）六月、米田雄郎が中心となって、「野口謙蔵画伯回顧展」が、大津市県立産業文化会館で開催されている。しかし、米田和尚は忙しく、翌二十五年、県文学祭を毎年開くために「滋賀文学会」を結成している。

昭和二十六年には前田夕暮が死去している。

昭和二十七年には短歌同人誌「好日」を創刊し、今日の全国規模の短歌結社の基礎作りをしている。米田雄郎はお寺の仕事以外の文芸活動に相変らず多忙で、歳月の流れは余りにも早かった。

「湖国と文化」第三号（一九七八年四月、滋賀県文化振興事業団）掲載の「紙上美術館」で美術評論家・亀田正雄氏が謙蔵を取り上げている。

野口謙蔵が美術界にカムバックしたのは、彼の没後二十二年たってからである。

とし、

昭和四十一年、京都国立近代美術館は「異色の近代画家たち」と題し、優れた才能を持ちつつも、実力通り世の中に認められていない画家を掘り出し、展覧会を開いた。

と、謙蔵不在の期間を説明している。続いて、故郷の人や山河に暖かい心を通わす謙蔵の絵は多くの観客の胸を打った。静かな生地綺田には東京、大阪の画商たちが謙蔵の作品を求めてかけ回り、幾つかの画廊では野口謙蔵展が華やかに開かれたものである。謙蔵が大きく世に喧伝されたのは、その時からである。

と書いている。

小絲源太郎《こいとげんたろう》氏は文化勲章までもらった洋画家で知名度も高い。東京生まれで謙蔵より十五歳も年上であるが、昭和十八年（一九四三）の第一回「文展」では一緒に審査員を務めておられる。そして、なんと謙蔵の恩師・和田英作がご本人の媒酌人《ばいしゃくにん》であったとおっしゃっている。昭和四十一年（一九六六）十二月に発行されている「芸術新潮」に掲載された「忘れられた鬼才・野口謙蔵」という記事が実に興味深い。

小絲先生は、金沢から九谷の窯元《くたにかまもと》に滞在し焼物を楽しまれ、あと琵琶湖周遊という計画であったらしい。

菜の花の咲き並ぶ近江平野を走るうち、ふと思い出したのが野口君のことである。すでに故人となったが、帝展・文展でも一きわ目立つ存在だった。ついでのことに故人の旧宅に寄ってみたいと話したところ連絡がとれ、翌朝彼の旧宅を訪れた。野口君の没後、未亡人が住んでいたお宅で、絵がたくさんあった。大作はあまりなかったが、小品はどれもこれも野口君を偲ぶに十分なものであった。

あまりの懐しさにほとんど一日中そこで過ごして、大津の宿へ着いた時はもう日が暮れていた。これだけで十分堪能した私は、なまじっかなところへ寄るよりはと、琵琶湖周遊も途中で切上げて帰京した。

と、そのような話をうち明けておられる。

二十二年間という長い余白と試練の時を経て、謙蔵の人と作品は生きていたのである。

㈦　曾宮一念さん

富士のすそ野に住みながら、富士山を「売れちゃうのがいや」といって、生涯描かなかった気骨の画家がいた。「失明の画家」として知られ、高齢でも表現意欲の衰えなかった随筆家、歌人としても敬われた曾宮一念《そみやいちねん》氏のことである。

東京美術学校の先輩でもあり、その画風に傾倒していた謙蔵は、富士見の病院に曾宮さんのお見舞に行ったりもしている。

俳人・水原秋桜子《みずはらしゅうおうし》は謙蔵の遺歌集『凍雪』に「おもひで」という一文を寄せているが、そこに野口謙蔵と曾宮一念氏とのことが一緒に書かれている。

帝展での謙蔵の作品「霜の朝」の話題のあと、秋桜子は、

「あの人の繪を見てゐると、すぐ俳句が詠めますね。この頃は俳人で魞《えり》の句を詠むのが多いけれど、油繪であれを描くのは野口さん位のものでせう」

そんな話の後で、曾宮さんは私のために野口さんに手紙を出し、小品を送るやうに頼んでくれた。

十日ほどたつて、曾宮さん宛に四號の繪が數點送られて来た。

と書いている。のちに謙蔵は上京した時に秋桜子を訪ねたりしているが、曾宮さんが選んでくれた、

「凍る田」、「夏草」、「魞」の三作を、毎年季節のくる毎にながめて、あの純粋に美しい心の持ち主を偲ぶことにしやう。

とし、

螢来てさびしと見るやなほひかる

の一句でその文章を結んでいる。

「魞」を描いた一枚の謙蔵の絵が拙宅にある。大きさは十二号で油彩の風景画だからどちらに飾るにも手頃である。

野謙忌の集合写真に藤川与曾吉さんたちと一緒に写真に入っていたひとり、百々《どど》松之助《まつのすけ》（私の岳父）が所持していたものである。

カンバスの裏には「湖邊《うみべ》」とあり、野口謙蔵のサインが筆で書かれ、画面には「野謙」の文字も見られる。琵琶湖畔のどちらかの内湖に仕掛けられた魞が中央に描かれていて、曾宮一念氏と水原秋桜子の対話が思い出され、改めて見入ってしまう。内湖の向こうにはなだらかな山並が見え、空には謙蔵流の雲が大胆に描かれている。

謙蔵の写生における行動範囲は、北は彦根から南は近江八幡にほぼ限定されることから、八幡や伊庭《いば》内湖も考えられるが、私はこの絵は彦根の松原内湖であると思い込んでいる。

いつの頃この絵と出会ったのだろう。そして、約八百点の作品が現存するといわれる謙蔵の作品（日本画や書なども含めて）の中で、この「湖邊」一点が身近にあったことによって、私は謙蔵に関わることができたのではなかろうかと考えている。

不思議な巡り合わせといえば、岳父・百々松之助は曾宮一念氏から、意外と思われる知遇を得ている。たぶん最初は曾宮氏と謙蔵のことなど露知らず、失明されてからの曾宮さんに話しかけ、「声を聞けばその人柄が分かる」と信頼されたらしい。

そののち曾宮氏からは百一歳で亡くなられるまでの二十数年間、不自由な手で書かれた書簡、色紙の墨書などが多数送られてきている。

謙蔵の遺歌集『凍雪』は、私が昨年入手できたもので岳父はそれを持たず、その中で曾宮氏が「魞」のことを話されていたことは、おそらく知らないまま六年前に九十八歳で亡くなっている。そして、謙蔵が描いた「湖邊」の中の「魞」が残されて、それはまだ生きている。

㈥　野上山

晩春のことだっただろうか。

旧蒲生町（現東近江市）綺田の野口謙蔵記念館に立ち寄って、お近くにお住まいの池内正治さんを探していた。謙蔵の墓所を知りたくて、記念館でボランティアをされている池内さんから、そこに行く道を教えてもらいたかった。やがてうまく出会うことができた。

野口家の墓地は、川向こうの野上山の共同墓地にあるという。そこはすぐには分からない場所らしく、差し出したメモ用紙に考え考えされながら、回り道の略図を書いてもらった。

「ほんとに行くの？」

その日は妻を同伴していたのだが、助手席から怪訝《けげん》そうに尋ねてきた。

「うん、行く」

それ以上は話さないで、メモを見ながら黙って車を走らせた。

謙蔵の回顧展などにはいつも積極的に同行していることもあり、自分の父親のこともあり、郷土が誇る画家の墓参を嫌がることはあるまいと勝手に考えていた。

佐久良川を越え、畑の中を走った。ビニールハウスの多い少し小高くなった農道を通って、雑木林を抜け、左右に池のある細い道を恐る恐る渡った。少し登り坂になったところを登りつめたところが広場になっていて、その半分が綺田集落の共同墓地になっていた。

墓地のまわりは竹林と雑木に囲まれていたが、それらの隙《す》き間《ま》から四方に広がる蒲生野の春色が見えかくれしていた。

新しく建てられた墓碑はなく、古い墓碑ばかりが七十基か八十基くらい、無造作に立ち並んでいた。

「おやっ」と、妻が何かに気づいた。

それは、墓地のひとつの仕切りの中に、木作りの簡素な札が建てられていたり、平べったい自然石を目印のように埋め込んであったりしているものが、ほんのいくつか見られたからである。

どうやらこの地では最近まで土葬が行われていたらしい。それがこの集落の習慣であったのかもしれない……と、よく分からないまま考えてしまった。

そのころの痕跡《こんせき》がわずかながら残されているのかと思い、曰く言い難い感慨を憶えた。そして、揺れ動く思いを押さえながら立ちつくしていた。

謙蔵が狩猟《しゅりょう》に行く時には、一緒に蒲生野の丘陵地を駆け廻ったご近所の人たち、旱天の慈雨《じう》にはだかになって喜び、そして踊った名もない村人たち……。そうした村人たちと一緒に、謙蔵の魂もまたここで土に還り、まだ生きているかのように眠っているのである。

野口謙蔵の墓碑は、それらのほぼ中央にいくぶん小ぶりの石に「法名・釈温雅」と刻まれて、静かに建っていた。

陽《ひ》はほんの少し西に傾きかけていた。

こんな美しい夕空にゐてかなしいことなんかあるものか

遺歌集『凍雪』

近くの雑木林の中から、謙蔵がつぶやく声が聞こえてくるのでは、と感じながら野上山をあとにした。

■本文中に記載以外の参考文献
「湖国と文化」第百四号（二〇〇三年七月、滋賀県文化振興事業団）
「湖国と文化」第百三十二号（二〇一一年七月、滋賀県文化振興事業団）
「臘梅忌に寄せて」（一九九八年三月、滋賀青垣会）
「好日」一九九四年新年号（好日社）
石丸正運『近江の画人たち』（一九八〇年、サンブライト出版）
星野桂三『野口謙蔵とその周辺』（一九九七年、星野画廊）
筒井正夫『近江骨董紀行』（二〇〇七年、新評論）
苗村和正『新湖国物語』（二〇一二年、文芸社）
サンライズ出版編『岩根豊秀の仕事場』（二〇〇七年、サンライズ出版）
森茂樹『飛べなかったびわこ空港』（二〇一二年、文理閣）
「滋賀作家」第百二十号〜百二十二号（二〇一三・六〜二〇一四・二、滋賀作家クラブ）

真水を抱きて

―戦後生まれの情熱歌人・河野裕子―

その短歌は、昭和五十五年（一九八〇）に発表された歌集『桜森』の巻頭歌であり、私が知らなかっただけのことである。たった一首の歌であるが、大仰《おおぎょう》な言いかたをすれば、その現代短歌に巡り会った時の驚きというかショックは、それ以来今に至るまで私の五感に染みついてしまっていて剥《は》がれ落ちることがない。

今にして思えば、雑多な本を拾い読みしたり、身勝手な文章を書いたりしている私にとって、「短歌」の世界はいわば行きがかり上のひとつの風景であったり、ギャラリーの中のそれぞれの美しい絵画であったのだろう。

さらに言えば、ただの一首も歌を詠んだことのない私にとって、短歌とは何かの時に利用できれば好都合の、あるいは料理に使う香辛料のような便利使いの脇役として、単に利用させてもらっていただけのものであった。短歌の世界に身を置かれる人や、新聞歌壇《かだん》などに応募されている真摯《しんし》な生活歌人に対して、何の申し開きもできない思いである。

何冊かの年間手帳を繰ってみると、余白のところなどに、額田王《ぬかたのおおきみ》の「あかねさす紫野ゆき……」や、柿本人麻呂《かきのもとのひとまろ》の「淡海《あふみ》の海《み》夕浪千鳥……」などの古い歌がメモしてある。また、郷土が生んだ歌人・木俣修《きまたおさむ》の「城のまちかすかに鳰《にお》のこゑはして……」の歌をメモして、その歌人のことを調べ、短い人物評伝を書いた記憶もある。

自由律の歌人であった井伊文子《いいふみこ》さんの歌集を手にし、めくってみたこともあるが、しっかりと読ませてもらってはいない。

ところが、五、六年も前のことになるのだろうか、その短歌に出会った時の不思議な感慨が忘れられない。自分ひとりで胸の中に静かに秘めて、ゆっくり味わっておけばいい文学作品を知人に言いふらしたりして――。今ではそうした自分自身に呆《あき》れかえっている。

文化勲章受章者で、もう二十年も前に亡くなられた作家の井上靖さんも、この歌をよくご存知で、正確に暗唱されていたということを最近になって知った、そのような歌である。

たつぷりと真水を抱きてしづもれる昏《くら》き器を近江と言へり　河野裕子《かわのゆうこ》

この詩趣あふれる一首がそれである。

近江国《おうみのくに》はまん中に琵琶湖を擁し、その周囲を鈴鹿山脈や比良《ひら》山系などの美しい山なみに囲まれた、典型的な盆地を形成している。だから、この歌はそうした近江国の地形というか、神秘的ともいえる自然の成り立ちを詠んだものか、と最初は考えさせられた。たっぷりと蓄えられた琵琶湖の水は海水ではなく、山野の水を集めた正に真水である。そして「近江」である。近江国に生まれ、その自然の恵みの中に育ち、その国が残した歴史的遺産に学び、その国の深さに驚き、やがてその国の土に還《かえ》りたいと希《こいねが》っている私にとって、近江国が「昏い」と表現されることは心穏やかではなかった。

藩政時代の国名でなく「近江」は「淡海《おうみ》」であり、琵琶湖そのものを指すのだとしても、その近江はなぜ昏いのだろう。「近江国は日本の歴史の舞台裏である」という言葉はよく聞かされるが、裏だから暗いのであろうか。だから淡海は「昏き器」なのだろうか。おそらく、そのようなことではあるまい。

この歌の本当の意味するところを解き明かしたいという思いは、頭の中から消え去ることがなかった。

その歌を詠んだ河野裕子さん（以下敬称略）の略歴は「昭和21年、熊本県生まれ。京都女子大卒。39年に『コスモス』、平成二年『塔』に参加。新人による女歌興隆の契機を担う。多彩な感覚派」とある（岡井隆編『感じる歌人たち』〈一九九二年、エフエー出版〉）。

この簡略な人物紹介からは窺《うかが》い知ることができないさまざまな経歴――、女性歌人としての見識、人柄、家族の一員としての心の遍歴など、それらを調べることは実に愉《たの》しく心躍《おど》る作業であった。

まず、熊本県生まれとあるが、彼女は昭和二十六年（一九五一）、五歳の時に両親と三歳の妹の一家四人で滋賀県に移り住み、現在の湖南市石部町《いしべちょう》で多感な少女時代を過ごしている。両親は熊本県人で昭和十八年（一九四三）に結婚しているが、河野裕子はものごころのつく頃には近江国の人となっていたのである。

『歌人河野裕子が語る私の会った人びと』（聞き手・池田はるみ、二〇〇九年、本阿弥書店）を読むと、「父・母・そして祖母のこと」として、興味深い話が実に率直に語られている。

その中で、戦後の混乱期に二人の幼女と共に見知らぬ土地へ行き、自転車で呉服の行商に走り廻った父がいて、それを支えた母がいたことには触れておかねばならない。旧東海道の古い宿場町は排他的で、裕子の一家は農家の納屋《なや》を借りて住んだこともあるという。

九州弁まる出しの親たちであったが、母は前日の売上金を持って京都へ仕入れに行き、父は「よそものは正直でなければ生きていけない。信用だけが自分たちの一番大事な財産だ」と、当時人口三千人で同業の呉服屋さんが五軒もある町で、独立して店舗を構えるところまで、苦労をしてのし上がっている。

母は、のちに二冊の歌集を出すことになるが、当時おもしろい歌を残している。

内職の風呂敷縫いが一円で娘らの紙芝居五円なりし頃
紙芝居の五円をねだりいし裕子階段に眠れり四歳なりき

という二首がそれであるが、裕子は当時まだ満年齢で四歳であったことと、その時代に甲賀《こうか》郡《ぐん》の田舎町に紙芝居屋がいて、姉妹がそれを追っていたというのは興味深いことである。贅沢《ぜいたく》は何もしなかった父ではあったが、いろんなことに好奇心を持つ人であったらしい。隣り町の栗東《りっとう》トレーニングセンターで飼われている競走馬の馬糞《ばふん》をトラックで買いに行き、裏の畑いっぱいの馬糞を発酵《はっこう》させて、キノコを栽培させていたことがあったという。

裕子はその石部町で小・中学校へ通い、高校は京都女子高校へ進学している。電車通学であったのだろうか、そうであれば朝夕、瀬田川《せたがわ》に架かる鉄橋から琵琶湖の四季を眺めていたことが考えられる。

　私が育ったのは湖南地方の近江盆地で山に囲まれていた。山の影とか湖の湿気でその風土は暗く、逃げる場所がなく、いつもヒリヒリと全身をさらけ出して生きていた。

と、別の本で語っているが、さらに続けて「だけど私は田舎が好き、湿気と影のぐあいが好き」とも言い切っている。

そして彼女は自分が生まれた熊本県の地ではなく、自分が育ち、父、母、妹たちが永く住んだ滋賀県の旧甲賀郡石部町の家を、生涯「実家」と呼んでいた。

この家を実家と人も言ひ我も言ひ大屋根覆ふ肌色の空

実家にはわれが伴侶の君も住み祖母が死にたる部屋に起き臥す　　歌集『はやりを』

大学時代に歌を通して知り合い結婚した夫君《ふくん》・永田和宏もまた、滋賀県高島郡新旭町の生まれだというが、新しい時代の短歌の指導者として、合わせ鏡のもう一枚と言われたり、「おしどり歌人夫婦」とも呼ばれた。共に宮中《きゅうちゅう》歌会始めの選者となったことは、並々ならぬ資質と努力の賜物《たまもの》であったのだろう。

裕子は高校生の頃からの投稿家であった。十八歳の時に学校で倒れて入院しているが、休学中に自分の居場所が欲しくて「コスモス短歌会」に入会したと自分で言っている。

歌集『桜森』を読む。昭和五十五年（一九八〇）、彼女が三十四歳の時に出版された作品集で、二人の子供はまだ幼く「子がわれかわれが子なのかわからぬまで子を抱き湯に入り子を抱き眠る」の歌で分かる通り、子育ての時期でもあった。

その歌集の中で「花」という言葉で括《くく》られた四十二首には、よく分からないものもあるが総じて凄い歌が多く、思わずジーンと身体の芯を揺さぶられるような表現のものが入っていて驚かされる。

わが胸をのぞかば胸のくらがりに桜森見ゆ吹雪ゐる見ゆ
さくら山さくらの森のさくら川髪ざんざんとうち振り洗う

などの歌に、初めて接する斬新な表現手法がみられるように思われる。

百年の余白のうへの花吹雪鎮まりがたく鬼を待つなり
逃げ水の中とほざかる走者群わが男鬼まじりをらずや

と、あの優しげな桜の花の中に、怖い鬼を連想させるというのだから只事ではない。

昏のみを残してわれは昏れ入らむさくらしろばなに鬼を待ちつつ
鬼も花もまさに眼に見えねばめつむりて眼の奥の闇しかと見つむる

などという、幻想的なその感性に声を失うのである。桜の花を深く詠みこむことによって、歌が立ち上り、やがてその花も鬼に化けてしまうのだろうかと、ひとつのテーマを掲《かか》げた時の、女性歌人の情念のすさまじさにあとずさりする思いを持つのである。

私などは本居宣長《もとおりのりなが》の「敷島の大和心を人問《と》はば朝日ににほふ山桜花《やまざくらはな》」の歌が、かつて残忍な戦争のために利用されたことなどをわずかに思い出すだけなのだが……。

歌集のあとがきでは、

この三年間、何か得体の知れぬ衝動に終始つき動かされて来たような気がします。理屈も分別も越えた或る物狂おしさ、とでもいえるものですが、これは今後も変ることなく、私の作歌の原動力となるものと思われます。

と述べている。

その言葉の通り、彼女はのち三十年にわたって「或る物狂おしさ」を詠み続け、「生」と「死」から逃げることなく、それと正面から向き合い、全てのことに情熱を持って体当たりしているようである。

「突風の檣《ほばしら》のごときわが日日を共に揺れゐる二人子あわれ」と歌われた二人の子、長男・淳《じゅん》さんと、長女・紅《こう》さんも今では共に歌人として活躍している。

「母はあけっぴろげで直感の人と思われるけど、よく本を読み努力をしていました」と、長男は母裕子のことを話している。

平成二十年九月、裕子は実母と死別している。生涯にただの一度も娘を叱ったことがなかっ

たというその母を、

臨終には君江さん君江さんと呼ぶだろうお母さんとかお婆ちゃんではなく
十八の病気のわたしの傍に居ておろおろ歩きしあの人が母
死んでゆく母のこころの淋しさを少しは引き受け匙ひと匙を
死んでゆく母に届かぬ何もできぬ蛇口の水に顔洗い泣く

などという熱い歌を詠み、歌集にしている。『母系』と題されたその歌集は平成二十一年、歌壇では最も権威がある賞といわれる迢空賞《ちょうくう》と斎藤《さいとう》茂吉《もきち》短歌文学賞をダブル受賞している。同じ年の夏、裕子は八年前に手術した乳癌《にゅうがん》の転移が見つかり、化学療法に入っている。

現代女性歌人としては第一人者とさえいわれる河野裕子の作品の、ほんの一部をにわか読みして、その人と作品を論じるなどという無謀な試みをお許しいただくとして、冒頭にとりあげた「たつぷりと真水を抱きて……」の歌に返りたい。

「たとへば君ガサッと落葉すくふやうに私をさらって行ってはくれぬか」（歌集『森のやうに獣のやうに』）という裕子の歌がある。大胆な発想の相聞歌《そうもんか》だと解釈できる。しかし、亡くなった人に対してまでも、「幽霊になっても来てほしい人たちを机の向かふに四人目まで数ふ」

（歌集『母系』）ということになると、思い込んだ人、これと定めた人に対する激しい思いがほとばしるのを感じ、同時に何か遠い幽玄の世界に誘われる思いがする。だから、「たっぷりと……」の歌は、何か深い影に包まれた、女性的な幽玄の世界を詠んだものであると想定し、そこから連想されるものに思いを巡らせてみると「母」であるとか「妊娠」であるとかの言葉が紡《つむ》ぎ出されてくる。

平成六年に出版された河野裕子著『現代うた景色』（京都新聞社）に、自らが選びとりあげている一首がある。

胎児つつむ嚢《ふくろ》となりて眠るとき雨夜《あまよ》のめぐり海のごとしも

という歌がそれであるが、彼女はその歌について次のように説明している。

胎児がお腹にいて、身体がたぷたぷと水っぽく膨《ふく》れて、重心が下にあったからかもしれない。凸凹の無くなった身体は無様《ぶざま》なD型をしていた。私の身体は胎児をつつむためにだけ機能し、胎児のためだけにあるような気がした。大きな水っぽい嚢の私の中には、胎児だけが浮かんでいて、そしてその嚢ごと身体ごと私は雨夜の海に溶けて海とひとつだった。世界が始まる前の、どろどろとたっぷりとした、まっ暗い海だった。

というわけである。

その文中にある「大きな水っぽい嚢の私」を、「真水を抱きてしづもれる昏き器」と置き換えるまでもなく、私たちには「たっぷりと……」における「昏き器」が、生命をはぐくむ母胎そのものであろうことを連想させてくれるのである。

そして、生まれてくる胎児のいのちを預かるということは、やがて生き――そして必ず死んでゆくわが子の死までも、同時に己れの責任において預かることになるとまで考えたのであろう。現に裕子は大きなおなかのままある座談会に出席し、「生と一緒に死というものをはらんでしまった」と発言し、そのひとことで座談会がひっくり返った、という話が残っている。

このように解釈すると、女性には男とは異質ないのちへの視点があり、女性が持つ歌の力というか秘められた力強さに驚かされる。ところが、全く別の読み方をする人もいる。

歌は豊かな真水の世界である琵琶湖を「昏き器」と見て、それこそ近江の昏さそのものだと受け止める。累々たる悲嘆を抱いた近江と琵琶湖の史的分厚さがそこに現われる。私はこの歌を端的な近江論と読む。前川佐美雄の〈春がすみいよよ濃くなる真昼間のなにも見えねば大和と思へ〉が端的な大和論だったと同じように、である。

三枝昂之《さいぐさたかゆき》（「短歌」二〇〇九年九月号、角川学芸出版）

と、このような把握をすると、私が冒頭で考えた近江国の自然の成り立ちと併《あわ》せて、近江国の歴史を顧《かえり》みなければならないことになり、それは当初から私の頭の中にはあったことではある。

戦国時代の近江は残酷な殺戮《さつりく》の歴史であり、山野は屍《しかばね》であふれ、清らかな小川に赤い血が流れた。下剋上《げこくじょう》の時代が続き、民衆は苦しみ、その中から信仰が生まれ、地域文化も芽生えた。けれども、近江は街道と宿場の国であり続け、通過地点であることにおいて明るさは少なく、陽気な祭り唄などはほとんど残されることはなかった。

旧甲賀郡石部町はうしろに湖南山系を控え仄暗《ほのぐら》く、北方の野洲川《やすがわ》の向こうに百足《むかで》伝説で知られる三上山《みかみやま》が見えるだけの宿場町であった。土地柄忍耐強く困苦《こんく》をしのぐタイプの人が多い町で、河野裕子の母・君江さんはとても明るく、愛想がよくて、人真似《ひとまね》が上手で、とにかく元気で一日中しゃべっていたような人であったらしい。

その母のもとで裕子は昭和四十五年（一九七〇）に大学を卒業し、地元で教職に就いている。二年間、滋賀県日野町と甲西町（現湖南市）の中学生と接し、昭和四十七年、二十六歳で永田和宏と結婚している。

翌四十八年、二十七歳で大津市の病院で長男・淳を出産しているが、難産であったらしい。出産のために入っていた病院から、琵琶湖は見えていたのだろうか。

短歌を読むということは、それを詠むことよりむつかしいような気がするが、裕子の歌を読んでひとつ感じることは、明るいものはなるべく見ないようにしている、ということがある。暗いところからものごとを眺めて、そのことの真実を解き明かしたい、という願いを持っているように感じるのである。

その姿勢で見る琵琶湖の光輝く白い波は、裕子の歌に合うものではない。「しづもれる」淡海は裕子の居場所ではあっても、そこにどっぷりとつかり込んでしまうところではない。

そこは古くから神霊が棲《す》みつくところであり、古代から多くの詩歌《しいか》が捧げられた湖であるが、何となく近寄り難い神仙境《しんせんきょう》である。

鎮められた水面が鏡のように見え、あの小柄でかわいらしい格好の裕子でさえ、醜《みにく》い姿に映し出されてしまいそうで、畏怖《いふ》の念を憶えたのではなかろうかと考えてしまうのである。

「百年も待つに来ぬ鬼もしや百年われを待ちゐる鬼にあらずや」と、『桜森』の桜に鬼を見たと私は読んだが、裕子が琵琶湖に向き合って感じた一瞬の閃《ひらめ》きは、曰《いわ》く言い難い怖さであり幻想の世界でもあった。

その怖さが暗さと重複して、裕子にとっての歌の世界が開け、自分自身で体感さえできる昏き器がやっと見えてくるというわけである。そして、やがて見えてきた琵琶湖は、生物のように息づき、その身体は体温さえ伴って、母胎までも想像させるということになるのである。

乳癌と闘いながらも創作を続けていた裕子も、記録的といわれた激暑の八月、六十四歳のいのちを閉じた。十分に燃えつきたのであろう。

歌人・道浦母都子《みちうらもとこ》さんは「すべて体当たり、眩しく」と、朝日新聞に追悼文を寄せ「どんな歌を置いて早々とこの世を去っていったのか。辞世を読むのは少し怖い気がしないでもない」とその死を惜しんでおられたが、先日、

手をのべてあなたとあなたに触れたきに息が足りないこの世の息が

という、最期の一首が紙上に紹介された。

別れを惜しみ河野裕子を悼む短歌は、訃報《ふほう》直後から二ヶ月たっても朝日歌壇に届き続けているという。一方、毎日新聞が十月の中頃に彼女への歌を集めた中に、「水源のごとき歌人のみまかりて昏き器のいよよ静まる」という歌がとりあげられていた。

いま、私はそれらの清らかな挽歌《ばんか》と、私たちの募《つの》る思いを花束に託して、琵琶湖の上空に抛《ほう》り投げてみたいという衝動にかられている。そして、花は彼女が好きだったというコスモスが良いのではないかと考えている。

「滋賀作家」第百十三号（二〇一一・二、滋賀作家クラブ）

ひこねの「お宝」

国宝・彦根城築城四百年祭のおかげであろうか、旧西郷屋敷長屋門の前で醜態《しゅうたい》をさらしていた古い家屋（かつては靴店であった）が撤去されたのはうれしいことであった。素早い作業を感心して見ていたが、その軒先《のきさき》近くに毎年早咲きを誇って咲いていた桜の古木が一本、同時に切り倒されていたのは残念なことでもあった。

四百年祭では、西の丸三重櫓《さんじゅうやぐら》や天秤櫓《てんびんやぐら》の活用が効果的で、彦根城が持つ奥深い価値が周知され、外来観光客の彦根での滞在時間延長に役立ったようだ。ところが「井伊直弼《いいなおすけ》と開国百五十年祭」について「広報ひこね」を見る限りでは、講演会、展示会、物産展などが多く、彦根が持つ観光資源の初公開や、貴重な文化遺産の展示等の企画が少なく「滞在時間」が気懸《きがか》りである。

城内では「山崎郭《やまざきくるわ》」にまで足を運ばせる方法もある。平成十三年に国の名勝指定を受けた、旧彦根藩松原下屋敷《しもやしき》（お浜御殿《ごてん》）庭園は、期間限定でも見ることはできないのだろうか。※

そこは直弼が長野主膳《ながのしゅぜん》と共に駒《こま》を繋《つな》いだとされる井伊家下屋敷《しもやしき》である。それと、城代《じょうだい》家老木《き》俣《また》家の屋敷跡を、一部分でも見せてもらうことはできないものだろうか。私たち市民は、開国記念館（復元佐和口多門櫓）から、あの高塀《たかべい》の中を覗《のぞ》き込むだけで、樹木に覆われた中を見たことがない。両方の屋敷とも、紅葉の庭をただそぞろ歩くだけで、百五十年前の「彦根」を体感することができるような気がする。また、直弼の思い入れも強かったはずの藩校「弘道館」の講堂は、中央商店街の裏で眠り続けている。

本町来迎寺《らいごうじ》の「阿弥陀如来坐像《あみだにょらいざぞう》」（重文）、宗安寺《そうあんじ》の「秋草図屏風《あきくさずびょうぶ》」など、彦根が見てもらいたい「お宝」は、あまりにも多く、潤沢《じゅんたく》である。

「彦根クラブ会報」第九十八号（二〇〇八・六、彦根クラブ）

※その後、松原「お浜御殿」の庭園は、平成二十一年度から春と秋の年二回、特別公開されるようになった。

Ⅳ　人に惹かれて

山躑躅《やまつつじ》咲く

―白洲次郎と白洲正子―

有馬温泉に行くことがあったら、その先まで足を延ばして訪ねてみたいところがあった。それは、兵庫県三田市の「心月院《しんげついん》」という曹洞宗《そうとうしゅう》の寺院で、そこには、白洲次郎《しらすじろう》と正子《まさこ》夫妻の墓碑が建っているはずであった。

雪が多く、これまでに経験したことのないような厳しい冬を越し、桜の花がおそくまで楽しめた四月の終わり、ひとりで有馬に行くことに決めた。前日に電話を入れておいたこともあって、三田市の山手に静かな伽藍《がらん》を持つ清涼山心月院《せいりょうざん》では、児島正龍《こじませいりゅう》住職にお会いし、興味深いお話を聞くこともできた。

三田藩歴代の藩主九鬼《くき》家の墓、九鬼隆一《りゅういち》男爵の墓、九鬼家歴代藩主夫人の墓などを優先して案内されたのは、藩主九鬼家が愛した菩提寺《ぼだいじ》であるからやむを得ない。白洲家の墓地は九鬼家のそれと比べると、少し低いところにひっそりとして、住職の案内を受けないと分からないような場所にあった。

それでも五十坪ほどの用地を持ち、その中に次郎の祖父白洲退蔵《たいぞう》（三田藩家老）、父白洲文平《ひらひら》（貿易商）など、一族の墓石が建ち並んでいた。そして、敷地の入口に近いところに白洲次郎・正子の墓碑が二つ、同じような不思議な格好で並んで建っていた。

楕円形《だえんけい》に区切られた芝生の中に台座もなく、地中から直接生えてきたように、まるで両手をもぎとられたような一対の人形が立ちつくす姿は異様である。墓所にあるから墓碑に違いないのだが、このような形の墓碑を、今までに見たことも聞いたこともない。身の丈は一メートル余り、前とうしろは平面に削られているが、名前は刻まれていない。五輪塔や織部灯籠《おりべとうろう》などの輪郭をイメージさせながら、まるでその人物に出会うことができた思いを抱かせる、温か味のあるかたちである。

白洲ご夫妻の天衣無縫《てんいむほう》の気概が、このようなところにまで生きていることに感心する。聞けば、墓碑のデザインは次郎の没(昭和六十年〈一九八五〉、八十三歳)後、正子夫人が描いたものであるという。そして、使われている石は、次郎が東北電力会長の時に、東北の只見川《ただみがわ》柳津《やないづ》ダムの建設中に現場で見つけ、「死んだら『俺の墓』と彫るんだ」と言って持ち帰ったものだというから、思い入れの深いものだ。

のちに正子夫人(平成十年、八十八歳で没)が、ひとつの石を二人分に割って、二基の墓碑としたのであろうか、そのあたりまでは詮索《せんさく》する必要はない。ただ、友人をつかまえて「君に夫婦円満の秘訣を教えてやろうか」と話しかけ、「それは、一緒にいないことだよ」と愉快なジョークを飛ばしていたという次郎が、円《まる》く揺かれた仕切りの中で、周辺の緑の樹木に囲まれて、正子夫人と並んで一緒に眠る姿に、曰《いわ》く言い難い感慨を憶えた。

もうひとつ、興味深いことがある。それは、白洲次郎が書き残した有名な言葉に関わることであるが、児島住職はそのことに触れて、

「遺言書に『葬式無用、戒名不用』なんて書いた、宗教界にとってはとんでもない人なのですが……」

と言いながら、遠方からの参拝者を墓前に案内しているということであった。

堂宇《どうう》の中では、江戸時代から三田藩に伝わる文化財などを、住職の説明で見学できたが、廻《かい》廊《ろう》を歩く時に感じた凛《りん》とした雰囲気の中にも、何か駘蕩《たいとう》たる気分にさせられたものは何であったのだろう。それは、ヤマツツジが薄紫の色を惜しげもなくふり撒《ま》いていた墓所のあたりの景色のことが、頭の中に茫洋《ぼうよう》として残っていたからであろうと思う。

宗教界にとってとんでもない人であった白洲次郎は、戦中戦後に政財界で活躍した人物であるが、占領当時の連合国軍総司令部（ＧＨＱ）にとっても「従順ならざる唯一の日本人」であったらしい。飄々《ひょうひょう》としながらも的を射たその言動や、英国仕込みで背も高く、どこかアカ抜けしたその風貌《ふうぼう》などから「日本一格好いい男」とばかり、最近になっても白洲次郎に関する書籍はよく売れているという。

随筆家白洲正子を先に知った私も、白洲次郎という人物を詳しく知ることはなかった。それが、何とはなしにふと手にした文庫本『風の男　白洲次郎』（青柳恵介著、新潮文庫）でその

人となりを知ってからは、自分だけが知っているにはもったいないと思ったのだろうか、手軽な文庫本であることを幸いに、これまでに同じ本を七、八冊も買っては人に配ったりしている。おせっかいなことではある。

このところ「人」に想いを寄せている。その「人」のことで足跡を訪ねたり、先覚の業績や人柄を調べてみたりして、その「生きざま」に感じ入り、想いを巡らせることで時間をつぶしているような気さえする。そうした人物の中で白洲次郎はなぜか枠外であるような気がしていた。何か遠いところの人で、誇り高い人間で近づき難い人物であると考えていたらしい。

「風の男」と言わせるさわやかな次郎の性格は、三田藩家老として当時の藩主九鬼隆義《たかよし》をよく助け、明治維新という波をのり越えた祖父「白洲退蔵」に負うところが大きいと思う。退蔵は藩主が慶應義塾《けいおうぎじゅく》の経営の援助を惜しまなかったことなどもあり、福沢諭吉の知遇を得、鉄道敷設や牛の放牧、酒の醸造などの企画をし、それをまた率先して実行に移す活動家であったという。牛の放牧は今、三田牛、神戸牛などという地域の産物として残り、キリスト教の普及にも尽力した藩主の意を受け、次郎の祖父退蔵は神戸女学院の創設に関与し、自分の敷地を学校に提供している。

退蔵は明治二十四年（一八九一）、次郎が生まれる十年前に亡くなっているが、その長男文平（次郎の父）は若くしてアメリカに渡り、欧州にも留学し、明治という時代を背負った人物であった。文平は綿の貿易で産を成し、芦屋に家を構え富豪といわれた一方、「傍若無人《ぼうじゃくぶじん》な人」

（次郎評）であったらしい。建築道楽で、阪神間に家ばかり建て、そのくせ靴を履いたまま畳の上を平気で歩き、最晩年は金も仕事も失って阿蘇山《あそさん》の麓《ふもと》の荒涼とした畑の中に掘立小屋《ほったてごや》を建て、一人で愛犬と共に暮らしたという変わり者であった。

　そのような父文平の下で神戸一中を卒業し、のち英国に渡り、ケンブリッジ大学に入学する次郎であるが、建築道楽の父は腕の良い大工（元は京都御所の宮大工）を住まわせていて、次郎は子供の頃からその大工さんともよく話をし、多くのことを学んでいたらしい。それともう一人、神戸女学院の外国人教師が白洲家に寄宿していて、次郎はその外人教師から英語を習い、中学時代にすでに英語は堪能であったという。この二人の下宿人が次郎に与えた好影響を、一方では驕慢《きょうまん》な中学生といわれながらも、しっかりと自分のものにして、のちに役立てていたことを次の事例からも知ることができる。

　良い仕事をする大工職人さんを知っていたこともあり、記者の取材で「尊敬する人物は？」と聞かれ、「この鶴川村の百姓にもたくさんいる。『農林一号』を作った人なんかも偉いと思うね。クリエートしたんだもの。ああいう人に文化勲章をやったらいい」と答えている。鶴川村とは現在は東京都町田市能ヶ谷町で、昭和十七年（一九四二）白洲夫妻が移り住んだ頃は、南多摩郡のささやかな寒村であった。二人は生涯にわたり茅葺《かやぶ》き屋根のその農家に、大きな改築をすることもなく住み続け、次郎はその地で実際に百姓仕事までやってのけた。

　次郎の英語については「吉田さんの英語は聞きとりにくいので、日本語でスピーチしなさい」と直言し、サンフランシスコ講和会議で吉田茂が英語でスピーチする予定を変更させた話はあまりにも有名。また、GHQの民政局長ホイットニーに「白洲さんの英語は大変立派ですね」と言われ、「あなたももう少し勉強すれば立派になれますよ」と答えたというエピソードもよく知られている。

育ちの良さや素質があったことは当然としても、当時は全知全能であったはずの占領軍司令部を相手取って、終戦連絡事務局参与としてのお役目とは別に、ひとりの日本人として一歩も退《ひ》かなかった事例は他にもあった。また、「軽井沢ゴルフ倶楽部」の理事長時代に、何人かの時の首相に対しても、ゴルファーとしてのマナーをズケズケと教えていたという。

彼は、どうやら権力を笠に着て威張っている人間に対しては、動物的ともいえるムキ出しの闘志を燃やしていたのではなかろうか。

その一方で、落雷のおそれが少しでもある時は、付いて回らなければならないキャディに対する配慮から、プレーすることを断固として許さなかった、という優しさもあった。

中学時代には傲慢とまで言われた次郎の、こうした君子《くんし》豹変《ひょうへん》ぶりについては、『風の男　白洲次郎』を書いた青柳氏が、面白く書いているので、その部分をあえて引用したい。

実家が倒産し、帰国するまでの九年間（十七歳～二十六歳）、英国で次郎がどのような生活を送ったか、それを知る手がかりは少ない。しかし、生前に彼が近しい人々に語ったところを総合すれば、この九年の歳月の間に白洲次郎は白洲次郎になったのである。自己を磨いたと言ってもいいし、己に目覚めたと言ってもいい。

という表現であるが、特に「白洲次郎は白洲次郎になった」と語る著者の思いは、行間にかくされているさまざまな言葉や、あるいは事柄を考えさせてくれて興味深いものがある。

また、「あとがき」にも面白い記述がある。

私は戦後史の門外漢である。白洲次郎の語録を取材して一冊の本にまとめるのは、私につとまる仕事ではない。白洲正子さんの「あなた、イヤだったら断ってよ」という私に対する慮りも理解できた。しかし、私は「イヤ」とは言わなかった。むしろ進んで「やらせて下さい」と答えた。白洲次郎と白洲正子という夫婦に「これぞ夫婦」と世の人に知らせたい魅力を感じ、次郎の足跡を追う過程で、その魅力の核心に迫ることができるかもしれないと思ったからである。

と書いているが、著者と夫妻との絆が伝わってくる。

それから、この小さな文庫本の装幀《そうてい》のことである。表紙にはTシャツにジーンズ姿の次郎が、足を組んで椅子に座っている写真が大きく写っている。写真家濱谷浩《はまやひろし》の作品である。本の内容と表紙とがよく似合っているように思う。

白洲正子は早熟で、やることが全て素早い、と思うことがよくある。のちに「韋駄天《いだてん》お正」といわれるわけである。四歳にして能に興味を持ち、十四歳にして女人禁制のはずの能舞台に立つが、その頃には『平家物語』や『枕草子』などの古典文学に親しんでいた。同じ十四歳で父親と渡米し、十九歳で帰国して白洲次郎と結婚。長男出産時には産褥熱《さんじょくねつ》で苦労をするが、その頃から毎年ヨーロッパなど海外に出掛けている。そして二十二歳の春、和辻哲郎の『古寺巡礼』を片手に奈良の聖林寺《しょうりんじ》を訪ね、国宝で天平《てんぴょう》時代の作といわれる「十一面観音菩薩像」に出会っている。

昭和十七年（一九四二）三十二歳の四月、東京に空襲が始まり、小田急沿線の鶴川村に引越すが、この時の決断は正子の意向が強かったのではないかと私は考えている。そして正子はすぐ次の年、三十三歳で『お能』を昭和刊行会から刊行している。

その後小林秀雄や青山二郎に師事し骨董《こっとう》に没入したり、染織工芸店を経営したりしながらも、能を研究し、古典、古美術を学びながら、各地を訪ね歩く「巡礼の旅」に出る。その後、「樹上坐禅《じゅじょうざぜん》像」で知られる「明恵上人《みょうえしょうにん》」に出会って深く感動したり、のちに歌人「西行《さいぎょう》」の道行きに強い感銘を受けたりしている。

同じ頃次郎は初代の貿易庁長官に就任、商工省を改組《かいそ》し通産省を誕生させる立案を実施。東北電力会長を務め、また、サンフランシスコ講和条約締結の全権委員団に同行したりもしている。正子とは別の政財界という世界で、戦後史異色の人といわれた野人ぶりを発揮し、多忙の時期を過ごしているのである。

さて、行動範囲や交際範囲は限りなく広く、思考範囲もまた限りなく深いところに置いていた正子の、主婦としての日常生活はいったいどうなっていたのだろうか。公開されるようになってから見学に行った町田市の武相荘《ぶあいそう》（かつての二人の住まいは、その場所が武蔵国《むさしのくに》と相《さ》模国《がみのくに》が隣接することと、主人が無愛想でもごめんなさいの意を込めてそう呼ばれている）では、応接間や居間の洒落《しゃれ》た配置や、何気なく置かれた骨董や壁に掛けられた書などの得《え》もいわれぬ味わいにばかり気をとられていた。

かねがね抱いていた主婦正子への疑問は、『白洲正子自伝』（一九九四年、新潮社）を読んで解決する。樺山資紀《かばやましげのり》（海軍大将・伯爵）を祖父に持つほどの家柄から、当然と言ってしまえばそれまでだが、忠実な「おつき」の女性「タチ」さんがいて、その生涯のほとんどの時間を正子の傍《そば》で過ごしていたのである。

正子はその著書の中で全てを語り尽くす。

日露戦争の従軍看護婦で越後小千谷《おぢや》の生れであった。越後の女性は優しくて温かい性格の人が多いようだが、私の場合は母が病身であったため、母親の役目も十二分に果たしてくれた恩人である。

一人の人間が、私だけのために一生を捧げてくれたことを思うと、感謝するというより空恐しい心地になる。

と言い、

と語る。

そして、タチさんは自家製のパンをふくらませるのに必要なイースト菌を、入手困難な中伝《つ》手《て》を求めて、どこからか探して買ってきていたらしい。晩年タチさんが脳溢血《のういっけつ》で突然倒れた時の正子の告白が書かれている。

私はあわてて彼女の部屋へ飛んで行ったが、その瞬間私の脳裏にひらめいたのは、事もあろうに「ああ、これでイーストが買えなくなる」ということだった。

何という冷酷なことか。何物にも替えがたい数十年の恩愛が、ただのイースト菌に還元されようとは。――私はこの身を八つ裂きにしたい思いに駆られたが、人間とはどのつまりそんなに非情なものなのであろうか。

ほんの一瞬のことだったが、私はこのことが一生忘れられないし、許すこともできない。ひいては自分の知らないところでどれ程の罪を犯しているのだろう。昔の人々が、仏の前で「懺法《せんぽう》」や「悔過《けか》」を修したのも、肝に銘じて過去の罪科を知っていただけに他なるまい。

と書いている。

白洲正子は、自分に対してこの上なく正直な人柄であったのではなかろうか。同じ本に、アメリカのハートリッジ・スクールにいた時のことが書いてある。正子の持つ本能的ともいえる好奇心というか、資質を見ることができるところが興味深い。

日曜日になると、黒人の教会へも一人で行くようになった。面白い、といっては申しわけないのだが、牧師さんのお説教中に突然霊感を得て歌いだしたり、踊りだす人たちがいたからで、いかにも原始的な祭の場に参加しているという感じがした。（中略）白人の教会より、むしろそちらの方に強烈な宗教的雰囲気があるように思われた。

と書いているのだが、相手が「おつき」の人であっても、皮膚の色が違う「黒人」であっても、あるいは目上の偉い人であっても、その人たちの行為に対するひとかたならぬ思いのほどを知ることができる文章であると思う。

そして、その思いは「人」に対してだけでなく、白洲正子が愛した書画骨董など美術品への目線となり、地方の歴史風土を探り歩く確かな鑑識眼となって、「白洲正子の世界」を展開して行く上での確かな足がかりとなったように思われてならない。


近江国をとりまく山々は、孤立して立っている山も含めて、いずれもその容姿は美しく地域の人々にとっては古代から、祖先の霊が宿るところとして畏敬の念を集めて仰がれ、崇められてきている。そのことに気付かず、あるいは忘れてしまっていた私たちにとって、山に分け入り、人びとの生活に密着した信仰のかたち――仏像・仏画・神像・工芸品など――を訪ね歩き、それらを分かりやすく紹介してくれた白洲正子の業績は極めて大きいと思う。

近江の地域のことをテーマに書かれた文章を多く含む『かくれ里』を昭和四十六年(一九七一)に、近江そのものだけをテーマとした『近江山河抄《さんがしょう》』を同四十九年に出版した正子は、近江について、「湖水からのぼる水蒸気に、野山にはいつも霞がただよい、縹渺《ひょうびょう》とした空気がたちこめている。芭蕉が近江を愛したのも、そういうところに、旅情をそそる何ものかを感じたのではなかろうか」と語り、「私はえたいの知れぬ魅力にとりつかれてしまった」と話しはじめる。

湖北の長浜市木之本町にある石道寺《しゃくどうじ》の十一面観音は「石道《いしみち》の観音さん」と地元の人たちにも親しまれ、おだやかな顔立ちに、えもいわれぬ魅力がある。仏像全体に当初の色彩が残され、特に小さな口もとに朱色が残っているところが印象的である。『近江山河抄』の後半に、正子が農家のおばさんたちに案内されて、その石道寺にお参りをする場面がある。

「お参りですよ」とおばさんは会う人ごとに声をかけ、ついてくる人も何人かいた。（中略）。お寺に辿りつくとそこにも四、五人待っており、一緒に本堂の中へ入る。厨子の扉が開かれ、私たちが拝観している間、ふと気がつくと、みな後ろの方にかしこまってお念仏を唱えている。こういう機会でないと御開帳もされないのか。坊さんならともかく、そんな人たちの目前で、ゆっくり「鑑賞」なんて出来るものではない。拝観はそこそこに、私も一緒に座って、しばらくは拝んでいた。

と書いているが、集落から少し登った谷間の無住の寺で、村人と一緒に過ごしたこのひとときの、何となく充《み》ち足りて華やいだ正子の気持ちが、読み手に伝わってきて心地よい。

正子は、すでに有名になっている名所旧跡や、あまりにも整えられた古文化財の観光地を喜ぶことはなかったようである。少なくとも、そうしたところをあえて書こうとしなかったのは、一つの「見識」であったのだろう。

「見識」という言葉から、改めて白洲次郎と白洲正子の二人のことに触れてみたい。

夫婦そろって日本の二十世紀を個性的に生き、己を律しながらも考えるところを身をもって自由闊達《じゆうかったつ》に実行し、そして私たちに見事に提示してみせてくれたものとはいったい何であったのだろう。二人に共通して言えることは「幼児の眼」で素直に物や人を見、私利私欲なく、虚空《こくう》の如き無色透明な立場でものごとの本質を考え続けたことであると思う。

それらは、夫婦の在り方とか、日本人としての沽券《こけん》などというレベルをはるかに越えて、もっと根元的で温もりのあるものであったのではなかろうか。そして、二人は与えられた時間を「美しく生きる」などということを意識しないで、まるで無頓着《むとんちゃく》のうちにそれを実践していたという、誠に稀有《けう》な連れ合いであったということになるのではなかろうか。

三田市の「心月院」で写してきた写真を取り出して、今一度よく見てみる。生垣に囲まれた墓地の中に建っているのは全部が墓石であったが、改めて眺めてみると、白洲次郎と白洲正子のそれだけは明らかに墓碑である。もちろん、近くに墓誌などというものもなく、表面にただ一文字ずつの、しろうとには読めない「梵字《ぼんじ》」が彫刻されているだけである。

次郎の石碑には、いかにも次郎さんらしいから、ということで正子が選んだ「不動明王」を意味する梵字が刻まれている。並んで建つ正子の石碑には「十一面観音」を意味する、やはり梵字がひとつ彫り込まれてある。

墓碑から十歩ほどうしろに下がったところに、分厚い木造りのベンチが置いてあり、その少しうしろには、小さな石仏がひとつ、無言で建ち、二人の墓碑はその「石のほとけさま」に見守られている。

そういえば、町田市の武相荘の庭の竹藪《たけやぶ》にも、二人の住まいを眺められる位置に、小さな石塔であったか、野仏であったかが置かれていたような記憶が蘇ってくるが、それらの光景については何事も言うことがない。あえて言えば――日本の文化遺産は、たとえこのような石造品であっても、少し考えた場所に置けば「ほら、このような楽しみ方」もできるのですよ――と静かに訴えかけているように感じられたのである。

それにしても、「心月院」のヤマツツジがきれいだった四月末のあの日、足冷えの治療にということで有馬に向かったのではあったが、本当に行きたかったのはどちらであったのか、誰かに尋ねられなくてよかったと思っている。

「滋賀作家」第百号（二〇〇六・一〇、滋賀作家クラブ）

東日本大震災に寄せて

流されなかったもの

―言葉の力とドナルド・キーン―

「総理！　もうお帰りなんですか？」

朗々と響いた大きな声は、菅直人首相の耳にもはっきりと聞こえたようであった。大勢が避難している体育館で、一部の人に通り一ぺんのお見舞の言葉をかけ、避難所をあとにしようとした首相もさすがに立ち止まった。

声の主は五十歳くらいの作業着姿の男で、その男が腹の底から搾り出すように叫んだ言葉の背景に、どのような惨状が展開されていたのか、私たちは日々報じられる各種ニュースで知ってはいた。大きすぎる災害に対応はたちおくれ、政治不在が懸念されつつあったそのタイミングで避難所での一瞬のシーンは、テレビを通して全国民の知るところとなった。

まわりの人をたてる気配りの人が多いとされる東北人の中に、一国の総理に対して臆することなく毅然《きぜん》とものが言える、ひとりの普通の生活者がいたことにほっとさせられた。

「こんにちは、田中好子です」と、か細い声。

十九年間も乳癌と闘っていた女優・田中好子さんは、三月末に五十四歳の若さで亡くなる直前に、被災地の人たちに宛てて、思いがけないメッセージを残していた。

自分のことではなく、また家族にあてた言葉でもなかった。今、この場で、自分にできることは何だろうかと考え、寒空の被災地にいる不幸な人たちを思い、その人たちに捧げる心温まる励ましのメッセージであった。

わたしも一生懸命病気と闘ってきましたが、もしかすると負けてしまうかもしれません。その時は、必ず天国で被災された方々のお役にたちたい……。被災された皆様のことを思うと、心が破裂するような……

などの言葉を、ベッドのそばにいた夫の録音テープに託していたという。か細い声のわけは、それまでつけていた酸素マスクを外して肉声で語りかけたかったからであろう、と私は考えている。

東日本大震災で被災された人々やそのご家族、地域の人たち、遠くから駆けつけた多くの善意の人たちによって、大きな悲劇は数えきれないほどの感動のドラマを生むことになった。今、それらのことを一つひとつ取りあげる気持ちは毛頭ない。月日の流れは早く、あっという間に百日が経過した。

その中で、何か大きなものがぼんやりとでも見えてきたような気がする。

被災地とは遠く離れて住んでいるが、同じ時代を生きた日本人のひとりとして、同じ日本語を話し、その日本語を愛し、その日本語をペンに託し、自分流の思いを文章にしている。その私に、多くの事象や人の動きの中から見えてきたものとはいったい何なのだろう。

そのひとつは、普通の日本人がごく自然に持ち合わせている「言葉の力」であった。人を愛し、人を励まし、人を勇気づける日本語が持つ言葉の優しさではなかっただろうか。

そしてもうひとつ、関連して見えてきたものがある。中世における鴨長明《かものちょうめい》の『方丈記《ほうじょうき》』に始まり、近代における幸田文《こうだあや》の『崩れ』や、吉村昭の『三陸海岸大津波』や『関東大震災』など、作家の手によって引きつがれてきた『記録文学』の存在感の確かさがそれである。

もし、松尾芭蕉の『奥の細道』が元禄期の平常時における記録文学のひとつのかたちであり、宮沢賢治の代表作『雨ニモマケズ』が、東北人が苦難を耐え忍ぶ生活の記録文学のひとつのかたちであったと仮定すれば、私たち日本人は、これまでなんという恵まれた言葉の力の中で生きてきたのであろうか。

それはまた、私たち日本人の日々の暮らしやこころの中に深く入り込み、教養やゆとりの創出に関わり、ある時は精神的支えになってくれたり、それぞれの人たちの人生の応援歌となっていたのではなかっただろうか。

その力は、いわば「日本語」や「伝統的日本文学」の力そのものであったのだろう。

ゆく河の流れは絶えずして、しかも、もとの水にあらず。淀みに浮ぶうたかたは、かつ消えかつ結びて、久しくとどまりたる例《ためし》なし。世中《よのなか》にある人と栖《すみか》と、またかくのごとし。

羽《はね》なければ、空をも飛ぶべからず。龍ならばや、雲にも乗らん。恐れの中に恐るべかりけるは、ただ、地震なりけりとこそ覚《おぼ》え侍《はべ》りしか。

と、鴨長明が『方丈記』で人の身と栖のはかなさをテーマにした当時から、日本の住居の災害における弱さは「はかなさ」や「無常観」と結びついていた。それはまた、一丈四方（四畳半）つまり方丈の庵に閉居することによって、心の安静を得るという一種の美学でもあった。

歴史小説の大家ともいわれる作家・吉村昭は、昭和四十五年（一九七〇）に『三陸海岸大津波』という書物を刊行している。皮肉にもその年日本は「万国博覧会」に沸き、そして揺れていた。

吉村はひとり三陸海岸の山村を歩き、明治二十九年（一八九六）、昭和八年（一九三三）、昭和三十五年（一九六〇）の三度にわたりこの地方を襲った大津波に呑まれ、災禍に遭遇した人々を訪ね歩き、多くの高齢者に繰り返し事実を問いかけていたのであった。

この本が、今見直され「売れてる本」とされているが、綿密な史実調査と旺盛な取材活動をもとにした吉村の真骨頂《しんこっちょう》というべき震撼《しんかん》の書であって、一種の災害対策本などではない。生かされなかったひとつの「記録文学」であり、貴重な「地方史」であったのだろう。

かつて、吉村の『桜田門外ノ変』を丹念に読んだことがある。井伊《いい》大老の襲撃計画を水戸《みと》藩の側から調べられ、よく探られ、見事な現地踏査《とうさ》によって書かれた労作であった。だから、桜田門外の現場では事件を指導した主人公・関鉄之助《せきてつのすけ》に関する足跡や資料などは、全て作家・吉村昭の手中にあったのは当然。

のちに、地元の有力者が、近くの温泉郷の名前を高めたいと願い「関鉄之助潜匿《せんとく》記念碑」を、別の場所に建てていたことが分かった。

吉村は作品の中でその温泉名を明記し、誤りをきびしく正したという。その事に関して、

史書のみに頼らず、現地の土を踏まねばならないと改めて感じました。

『史実を歩く』（二〇〇八年、文春文庫）

と書かれているが、この作家の真実を極めつくすという真摯な姿勢に学ぶところは多い。

平成二十三年六月、全国紙の投書欄に、ロンドンのウェストミンスター寺院で行われた「東日本大震災の犠牲者を追悼する会」に参加した人が、内部の様子を報告してくれていた。約二

千人の出席者の半数近くは日本人だったというが、中には英国の著名人もいたらしい。ひとりの日本人によって、宮沢賢治の「雨ニモマケズ」が朗読されたという。

雨ニモマケズ
風ニモマケズ
雪ニモ夏ノ暑サニモマケヌ
丈夫ナカラダヲモチ
慾ハナク
決シテ瞋《イカ》ラズ
イツモシズカニワラッテヰル

と、岩手県出身の詩人の言葉が荘厳な聖堂に響きわたった時、それは日本語が世界語として扱われた栄光のひとときであったと思う。言葉は重く、静かに流れたという。そして、「言葉」「こころ」「魂」などというものに国境はなかったのだろう、と私はある種の感慨を持ってその事実を受けとめた。

話題を英国から米国に移し、どうしてもとりあげねばならないひとりのニューヨーク在住の日本文学者がいた。コロンビア大学名誉教授で今年（平成二十三年）八十九歳、ドナルド・キーン氏のことである。

原発事故などもあり、三月から四月にかけて、約五十万人ともいわれる外国人が日本から脱出した。それは、日本人のひとりとして、誠に残念で淋しい思いにかられるできごとであった。そうした中、海の向こうで、

「私、日本人です。日本に永住し、日本国籍も取ります」

と、何の気負いもなく平然と言ってのけ、それを実行に移そうとしているニューヨーク市ブルックリン生まれの「碧い眼の太郎冠者」（自著の書名より）がいたことは、私にとって驚きであり、悲惨なできごとの続く中で大きな朗報であった。

ドナルド・キーンの名前はよく知っていた。日本人や日本文学の大いなる理解者であり、十年余り前には「文化勲章」まで受章されていることも覚えてはいた。しかしながら、文芸評論家と称される彼の著書を、これまでにそれほど読んでいなかった。

ネット検索で「肥田美佐子のＮＹリポート　―日本永住を決意したドナルド・キーン氏に聞く―」を読み、その最後の質問に対する答えに、私はなぜか身が震えるような思いを持った。

「日本に行ったら、真っ先にやりたいことは何ですか？」と尋ねられ、

ささやかなことですが……。自宅（東京・北区霜降橋の近くに、年に何ヶ月かを過ごす

自宅がある）の近所の小道の両側に店が並んでいるのだが……。

まず、そこを歩いて『帰ってきました！』と、みんなにごあいさつをしたい。

私は「いらっしゃい」という声が聞こえる、小さな店の雰囲気が好きです。


とあったからである。

高齢になりましたが、好きな日本で『万葉集』や『源氏物語』や『奥の細道』に、もう一度ふれてみたいのです。


などという、いわば類型的な答えでは全然なかった。

私はそこに「ドナルド・ローレンス・キーン」という、日本人以上に日本人的なひとりの米国人の人柄と庶民性を見たような気がした。

「永住権」をとるのではなく「日本国籍」を取りたいとする意味が分かったようにも思った。

昭和三十年（一九五五）のこと、『奥の細道』を何度も読み、キーンは矢も楯《たて》もたまらず平泉の中尊寺金色堂《ちゅうそんじこんじきどう》へやってきた。そして、京都の東寺には金色堂と同じような仏像が沢山並んでいます。しかし金色堂の仏像と比較すると感じが全然違うんです。東寺の場合は大きさ、すごさを感じますが金色堂の仏像にはそれを感じません。むしろ金色堂に立つと、自分が巨人になったという錯覚を起こします。仏像はみんな小さく見えて、自分だけが大きい感じです。金色堂にあった三代の藤原将軍たちは、みんな浄土へ行かなくてもけっこう浄土に入ったのです。この土地が浄土であるという印象が非常に強いのです。

など、日本の浄土思想にふれ、みちのくの古都平泉に残された「祈りの秘密」にまで言及している。

そして、芭蕉がたどった跡を歩いてみて、一番強い印象を持ったのはやはり平泉であったという。

「夏草や兵《つはもの》どもが夢の跡」の句に清衡《きよひら》公の魂が受け継がれ、生き続け、「平泉は一度も死ななかった」と、個性的な発言につながっている。

「どこに限らず復興に際し、古いもの、懐かしいものへの敬意を忘れてはなるまい。机上の定規では描けないもろもろが地域の歴史と風土にはあるはず」と、朝日新聞「天声人語」も書いている。

この六月、パリのユネスコ本部で、平泉の中尊寺や毛越寺が世界遺産に登録された。

『同時代を生きて　―忘れえぬ人びと―』（二〇〇四年、岩波書店）という対談本で、キーンは同じ大正十一年（一九二二）生まれの瀬戸内寂聴《せとうちじゃくちょう》、鶴見俊輔《つるみしゅんすけ》の二人と話をしているが、キーンの代表作で伝記文学の傑作とされる『明治天皇』のことで、口うるさい二人をすっかり感心させてしまっている。

明治天皇は新しい宮殿建築を断っています。皇居が火事で焼けたのですが、新しい皇居を作る話が出るたびに、いつも断っていました。それはほかの国の歴史にちょっとないことです。また、明治天皇の立像がどこにもないというのも偉いと思います。

などと話しているのである。

日本の作家では皇室や天皇のことは書けないものだと聞く。それがキーンの場合は明治天皇の男女関係のことまで書いてしまって、誰からも、どこからも非難されることがなかったというのだから信じられない話である。

私は、ドナルド・キーンという大きな人物の、ほんの一部分だけを勉強させてもらったような気がする。東日本大震災の復興に際して、ドナルド・キーンが日本人に対して寄せてくれた満腔《まんこう》の思いと、熱い期待に応えるためにも、もっともっと彼の本を読まねばならないと思う。そして、彼がいう「日本人でありたい」という意味をもっと考えねばと思う。

どのようなことがあっても、自分の信じる道をひたすら歩き通そうとするその姿勢、ひとりの人間として何を愛しいと思い、何に夢中になり、どのような方法でそれを自己完結にまで持っていくのか。それを彼は言葉でも、そして行動でも教えてくれている。

普通の日本人並みの背恰好の米国人・キーンさん、めがねの奥の眼が象さんのように優しいキーンさんが、「長い間、驚くほどの親切さで接してくれた日本人への、『せめてもの恩返し』だという今回の帰化という行動、そして日本人でありたいとする心意気、それはとてつもなく大きく、重い意味を持ったものであったように思われてならない。

「滋賀作家」第百十五号（二〇一一・一〇、滋賀作家クラブ）

夕映えの人
―盲目の画家・曽宮一念さん―

随筆家串田孫一《くしだまごいち》は、画家曽宮一念《そみやいちねん》を上高地《かみこうち》へ案内した時のことを次のように書いている。

　人影のないまだらな雪の残る枯草の中で、焼岳に向かい油絵の筆を動かしている。夕暮が近く、うしろから見ると、曽宮さんは道具を片付けイーゼルを畳むと、帽子をとり、山に向かって丁寧にお辞儀をされた。

と。

　私は文章を書く。満足できるものが書けたとき、私にそれを書かせた自然、人間、物などに感謝したことがあるだろうか。

と。

風景画家といわれた曽宮だが、その絵を見ると、山や、空や、雲などの作品が多く、火の山ということで、桜島には百回も通ったという。桜島の名作「南岳爆発」は、噴煙の中に火の粉や赤い炎も見えて迫力のある絵だ。変幻極まりない雲や噴煙の動きを、動的な一瞬の筆致で見事に捉えている。その他雲を描いた絵も多く「大きな夕雲」や「平野の夕映え」などに見られる雲は、なぜかやわらかく温かいものを感じさせてくれる。赤味がかかった茶色の使い方が特徴的で、その色に悠久の大地を連想させるものがあって、奔放《ほんぽう》な筆遣いの中にも足がしっかりと地についた、曽宮一念という大きな人物に触れる思いがする。

富士を描くには最適の富士宮市に住まいしながら、裾野《すその》だとか近くの愛鷹山《あしたかやま》を描いている。「先生は横山大観のような霊峰《れいほう》富士っていうのは描かないのですか」と尋ねられて、

富士山描くとね、個展に並べないうちに買っていかれちゃうんだよ。画商の方でも客に「富士ありますよ」っていうとね、他の絵は少しも売れないのに富士山の絵となると売れちゃう。これはいけないって思ったね。見ないで買ってもらうのは商売としてはいいけどね、これは良いことじゃないんだ。絵が気に入ったから買うんじゃなくて、富士山だから買うんだよ。そんなことしていたんじゃ画家は堕落すると思って――。

と話をされる。その言葉の中に、画家曽宮一念とは別の、聡明な、そして詩人的資質にも恵まれた「生きる達人」を見る思いを強く持つのである。

日本の近代洋画史に名の残る曽宮は、眼病で昭和四十六年（一九七一）に完全失明し、平成六年、百一歳で亡くなるまでの二十三年間を、光を失ったにもかかわらず随筆家、歌人として、暗さの翳《かげ》りが全く見られない、見事な文筆活動の日々を送っている。

手元に曽宮一念直筆の手紙が何通かある。そこには、不自由な眼であっても直接自分で書きたい、という不屈の意志が切々と伝わってくるような一字一字が書き連ねてある。ふつうの便《びん》箋《せん》を横にして、縦に当てた物差しに沿って書かれたのであろう、縦の線はしっかりしているが、手が一字一字きちんとした間隔をおいて動くとは限らないので、一つの字の上にもう一つの字を重ねて書いてあったりする。解読するのがむつかしいだろう、との思いやりで、たぶん奥様のせつさんが打たれた解読文字が、万年筆で別に書き込んである。

見えない目で書かれたそれらの手紙は、その内容も味わい深く、光を失ってもなお前向きに生きようとする姿勢が伝わってきて、言葉にならない胸に迫るものばかりである。

七十八歳で失明し、絵筆を置かざるをえない不幸に見舞われた後は、それらの手紙と同じようにして随筆を書き、書をよくし、また、自称「へなぶり」短歌の歌人として、最後まで現役で、数多くの歌を詠んでいる。

自分の歌を和歌とは言わず、せめて「ひなぶり」とでも言えばよいのに、照れて自嘲《じちょう》して、どうしても「へなぶり」（田舎者の歌）だと言って譲らなかったらしい。

今年（平成十三年）、六月朝日新聞一面の「折々のうた」欄に曽宮一念の短歌がとりあげられていた。

蒸し暑く雷のくる前ぶれか臍《へそ》のあたりの腹痛おこる

という面白い歌である。選者の大岡信《おおおかまこと》は曽宮の生きざまにひかれるらしく、何年か前にも曽宮の歌をとりあげて紹介している。

釘《くぎ》ぬきで舌ぬく閻魔《えんま》おそろしく嘘つけぬ児《こ》になりにけるかも

それらの歌の背景にある純一無垢《むく》な心、そのあっけらかんとした飄逸《ひょういつ》さはどうであろう。まるで生まれたばかりの赤ん坊のように、正直な人柄であったのだろう。

西行《さいぎょう》の歌をもじって「願わくは落葉に埋もれわれ死なん霜月半ば凩《こがらし》のころ」と詠んで、「オレの方が風流だろう」と言いながら、望み通り八年前の暮れに百一歳の生涯を閉じた。

「妻老いて若きにましていとしきに口うとくなり手も足も目も」と詠われた妻せつさんも、三日おくれて曽宮のあとを追い、二人のなきがらは揃って病院に献体されたという。

二人が没した平成六年の十二月は、富士宮の質素な住まいに、銀杏《いちょう》の葉が一ぱいに舞い落ち、裏の空地はまるで敷きつめられたように、黄金《こがね》色に染まったと語り継がれている。

■参考文献
串田孫一「貴い感謝の姿　―曽宮一念さんのこと―」（一九九二年二月十日、静岡新聞）
曽宮一念『画家は廃業　―98翁生涯を語る―』（一九九二年、静岡新聞社）

「滋賀文学」二〇〇二年版（二〇〇二・二、滋賀文学会）

円空仏の眼差し

―僧・円空の悲願―

写真で見た不思議な微笑みが忘れられなくて、近江国《おうみのくに》に残る円空仏《えんくうぶつ》を訪ねてみようと思った。伊吹山《いぶきやま》の麓《ふもと》に足が向いたのは、修業僧円空が隣国美濃《みの》の生まれであったことと、円空が彫った仏像が伊吹町（現米原市）春照《すいじょう》に残っているらしい、という二つの理由からであった。

修業道《しゅぎょうどう》の祖といわれる役《えん》の行者《ぎょうじゃ》が霊山と仰いだ伊吹山は、後に名僧行基《ぎょうき》もこの山に登り、自作の千手観音像を祀ったと伝えられている。円空もまた、伊吹の八合目に突き出した平等岩で難行苦行を積み、今は廃絶してしまっているが山岳信仰の拠点でもあった山中の太平寺で、自身の記念碑的な木像を刻んでいた。

集落に少しばかり住宅が立ち並ぶ中に、集会所を兼ねて太平寺観音堂が建っていた。荒涼たる伊吹の山肌と、厳しい風雪の中を太平寺集落の村人たちに守られてきた本尊十一面観音像は、昭和三十九年（一九六四）の集団移住によりこの地に移され、今は春照地区保存会によって静かに見守られそして丁重《ていちょう》に祀られている。

スラリとしたほぼ等身大の十一面観音菩薩像が、安らかに微笑みながら私を迎えてくれた。近づいてよく拝観すると、ノミの彫り跡を鮮やかに残しながらも全体像は滑らかで優美である。彫り跡に当る光の陰影が、あやしくも気高いお顔の表情を浮き立たせている。だが、それでいて何とはなしに親しみやすい感じを覚えるのはなぜだろう。それは、慈愛とやすらぎに充《み》ちあふれた優しい目にあると思う。

近くで見るからいっそうそう思うのか、私はこれまでにこのように温かい眼差しの仏像に出会ったことはない。全てのことが許してもらえそうな親しみやすい目でもある。当番で来ておられた地元のお年寄りの話では、円空は桜の木を切ってから開眼供養を営むまでがわずか四日、しかも彫るのに要したのは丸一日であったことが、像の背面に貴重な墨書銘《ぼくしょめい》として残されているという。

円空が短時間で仏像を彫ったのは、「全国で十二万体の造仏を成就《じょうじゅ》する」という悲願もあったのだが、その早業の中に「一刀三礼」といい、ひとノミごとに三礼して彫るという信仰の力と気迫が込められていたのに違いない。

円空は宗門の中では極めて身分の低い僧であった。それは、円空の母が父と公《おおやけ》に名乗ることのできない相手の子をみごもったことによるもので、円空は始末されることなく、母の力でこの世に生を受けたのである。母は貧しい農民の娘であったが、産んだ子を自分一人の力で育てた。そして、水害の多い農村で大水害が襲い、円空は母に抱かれて奔流の中へ流された。「この子を、この子を……」と幼いわが子を水面に掲げた母は、濁流に呑まれて亡くなったという。

母の供養と、十二万体の造仏修業という自己に厳しい発願《ほつがん》をした円空は、東海、近畿の各地を歩き、山岳修験僧として東北から蝦夷地《えぞち》といわれた北海道にまで足を延ばしている。

寛文六年（一六六六）の蝦夷地は、先住のアイヌとの争乱や、天変地異が続き、その地で円空は荒々しく鉈《なた》を振るい、ノミを握り、彫り、冬を越し、困窮《こんきゅう》にあえぐ人々のために祈りを捧げ、その救済を念じたという。

円空への熱き思いに駆り立てられて、次いで山東町（現米原市）加瀬野のお寺光明院に行く。そこはマガモなど野鳥が群がる三島池に近く、池越しに見る伊吹山をカメラに収めるべく何回か足を運んでいて、四季の変化が美しいところだ。

光明院の本堂に安置されていたのは、忿怒《ふんど》の相をした不動明王像であった。恐ろしい顔をして、如来の教えに背く輩《やから》の悪をくじき、修業者を守るというのが不動明王の役割である。右手に剣を携えたその像は、一メートルに少し足りないが、バランスの良い精悍《せいかん》な立像で、やはり鋭い目つきをしていた。

その鋭い目の光は、どのような誤魔化しをも見逃さない厳しさを発しているようである。

伊吹町で触れた十一面観音の表情の優しさと、ここ山東町で拝観する不動明王の形相の険しさ、その違いは何であろうか。微笑と忿怒、それは南風と北風の違いのようでもあり、喜びと怒りの両面の表現にも見えるのだが、そのどちらの表情をも見事に浮き彫りにしてみせる円空の熟練の技と、その背景にある清澄《せいちょう》な求道心《ぐどうしん》に感嘆せざるを得ないのである。

本棚に小さな円空彫りの像を置いている。三年前に飛騨高山《ひだたかやま》で買い求めた私の円空仏である。黒く塗られて何の木だかわからないが、木の本性が生かされて、円空彫刻の特徴である荒削りで素朴な様式で刻まれている。二〇センチにも足りないその観音菩薩像と思われる木像は、以来慈愛に充ちた細い目と穏やかに微笑む唇とを私に向けながら、日々何かを語りかけてくれているようである。

　人に優しゅうすると、自分の心も優しゅうなる。自分の悪い心がゆるりととけて、柔らこうなる……

NHKドラマ「円空への旅」で尼僧を演じた樹木希林《きききりん》のセリフである。円空仏に表現されている温かい眼差しと優しい口もとに呼応して、私は周りの人々に対して円空に恥じない温かい目を向け、心からの言葉を優しく発しているだろうか。

　本棚の小さな観音菩薩像を、忿怒の不動明王と置きかえなくてもよいのだろうか。

「多景島」第七号（二〇〇四・十二、多景島）

■参考文献
早坂暁・ＮＨＫドラマ制作班『円空への旅』（一九八八年、日本放送出版協会）
長谷川公茂『円空仏』（一九八二年、保育社）
後藤秀夫他『円空巡礼』（一九九四年、新潮社）

贅沢な出会い　―森村誠一先生のこと―

(一)　ローマからベニスへ

いつか書き残しておきたいと考えながら、今になってしまった。

平成五年七月のことだから、もう十八年も前の夏のことになる。

私ども夫婦は、イタリア中央部（ローマ）から北部（ヴェネツィア）までの、パッケージツアーのメンバーとなっていた。

二日目の朝、ホテルを出発しローマ市内の観光にでかけようとする貸切バスに、ひと組のご夫婦が新しく加わってこられた。小さな団体とはいえ初日のこと、各人はお互いにまだメンバーの顔や名前を知らないまま、シートに座ってバスの出発を待っていた。だから、そこに新しく二人の仲間が同乗してきたとしても、特に目立つことではなかった。ところが、妻はご夫婦の男性の顔をちらっと拝見して「もしや！」と思ったらしい。

普段は初対面の人に話しかけることなどほとんど考えられない妻が、観光の途中に立ち寄った免税店でその奥様の方に声をかけ、「ご主人様は作家の森村誠一先生でいらっしゃいますか？」と、目立たないように小声で、その真偽の程を確かめていた。

先生の彫りの深いお顔は写真などで見て、私も何とはなしに憶えてはいたが、正にご本人そのものであることが分かったのである。

当時既に推理小説作家として『人間の証明』などでミリオンセラーを記録され、一躍有名になっておられた著名人と一緒に、この先のツアーを楽しむことができるのだろうかと考えると、小踊りしたくなるような幸運をひしひしと感じたものである。

古都ローマは見どころの多いところである。神殿、教会、凱旋門《がいせんもん》など、二千年の年月を経てなお生き生きとした「神々」や「皇帝」たちの強い意志を伝え続ける遺跡群が残され、それぞれが異彩を放ちながら鎮座《ちんざ》していた。

私ども二人はコロッセオ（円形闘技場）で、森村先生を中央にして記念写真を撮ってもらった。まだ先生のことに気付いている他のメンバーはいなかった。

旅行会社の添乗員にそれとなく聞いてみると、「どちらかといえば今回はお忍びのご旅行のようですが、知らない人たちと一緒に旅をする、という経験も持っておきたいとおっしゃっていました」とのことであった。

森村先生ご夫妻と私ども二人は、少し離れて歩いたり、時にはご一緒に話しながら歩いたりしたが、どのような会話をしたのかよく憶えていない。「よくこれだけのものが残されていたものですね」などという、ごく常識的な会話だけが交わされていたような気がする。

ところが、夕食のカンツォーネ・ディナーで訪ねた観光客用のレストランでは、森村先生はカメラを持って立ち歩かれたり、私たちのテーブルのため雰囲気を盛り上げようとされてなのか、歌手に向かって大きな囃《はや》し声をかけられたりして、すっかりその場を楽しんでおられるご様子であった。

その姿を見て、あえて一般のツーリストと一緒に旅をしたいというご意向を汲《く》みとることができて、何とはなしに心安まる思いを持ったものである。

次の日、私ども二人はトレビの泉の前でぼんやりとしていたのだろうか。近寄ってこられた森村先生に、こちらが持っていたカメラでツーショットを撮ってもらうことになってしまった。その写真は大きく引き伸ばして今も書棚の上に飾っているが、うしろの水の色が美しく、ピントの合った良い写真である。

フィレンツェでは、サン・ジョバンニ洗礼堂の青銅の門扉《もんぴ》のところ、それにシニョリーア広場などで、背中にリュックを背負いながら、行動的に写真を撮っておられた森村先生の姿がまだ忘れられない。

ウフィッツィ美術館の南側で、ヴェッキオ橋を背景に一枚、とカメラを構えていたら、先生ご夫妻に加えて同じツアーの仲間の女性が二人加わって、一緒にシャッターを押すことになってしまったが、その写真には妻を入れて合計五人が写っていた。

フィレンツェはかつてルネサンス文化の中心地であった。私ども二人はミケランジェロの丘へ行き、そこから「花の都」と呼ばれるフィレンツェの町をアルノ川越しに眺め、中世ヨーロッパの文化遺産、とりわけ美術品が多く残されている煉瓦《れんが》色のこの町のえもいわれぬ美しさ、そして中央に見える巨大なドウオモに見入っていた。

ミラノでは、イタリア・ゴシック建築の最高峰といわれ、五百年をかけて完成したといわれるドウオモの壮麗さに圧倒されてしまった。数々の名作オペラが上演されたスカラ座と、ガラス張りの屋根をのせたガレリア・大アーケードなど、初めて見る瞳目《どうもく》すべきものばかりであった。

サンタ・マリア・デッレ・グラッィエ教会の食堂の壁に描かれた、レオナルド・ダ・ヴィンチの最高傑作「最後の晩餐《ばんさん》」は、補修中で、その全貌《ぜんぼう》を見ることはできなかった。

教会内の薄暗いこの一隅に、人類が誇るべき美術遺産が眠り続け、そしてその場に今、居合わせることの不思議に、緊張させられる思いを持ったものである。

私たちのツアーも旅の後半に入っていた。

ミラノでのことであっただろうか。何とはなしにご一緒に歩いていた森村先生から

「彦根の人たちは、水戸《みと》の人たちに対してどのような思いを持っておられますか?」

と尋ねられたことが忘れられない。

「桜田門外の変」のことについてであり、これは作家だからということではなく、誰に尋ねら

れても彦根人であればその答えを自分なりに準備しておかなければならないことであった。

私は反射的に、むつかしい質問だな、と思ってしまった。それがいけなかった。少し間を置いて、ゆっくりと答えればよかったと思ったがそれはあとの祭りで、私はどちらかといえばしどろもどろの、自分で話していても辻褄《つじつま》の合わないことをしゃべってしまっていたように思われる。そのことについては、なんとも歯痒《はがゆ》く、苦い経験が残ってしまっている。

ミラノからは鉄道でヴェネツィアへ向かった。

森村先生は列車の中で、持参されていたのであろう原稿の校正という仕事をされていた。車窓《しゃそう》の風景を楽しまれることもなく、赤ペンを握っておられた姿を、同じ車両のコンパートメントの窓から見かけることができた。

その時校正されていたものは、のちに何という題名の作品になったのだろうか。その時の光景だけは、なぜか鮮明に私の脳裏《のうり》に焼き付いている。

鉄道でヴェネツィア（以下ベニス）に入るには鉄橋を渡る。といってもそれは川を越えるのではなく、海をひとつ渡るような眺めのうちに終点のサンタルチア駅に到着する。そこがもう海上都市ベニスであった。

ベニスではみんなでゴンドラに乗った。この町では水上バスと水上タクシー、それとゴンドラが足で、車の姿を見ることがない。ゴンドラには、アコーデオンを弾く人と歌手が乗ってくれて、イタリア民謡を大きな声で歌ってくれた。

森村先生ご夫妻や私たち仲間のそれぞれが乗るゴンドラは、川幅が広くなったところでは並走し、迷路のようになった細い水路では一列になって、ゆっくりと進み、至福の時を楽しむことができた。

その後森村先生は、サンマルコ広場界隈《かいわい》ではドゥカーレ宮殿の中で、絵画で飾られた数多くの部屋を熱心に見て廻っておられた記憶がある。サンマルコ広場からは、今にも沈みそうに見えるサン・ジョルジュ・マッジョーレ教会へ渡り、鐘楼《しょうろう》に登った。

ベニスの古い町並みや水路、近海の碧《あお》い海などを全部見渡すことのできる眺望は、とてもこの世のものとは思えない美しさと神々《こうごう》しさがあった。町の向こうにも海が広がり、青い空と一直線になるところまで続いていた。かつてその広大な海上貿易によって、各国・各地域の文化を媒介し、混合させることで自らを強大にした栄光の都市ベニス、その面影は残されていた。

夜、森村先生ご夫妻ともうひと組のKさんご夫妻の六人で町にでかけ、レストランのテーブルを囲んだ。森村先生はその店のリゾットが美味しいと舌鼓《したつづみ》を打っておられたが、それは楽しいひとときであった。

店を出たところで撮ってもらったスナップ写真が残っている。夜のとばりがおりて、ランプの薄明かりが照らす石畳の道に並んで立った六人は、揃って笑顔で写っていた。

翌朝、私たちはホテル裏の桟橋《さんばし》から水上バスでマルコ・ポーロ空港へ向かい、帰途についた。森村先生ご夫妻はホテルに残り、少しあとの列車でアルプスを越え、オーストリア、インスブルックに行かれるとのことで、その後は別行動となった。

ご夫妻が私たち十二名のために桟橋に立たれ、揃って手を振って別れを惜しんでくださったその姿が、やはりアルバムに残っている。

桟橋には船の係留のためのカラーポールと、ブルーのコートを着た発着作業員と、見事に咲き揃ったピンクの花の中に、いつまでも、いつまでもと、私たちの船が小さくなるまで手を振ってくださっていた森村先生ご夫妻の笑顔が写っていた。

その日の朝、私は森村先生から一枚の便箋《びんせん》を受け取っていた。

色紙など準備するひまもなく、フィレンツェのホテルでもらっておいた便箋の一枚を手渡し、記念にサインでもとお願いしておいたものであった。用紙には、全く思いもかけなかった俳句が一句したためてあった。

夏の陽を溶くやベニスの水の唄

ペン書きではない。どこで準備されたのか文字は筆書きでしっかりと書かれている。私たちの名が書かれ、一九九三年七月九日の日付とお名前がきちんと書かれた、心の籠《こも》った揮毫《きごう》であった。

お別れしてからのご夫妻は、ドイツを経てオリエント急行でパリに行かれたり、もう一度ローマに戻ったりされたとのことを、奥様から頂戴した丁寧なお手紙で知ることができた。

通算四百冊の刊行を目ざして、今なお元気で執筆活動を続けておられる森村先生、去年のお誕生日には喜寿をお迎えになられたはずである。心からそのお祝いを申し上げるとともに、優しい笑顔が忘れられない奥様とお揃いで、今後とも健やかな日々をお過ごしになられるよう、お祈りするばかりである。

それにしても人生、いつどこで、どのような出会いがあるのか、分からないものである。

㈡　作品とそのお人柄に学ぶ

手元に長編推理小説『人間の証明』（一九七七年、光文社カッパ・ノベルス）がある。各ページは少し色褪《いろあ》せていて、奥付に昭和五十二年四月発行の二十九版となっている。

この作品は、論理性だけではなく、人間性が犯人を討ち取るような推理小説は書けないものだろうか、という仮説を立て、それにチャレンジされた野心作で、その舞台は国際社会にまで広がる内容になっている。すぐには信じられない数字であるが、最新（平成二十三年）の公式サイトによると、出版各社の合計で七百七十万冊がこれまでに販売されているということである。

私は森村先生の作品では、推理小説ではなく、昭和六十年（一九八五）に「週刊朝日」に連載され、後に単行本となった『忠臣蔵』（上・下巻）や、平成七年に「週刊ポスト」に連載され、小学館から発刊された『平家物語』（全六巻）などの、大型時代小説の愛読者である。他に、『新選組』や『虹の刺客　―小説・伊達騒動―』などという歴史小説を丁寧に読ませてもらっている。

世間一般では「森村忠臣蔵」といわれている『忠臣蔵』のあとがきに、次のような興味深いことが書かれているので紹介させていただく。

『悪魔の飽食』では、日本軍国主義の悪業を告発した私であるが、『忠臣蔵』は専制君主制の下でのテロリズムである。両作品の精神は明らかに相反している。その私がなぜ『忠臣蔵』に惹かれたのか。

それは「人間蔵」であったからである。主君の仇を討つために四十七人の遺臣が粒々辛苦するさまなど、両家の周辺にちりばめられた多彩な人間群像と、江戸期の中でも最も溌剌としていた元禄という世相が、ただひたすらに面白かったのである。

と書かれているが、要するに人間が面白いから、人物が好きだからつい書かされてしまったのだ、と私は感じとることができた。

『平家物語』の全六巻は、一気呵成《いっきかせい》に読まされてしまった記憶があるがなぜだろう。

悠久の歴史の中で、人生は一瞬のまばたきにすぎない。そのまばたきの　中で権力のボールを争い合う人間の生理の虚しさこそ、この作品のテーマである。（あとがき）

として、平清盛や源頼朝、そして源（木曽）義仲などの人物を浮き彫りにしているのだが、どこかに「森村平家物語」を感じさせてくれるところが興味深い。それは、

作品中で縦横無尽に活躍した彼等と、「完」の一文字によって訣別するのはむごいことである。

という、やはりあとがきに書かれたこの言葉に表現されていると思う。

ストーリーの上であっても、登場人物への限りない愛着ができ、「人間が好き」とする作家・森村誠一先生のさわやかなヒューマニズムを、そこに嗅《か》ぎとることができるからであろうと私は考えている。

時代小説と言えば、今年（平成二十三年）、第四十五回吉川英治文学賞を受賞されている。対象となった作品「悪道」は、五代将軍綱吉をとりあげていて、その人物や時代が奇想をもっ

て描かれているという。早く読んでみたいものである。

ある人の作品に対する評論は、それを書いた人間を表すといえる。その意味で森村先生の書かれた論評を引用して、森村先生の考え方を紹介してみたい。そのひとつとして、さすがに素適な良い文章だなと感心し、その見識の高さと表現の巧みさを改めて知ることができたのは「松本清張」に対しての評価の一文である。

「別冊太陽」（二〇〇六年五月、平凡社）に掲載された「昭和と共生した作家　―無冠の帝王の見本―」の文章を断片的に引用する。

　松本清張を論ずることは、戦後昭和期の文芸について論ずると言っても過言ではない。『或る小倉日記伝』をもって登場した松本清張は『点と線』によって日本の推理小説の潮流を完全に、変えてしまった。

　当時の社会の縮図を、清張ほど功妙に、精密に描き取った作家はいない。昭和と共生したと言える人間は、清張以外には美空ひばりと石原裕次郎の三人だけであろう。（中略）

　国民作家としてだれも否定できない業績を残しながら、清張はお上関係の褒章をなに一つ受けていない。彼は、権力にとって危険な体質を持っていた。お上から疎外された清張こそ、何ものにも筆を縛られることのない作家としての亀鑑であり、お上から褒賞されないことが清張の栄光なのである。（中略）

清張の不運について一言したい。彼が日本語圏に生まれたことは大きな不運であった。もし英語圏、少なくともフランス語圏にでも生まれていれば、ドストエフスキー、バルザック、ヘミングウェー、スタンダール等と並ぶ世界の巨匠になったに違いない。（中略）

などと、同じ道を歩む後続の者として松本清張の業績について評価をされている。その全文を読み、思ったことは、これほど分かりやすく、どちらかといえばむつかしい人物・松本清張の人物像を描ききっておられる筆力に、舌を巻かざるを得ないと、自分なりの感銘を受けたものである。

森村先生は、平成十七年十二月に『森村誠一の写真俳句のすすめ』（二〇〇五年、スパイス）という本を出版されている。よく読んでみると、先生の文芸全般に対するふところの深さというか、たくさんの引き出しをお持ちの文人であることを窺《うかが》い知ることができる。

その本にはもちろんご自分の俳句と、ご自分で撮影されたカラー写真とがページを開けた右側に美しく印刷され、左ページにその解説が書かれている。

文章や絵には主観や虚構が入り、強調やデフォルメが加えられるが、映像には写真技術によって修復や合成や加工はできても、文章や絵画よりも真に近い姿を保存できる。

として「写真俳句」という、新しい時代の新しい表現手段を提唱されている。ページを繰《く》る。俳句と写真がどんどん紹介される中で、どうしても見逃すことのできない句があり、写真があり、そして森村先生の解説がついている。

死ぬときは独りの母に蟬時雨

という一句がそれである。

写真には緑いっぱいの大樹が一本立っている。木の下にはいくつかの墓碑も写っている。墓地に蟬しぐれは実によく似合うな、と感心しながら解説を読むと、角川書店の創業者・角川源《かどかわげん》義《よし》氏夫人で、俳人でもあった角川照子氏の墓前で焼香した時に森村先生が詠まれた句である。ご不幸があった日は、あいにく臨終にも家人の居合わせがなかったらしく、その日は朝から蟬の声が降りしきっていたと聞かされたという。

孤独死には蟬時雨が最も似合いそうな気がする。特に俳人には。

と結ばれているが、私にはこの句とは別に、森村先生と角川家ご一族との人間的な関わり方について、かつて深い感慨を覚えた日があったことを思い出し、胸を熱くするのである。

平成七年一月十七日は、阪神・淡路大震災があり、日本人にとっては忘れることのできない日になってしまっている。

不幸なできごとを目にする時、人はなかなか「今、私に何ができるのだろうか」という思いを持つことはあっても、それを行動に移すことはむつかしいものである。

平成十年一月十六日、大震災から三年目の朝日新聞に、次のような記事が掲載された。新聞の見出しには「着実に歩む芸術による心の復興」という文字があり、サブタイトルとして「阪神大震災から三年」という記事であるが、その内容を転記してみたい。

阪神大震災の圧倒的な悲劇の前に、芸術には何ができるのか。この厳粛で深刻な問いに、すべての芸術家は打ちのめされ、そして困難だが避けて通れない、芸術による復興に立ち向かった。作家の森村誠一さんは、再生の願いを込めて「鎮魂歌」を書いた。

ということで、演出家や美術家、建築家の安藤忠雄氏らの前に「音楽」ということで作家・森村誠一先生のことが紹介されている。

阪神大震災をテーマにした音楽作品の中で、最も多く演奏されたのは、阪神大震災鎮魂組曲「１９９５年1月17日」だろう。作家森村誠一さんが原詩を書き、作曲家池辺晋一郎さんが曲を付けた混声合唱組曲を神戸市役所センター合唱団は一九九六年四月、神戸文化ホールで初演。以来、約四十回の公演を重ねている。九七年は兵庫県内十一カ所で演奏し、被災者を勇気づけた。

などという記事の内容になっている。

いずれにしても、大震災の翌々月の三月末には、四百字詰め原稿用紙で約四十枚の原詩が出来上がっていたというから大変なことである。

原詩の第七章に、わずか一年六ヶ月で亡くなった上仲大志《うえなかだいし》ちゃんに対する母親の思いを描いた「私の息子」という詩がある。

その一節は、

大志ちゃん
私の胸に、まだあなたの温もりが
残っている
あなたに会いたくなったら

ママはひとりで涙を流すの
涙の底に、あなたの笑顔が映るから

という、正に涙なくしては読みきれない言葉が並んでいる。

炎と涙の底から立ち上がろうとする街で
今、仲間たちとこの歌を歌っています
死者の魂に届けと
力を合わせたすべての人に届けと
私たちはいま
誓いと再生の歌を歌います

と、最終章で歌われる「わが街よ永遠に」は、精神の再建を願い、そして祈りを捧げるための鎮魂組曲と、ひとりの人間・森村誠一先生の姿とがオーバーラップして、私の目には眩《まぶ》しく映るのである。

それだけではない。私の頭の中では、十年以上も前にお母様が亡くなられて森村先生からいただいた喪中欠礼状のことに思いが走る。それは「母は戦中の困難を分け合い、戦火の中を共に逃げ、戦後の混乱を手を取り合って乗り越えてきた戦友でもありました。私をこの地に産んでくれた母の死は、心身の礎を失ったような虚しさとなって、埋めることができません」という、感動的な文面になっていた。

それは、一般に市中に出廻っている欠礼挨拶状とは、全く内容の違うものであった。

被災体験を持ち、震災で失われた多くの命とその肉親の心の痛みを十分に理解でき、命の尊厳に対する深い思い入れがある作家であればこそ、一月の阪神大震災に対し「鎮魂組曲」が三月末にでき上っていたとしても、何ら不思議なことではなかったのである。

推理小説の捜査協力者として登場する「私」のことを少し書かせてもらいたい。

平成十六年に、傑作推理小説『法王庁の帽子』(二〇〇四年、光文社文庫)が出版された。大阪府枚方《ひらかた》市に住む森村作品愛読者の友人からの連絡で「登場人物の中に君の名前が載っているよ!」と教えられ、驚いて何冊かを買いに走ったうちの一冊が今手元にある。

作品の最初に海外ツアーの話がでてくる。しかし、題名の法王庁というのは南フランス、アヴィニョンの法王庁宮殿のことで、私たちが先生とご一緒したイタリアのツアーとは違っている。

殺人事件は新宿で起こり、南フランスのツアーで何度か姿を見た人物の顔写真が新聞に写っていた、ということから展開する。

後半になり、事件の解決を目ざす動きの中で、捜査協力者という立場で登場する人物が確かに「彦根市・角省造氏」となっている。森村先生の海外旅行の古い記憶の中から、あるいは以前の年賀状の名前の中からか、ふと思い浮かんだ名前であったのだろうか。

「省三」が「省造」となっていても、彦根市と住居が特定されて書かれていることから、細心の注意を払われたのち、私の氏名を森村ワールドの目立たない一員として採用してもらったのであろうと考え、うれしく思った。

おしゃれなデザインで綺麗《きれい》に装幀《そうてい》された文庫本『法王庁の帽子』が、全国各地の書店に並ぶことを頭に思い描くことは私を元気づけてくれた。と同時に、十年余りの歳月を経て、私ども夫婦が無事で暮らしているかどうかを確認するための、心温まるメッセージではなかったのだろうかとも考えた。

イタリア旅行での出会いのあと、私が森村先生から学ばせてもらっていることは、実に数多くのものがあるように思う。それらは、私の胸の内にあっては貴重な宝物として残されていたり、日々の歩みの中においては静謐《せいひつ》な指針にさえなってくれているような気がする。

そのような思いを抱く時に、必ず頭の中を過《よ》ぎるものは、あのベニスの深く碧い海の光景である。

「滋賀作家」第百十六号（二〇一二・二、滋賀作家クラブ）

こだわり紀行　福井　―橘曙覧―

北陸に、苔《こけ》が美しいことで知られる「平泉寺《へいせんじ》」という寺があり、そこにはいつか必ず行ってみたいと以前から考えていた。

福井県の北部、勝山市からまだ山地へ入ったところにある山岳寺院で、車を走らせるだけの気力もないので、福井市内に前泊をしてでも行ってみようと思い立った。

このところ二年に一回、一泊旅行をしている学生時代からの友人T君に話してみたら、すぐに「良かろう」ということになり、切符の手配から宿泊の予約、加えて現地でのボランティアガイドの連絡までもやってくれた。名古屋からやってきたT君とは昼頃に米原駅で出会った。糖尿病持ちのT君の身体に多少の心配をしていたが意外に元気な姿で、それでも杖を持っていた。

列車は仲秋の湖北を走り抜け、名物弁当「湖国のおはなし」に舌鼓《したつづみ》を打つ間に敦賀、しばらく話し込んでいるうちに福井に到着していた。

福井市内での行き先は私にまかされていた。名勝地の足羽山《あすわやま》近辺で、その登り口近くに「橘曙覧《たちばなのあけみ》記念文化館」があり、そこを訪ねた。その人物に興味があり、平泉寺と共に気掛りになっていた記念館であった。

　幕末の福井に生まれた歌人で、国学者でもあった橘曙覧は、時の藩主・松平春嶽《まつだいらしゅんがく》にことのほか心を寄せられ、仕官することも強く薦められていた。しかし曙覧はそれを断り、日々の質素な暮らしの中で学問、歌の道を極めることに徹したのだという。

　記念館には映像のコーナーがあり、曙覧の生活ぶり、歌、学問などその生涯について知ることができ、人物についても「越前の曙覧、越後の良寛」といわれるわけを理解することができた。

「たのしみは……」で始まり「……する時（とき）」で終わる「独楽吟《どくらくぎん》」は、曙覧の『志濃夫《しのぶ》酒舎《のや》歌集』の中でも特によく知られている。

たのしみは妻子《めこ》むつまじくうちつどひ頭《かしら》ならべて物をくふ時
たのしみはあき米櫃《こめびつ》に米いでき今一月《ひとつき》はよしといふとき
たのしみは人も訪ひこず事もなく心をいれて書《ふみ》を見る時
たのしみは鈴屋大人《すずのやうし》の後に生れその御諭《おさとし》をうくる思ふ時

　これだけの歌をとりあげるだけで、曙覧の清貧の生活ぶりや家族の幸せを願うこころ、そして学問をする態度などが見事に詠み込まれていて、思わず納得してしまう。明治時代になって正岡子規が高く評価したという万葉調の和歌、それと国学者らしい思想的な歌もあり、曙覧はその時代の思想家でもあった。

しかしながら、何よりも驚かされるのは平成六年、当時のアメリカ大統領ビル・クリントンが、天皇、皇后両陛下訪米の歓迎スピーチで、

たのしみは朝おきいでて昨日まで無かりし花の咲ける見る時

と、曙覧の歌を引用したことである。日本人の心の持ち方を詠んだ代表歌は、越前の藁屋《わらや》から、海の向こうの米国にまで届いていたということになる。

同行のT君は幕末の歴史に詳しく、あえて橘曙覧記念館に連れて行ったことになるが、「これまで知らなかった人物に出会った」とひとこと洩らしてくれたのがうれしかった。

福井市内では、福井藩主の別邸「養浩館《ようこうかん》」とその庭園を見逃すことはできないだろうと足を運ぶ。福井藩の当初の石高《こくだか》は六十八万石で、一時は加賀の前田家に次ぐ大名であったとされ、名勝・養浩館庭園には多少の期待は持っていた。

数奇屋風《すきやふう》書院は立派なものであったが、それを取り囲むように広がる池泉回遊式《ちせんかいゆうしき》庭園には特に目を見張らせるようなものはなかった。正面の富士山に見たてた高い築山《つきやま》のなだらかな姿

と、梅園近くの笹の小径《こみち》に、雪国の風情をわずかに感じることはできたが、いわば平凡な大名庭園がそこに在ったという思いが強かったのはなぜだろう。

当初、松平春嶽によって作られた「御泉水屋敷《ごせんすいやしき》」は昭和二十年（一九四五）の「福井大空襲」によって、福井市街の町と共に焼失したのだという。かつて北ノ庄城と呼ばれていた時代の柴田勝家とお市の方との遠い時代の悲劇、藩の智恵袋といわれながら安政の大獄《たいごく》で抹殺された橋《はし》本左内《もとさない》のこと。そして昭和の時代に入ってからの大空襲、「福井大地震」と、福井の地にふりかかる日本史の苛酷《かこく》なまでの仕打ちに、なぜか胸のうちを押さえきれなかった。その思いを引きずりながら城址の堀端を歩いた。

福井県勝山市が、最近になってよく知られるようになったのは「福井県恐竜博物館」に人気が集っていることによるものだろうか。横浜から里帰りした息子や孫たちも、二年ほど前に車で出掛け、喜んでそこの様子を話してくれたものである。

それに加えてもうひとつ、二十年以上も前のことになるだろうか、突如「越前大仏」という得体の知れないほとけさまがこの地に現れ、大きな仏像が建立されたことにもよるのだろう。

翌朝、私たち二人にはたっぷりと時間はあったが、勝山市ご自慢の二つの観光施設のどちらにも立ち寄ることなく、えちぜん鉄道の「かつやま」駅から小型タクシーで平泉寺に向かった。

「平泉寺」は、霊峰・白山《はくさん》（標高二七〇二メートル）の越前側の登山口に位置し、古代から中世にかけて、白山信仰を背景に強大な宗教勢力を誇っていたという。最盛期の室町時代には、四十八社、三十六堂、六千の坊院が立ち並んでいたと伝えられている。

のち、天正二年（一五七四）に一向一揆によって全山が焼失し、境内は十分の一ほどに縮小され、明治の神仏分離令により寺号は廃止されている。だから、正式にいえば「平泉寺白山神社」が今の呼び名ということになる。

境内《けいだい》へ続く参道に足を踏み入れると、自然に群生したといわれる杉の大木に圧倒される。その数二百数十本の老杉がこの平泉寺の不思議な歴史を覆いかくすかのように立ち並ぶ。

古来日本人は杉や楠《くすのき》を神霊が依《よ》り憑《つ》く「依り代《しろ》」としてその樹木を奉《たてまつ》ってきた。そして、拝観料や入山料を取らず、何よりも社務所らしきものが見当たらないこの寺は、観光化され俗に落ち入ることを拒み続けているのであろう、参道は侵し難い静寂に包まれていた。

ゆるやかな勾配《こうばい》で幅広の石段が組まれているのだが、その石段の石の左右が薄緑色の苔に染まっている。両脇はまるで苔、苔、苔、と広がる苔の海である。

芸術新潮編集部編『司馬遼太郎が愛した風景』（二〇〇一年、新潮社）という、グラビア写真がいっぱい詰まった冊子がある。中で「ふとんを敷きつめたような苔の寺」と紹介する司馬は、このあたりの眺めを「石をできるだけ自然のまるさのまま畳んだ石段で、両側を杉その他の木立が縁どっている。春の雨の日など、終日ここで雨見をしていても倦きないのではないかと思われた」と説明してくれている。

石段の中程に「名勝・旧玄成院庭園」という案内の石碑が、あふれんばかりの苔に包まれた台座の中に建っていた。塔頭《たっちゅう》寺院のように思われたこの玄成院が、のちにガイドさんに聞くと社務所を兼ねているらしく、庭に入る許可を得る時にほんの少しお顔を見せられた品のあるご婦人が、この広大な寺院の管長婦人であったのかもしれない。庭園は室町時代に作られた枯《かれ》山水《さんすい》であったが、枯滝《かれたき》の石組みもまた、深々とした濃い緑の苔に包まれて、永い眠りの中に置かれていた。

苔を左右に見ながら参道を奥に進む。創建した僧・泰澄《たいちょう》の廟《びょう》も、楠木正成《くすのきまさしげ》の墓も、戦没者慰霊の背の高い石碑も全て苔の中にあった。苔は、杉の木の小さな枯れ枝を散りばめながら、広くふくよかに木漏《こも》れ日を浴びていた。

杉の老木の地表に張り出した根に付着した苔は、子が親に甘えしがみつくように、その太い幹によじ登るが如くに生い茂っていた。私は「苔」のことを深く知らない。しかしながら、花を咲かせることもなく、四季折々に色を変えることもなく、これだけ私たちを惹きつけるのは、苔の方が逆に私たちのことをよく知っているからなのであろう。

拝殿、本殿とも時代を思わせる簡素な造りの中に、何とはなしに霊気を潜《ひそ》ませて建っていた。かつて、僧兵八千をかかえ、北陸路の武力騒動の中心であったという「聖と俗のたたかい」の歴史を、その場で感じとることは少しむつかしいように思われた。

そこで司馬遼太郎の説をお借りする。

中世、平泉寺は悪僧の巣窟でもあった。（中略）「平泉寺にゆけば食えるというので、諸国から浮浪のひとびとが集って僧になったのであろう。

平泉寺の法師どもにとって、領内の農民とは、救うべき存在ではなく搾りあげるべき奴隷であり、かつ不浄の者たちであった。上代の律令社会そのままに、農民を奴として扱い、夫役と称して無報酬の労働にこきつかった。

というわけである。

天正二年（一五七四）農民たちは怒りを爆発させ、加賀で起こった一向一揆はこの地越前にも飛び火した。農民は決死隊を選び寺に焼き討ちをかけ、寺の背後にもまわり放火、六千坊を一夜で灰にしてしまった。

平泉寺は滅んだ。農民たちは喜び、自分たちの砦《とりで》があった村岡山《むらこやま》を「勝山《かつやま》」と改め、以後その名を地名・勝山市にしたということらしい。

中尊寺の金堂で知られ、世界遺産にも登録された「平泉《ひらいずみ》」の地名が、ここ「平泉寺」に由来するとガイドさんは教えてくれた。どちらの話にも興味を誘われるが、私にとってはやはり司

馬遼太郎の話が面白い。織田期から豊臣期にかけて平泉寺は再興するのだが、

復活した平泉寺のおもしろさは、往年のように暴力装置と重租で農民にのぞまず、自然保護で臨んだことである。

「菩提林に傷をつけるな」

という禁制をやかましく農民に守らせた。

と書かれていることに納得できるからである。

比叡山のように仏教がここで深化されたわけでもなく、学問が興《おこ》った話もないこの寺院が評価されるのは、中世以来千三百年にわたって守り続けられているある種の「頑古《がんこ》さ」が感じられるからではなかろうか。さらにいえば、日本古来の山岳信仰に根ざした自然との一体化による修験道の精神が生きているからではなかろうか。

菩提林といわれる参道の杉林の中を私たちは大きく、馬蹄形《ばていけい》に折り返していた。こちらの懸念をよそに、同行のT君に疲労の気配は全然見られなかった。そのうしろを歩きながら眺めると、予想していたよりも若かった女性ガイドとの会話を存分に楽しんでいる様子で、それをうらやましく感じさせるほどであった。

スタートした「歴史探遊館まほろば」に戻った時には、お昼時間をかなり過ぎていて、ガイドさんの規定時間も相当にオーバーしていた。近辺では一軒だけの蕎麦《そば》屋で、その店の若女将《わかおかみ》とゆっくり歓談することができたりして、至福の秋はいつまで続くのかと、言い難い高揚感をまだ収めることができないでいた。

少し歩いて、一軒だけ店を構えているみやげもの店に立ち寄った。駐車場がありその片隅に句碑が建っていた。

西芳寺といずれ讃えん苔の寺　　高木浪華

と文字が刻まれ、それは京都の苔寺（西芳寺）の繊細な苔庭を思わせる句であった。

店先は少し高台になっていて眺めもよく、ベンチが置かれてあった。T君とはここ平泉寺の杉木立と苔の規模の壮大さについて話し合った。そして、すぐ近くにあった永平寺（曹洞宗大本山）にも立ち寄らず、この地でゆっくりできたことをお互いに理解し合うこともできた。

現場を見学することはできなかったが、ここ平泉寺では、今なお歴史を検証するための発掘調査が続けられている。ところが、同じ福井県に越前と並ぶもうひとつの国「若狭《わかさ》」の海辺がこのところ騒がしい。そこでは発掘調査ではなく断層調査とやらが行われているらしい。

百年先の平泉寺はどうなっているだろうか。などと頭の中でぼんやりと考えながら、目先では、散在する古い屋敷の白壁に映える柿の実が、鮮明に浮かんだり、霞《かす》んで消えかかったりするのを追っていた。

■参考文献

武田鏡村（解説）『たのしみは日常の中にあり　─「独楽吟」にまなぶ心の技法─』（二〇〇一年、東洋経済新報社）
神一行『橘曙覧「たのしみ」の思想』（一九九六年、主婦と生活社）
「滋賀作家」第百二十五号（二〇一五・二、滋賀作家クラブ）

心眼で観る

―湖北の寺の住職に教えられたこと―

「観音の里」ともいわれる湖北を歩いていると、「ようお参りやす！」「ようこそお参り！」などと、よくその土地の見知らぬ人から声をかけられることがある。

声の主は先輩のご婦人であることが多いが、いつだったか高月町（現長浜市）「赤後寺《しゃくごじ》」の近くではまだ若い女性からも同じような声をかけられたことがある。その女性が小さい子供を連れていなかったら、私はドキンとしてその場に立ちつくしていたかもしれない。

湖北の地だけではない。五個荘町《ごかしょう》（現東近江市《ひがしおうみ》）の「石馬寺《いしばじ》」の近くでは、ハンドルを握ってゆっくりと徐行していた車中の私に向かって会釈《えしゃく》してくれた人がいた。――どこから来た人かわからない。ついぞ見掛けたことのない人だけれど、その道は「石馬寺」に行きつく道だから、たぶんお参りをする人に違いあるまい。おらが村の由緒あるお寺にようこそ、この土地と信徒を代表してお礼を申し上げます――という意味にその会釈を勝手に理解したものだが、それでよかったのであろうか。

信心が篤《あつ》く、人口に対する寺院の数が日本一といわれる近江国では、どちらを歩いても大きな道路から一歩奥へ入ると、こうした声をかけ合うという習慣が自然発生的に出来たものであろうと考えるがいかがであろうか。

　そうした純朴ともいえる善意の挨拶を受ける時に、私はいつも申し訳ない思いを持っていた。それは、私の神社仏閣を訪ねる目的が少し違うからである。いろいろな資料を調べて、そこに古くからの庭があり、その庭を自分の目で十分に鑑賞し、そして写真を撮らせてもらうことが主たる目的であるからである。

　神仏・宗祖を敬う心根《こころね》はもちろん持ち合わせていることから、本堂や御本尊の前では自然と頭を下げ、手を合わせることはしていたが、気持ちの方は、先にちらりと見えた池や石組、緑濃い苔《こけ》の方に向いていることが多く、そのことが何となく申し訳ないのである。永年の風雪に耐え、今なお美しく整えられた庭園を見終わって、清々《すがすが》しい気分で、それでもまだうしろ髪をひかれる思いの帰途で、「ようお参りやす！」と声をかけられるのは、やはり何かつらい思いがしてしようがなかったのである。

　ところが、マキノ町（現高島市）「慈専寺《じせんじ》」の住職から手紙をもらって以来、そのようなつらい思いを持つことはなくなった。その手紙には、

庭は先人と大自然との交流の場、そこに今またわれらも参加することを許され、はるかに感応道交のお育てをいただく場でしょうか。

と、味わいのある庭園論が述べられていて、そのことに大いに共鳴できたからである。

古来、大木や大岩にしめなわを張り、美しい山を御神体と仰いできた風習は、自然をそのまま取り入れた庭にこそ受け継がれていて当然であり、庭は自然の姿を縮小したものである。それまでぼんやりと考えていたことではあったが、「慈専寺」の住職に教えられたことは、庭は単に「見る」だけではなく「触れる」ことでなければならないということではなかったかと今でも考えている。

初めて「慈専寺」を訪ねた秋のことを思い出す。

その寺院は、幹線道路から山に向かって入った小さな集落にあった。

「さあさ、どうぞこちらへお上がりなさい」と住職は突然の訪問者であり、しかも初対面の私を奥の方へどんどん招じ入れてくれる。来意さえ聞こうとせずいわば一方的である。庭を拝観させていただいたあと、この寺で仏前結婚式を挙げるということで打ち合せに来ておられた先客と一緒に抹茶の接待を受けた。そしていろいろとお話を聞かせてもらった。

住職は「インド福祉村協会」という組織に参画し、北インドの「クシナガラ」で「インド福祉村病院」の建設にかかわっていて、現地にもよく足を運ぶという。仏教者の立場で釈尊《しゃくそん》涅槃《ねはん》の地に病院を建設し、人々の医療福祉に寄与したいと発願《ほつがん》され、その計画が間もなく実現するのだとのこと。身は湖北の山中にありながらも、心は釈尊成道の地、悠久の国インドの辺地にあるということを知り、深い感銘を受けたことが忘れられない。

今年六月、三年近くの年月を経て住職を訪ねた。前に見せてもらった庭は奥行き深く改修され、うしろの山を借景にして大きな石も据えられていた。その作業は庭師の仕事ではなく、「庭には素人《しろうと》の信徒さんたちがみんなでやってくれたんだ」と前にお会いした時と少しも変わらない、なにげないそぶりでおっしゃる。

恵まれた自然に囲まれ、篤き信仰心を持つ人々が住む近江国、そこはまた、私たちが歩むべき道筋の案内を、さりげなく教示してくれる心豊かな先達《せんだつ》が住まいする国でもあった。

住職が無我の境地で、素直に人を受け入れてくれたと同じように、無我の境地で、心を空《から》にして、素直に「庭」と向き合えることができる日を目標に、今後もまた飽きることなく「私の庭」を見て歩きたいと考えている。

「滋賀文学」二〇〇〇年版（二〇〇〇・二、滋賀文学会）

V

折々の断想

モーツァルトを聴く

モーツァルトの音楽について、どんなことでもいい、何か書き残しておきたいと考えるようになってから、もう五、六年にもなるのだろうか。

クラシック音楽に耳を傾けることの愉《たの》しみや、とりわけモーツァルトを聴く喜びについて書こうとすることは、どういうわけか気恥ずかしいことのような気がして、これまでは何も書けなかった。それはまた、あまり知らないことについて、知ったかぶりをすることになりそうな気がしていたからであろうとも思う。

四月、「大阪国際フェスティバル二〇〇三年」の催しにこころ躍《おど》らせ「若きモーツァルトの恋」を聴きに行った。コンサートは、プレトーク「モーツァルトの世界」においても、関西選《え》りすぐりのプレーヤーによる曲目演奏に関しても、指揮者井上道義《いのうえみちよし》の異端ともいわれる個性が十分に発揮されて、興味深く聴くことができた。それは、神童・鬼才と呼ばれ、三十五歳で夭《よう》折《せつ》したモーツァルトを、遠い世界の天才でなく、私たちのうんと近くに引き寄せ、私たちのごく身近で苦悩した人間として捉えられているように感じられたからである。

それは同時に、これまでのいわゆる人生経験の中で、モーツァルトが私に与えたであろう

「モーツァルト効果」についてまで、ふと考えさせてくれたのであった。

クラシック音楽といえば学生時代、友人宅で夜を徹して聴いたステレオ装置でのベートーヴェンの「弦楽四重奏曲」や、シューベルトの「冬の旅」なども思い出される。しかしながら、実社会に出て大阪の問屋街「船場」に住み込んで、夜になると折り畳み式のベッドに横になって、トランジスタラジオで聞いたモーツァルトの曲がやはり忘れられない。

一週間の出張販売で受注した商品の荷造りは全て自分がやる。分厚い台紙を使った紙製品はダンボールでは弱くて駄目で、適当な木箱を買ってきてはそれに詰め込んで、鉄製の帯バンドで締めつける。よく指先が血で染まった。いろいろと親しく指導してくれた先輩が、良くないことをしでかして退職させられたり、郷里では両親が相次いで亡くなった時期でもあった。それでも、塞《ふさ》ぎ込んだり、淋しがったりする暇もなく、内勤の時には店頭での来客応対に追われていたが、気持ちの中ではなぜかあのモーツァルトの明るい旋律が流れ、晴れやかで溌溂《はつらつ》とした気分が持続できていたように思う。

フェスティバルホールでは、モーツァルトの「ピアノ協奏曲二十四番・ハ短調」が演奏されている。第二楽章のピアノソロの部分はすすり泣き、むせび泣くような主題が繰り返され、思わず胸の内が熱くなる。

転職をし、菓子・食品のメーカーに三十三年の間勤務した。新規事業の立ち上げに力を尽くすことに我を忘れて勤めてきたが、仕事のほとんどは営業での販売ルートの開拓がその内容であり、楽な仕事ではなかった。小売店の争奪をめぐり罵声《ばせい》を浴びせられたり、卸問屋《おろしどんや》の主人には時に胸倉をつかまれて威《おど》されたりもした。

そのような時、旋律が悲しいのに不思議に陽気なモーツァルトの颯爽《さっそう》とした楽音がどこから聞こえてきて、私の気持ちに手をさしのべてくれたような気がする。あの屈折《くっせつ》のない伸びやかなモーツァルトの曲調が、苦しい時の私の思考と行動を支えてくれていたような気がしてならないのである。

定年退職の少し前、有給休暇をとってヨーロッパ旅行をした。ウィーンのシェーンブルン宮殿では小編成の室内楽を聞き、ザルツブルグではモーツァルトが生まれ育った家を訪ねた。現在記念館として公開されているその三階に、モーツァルト一家は住んでいたという。採光が悪く、明るい家ではなかった。

神童と奉《たてまつ》られる一方で、恋に悩み、ステージパパとして後世に名を残す父の過剰な庇護《ひご》という呪縛《じゅばく》、そして宮廷や貴族の気まぐれに翻弄《ほんろう》されたなどという世俗的な苦しみ。にもかかわらず、モーツァルトの音楽は俗から飛翔して、今なお永遠の生命の息吹きを私たちに振り撒《ま》いてくれているように思う。

その生家のあたりはザルツブルグの繁華街で、二、三人の路上演奏家がバイオリンで「アイネ・クライネ・ナハト・ムジーク」などモーツァルトの曲を、好きなように演奏をしていた姿が今も目に焼きついて離れない。

コンサートの最後は「交響曲第四十番・ト短調」である。切なくて、翳《かげ》りのある音を響かせるこの曲は、まだ世間というものを知らなかった頃、自身の臨終の場か葬儀の席で流してほしいと真面目に考えていた曲である。

退職後七年、高齢化社会を生き続けることの喜びは何かとふと考える時、あの屈託のないモーツァルトの全ての旋律を素直に聴き入れ、平凡ではあっても謙虚な心を養い、それを生かすことにあるような気がしてならない。


「ひこね文芸」第二十二号（二〇〇三・十一、彦根文芸協会）

世界のミフネ

　今はもう店をたたんでいるが、永年オーダーメイドの洋服店を経営していた店の主から私が直接聞いた話である。

　まだ戦争がそれほどひどくはない、そう、昭和十八年（一九四三）頃であったと思う。二人連れの兵隊が、ドカドカと靴音をたてて店に入ってきた。軍隊の所在地でもないこの彦根の町の、小さな私の店にはめずらしいお客さんである。入ってくるや、いきなり背の高い方の兵隊が、店中にひびき渡るような大きな声で、

「服屋さん！　この男に服を作ってやってくれい！」

と、連れてきたもう一人の兵隊を指さしながら、

「これが、もうすぐ除隊で故郷《くに》へ帰る。その時に着る平服がない……。なんとかその日までに服を作ってやってくれんか」

と、いかつい顔に似合わない、優しい口ぶりで頼み込むように言った。

　友達の服を注文するために、部隊から二〇キロも離れたこの町へ、わざわざ外出してき

たのには、無理もない事情があった。

その頃民間では日常物資、特に繊維《せんい》製品が欠乏していて、衣料切符が要る時代であった。幸いなことに、うちにはちょうど一着分の服地が残っていた。その服地を手にしていた。

「これで作りましょう」というと、

「ああ、よかった、今日はここまで遠出してきた甲斐があったなー」

と、背の高いほうの兵隊が大きな声を出して喜んでくれた。友達のためにこれほど喜べる人は、きっと、よほどの好人物に違いないと思って、その兵隊の大きい顔をあらためて見直すと、顔かたちはいかついながら、目を細くして、いかにもうれしそうに笑っていた。

人の心がギスギスしていたこの時代に、このように気持ちのよい客に巡り会えたのは、商売冥利《みょうり》というものであった。そう思って、何度もその兵隊の顔を熟視して、私の頭の記憶の底に焼きつけた。

そして、たった一点の服地でも、これほど喜ばれては、さぞかし物として本望であろうと思った。

戦後しばらくして、映画に出てくる三船敏郎を見て、

「ア、アッ、この人だ」

と驚くと同時に、その時のことがなつかしく思い出された。

昨今の写真や記事を見るたびに、今でも、当時の兵隊姿の面影が目の前に浮かんでくる。

何年前のことになるだろうか。私が洋服店の主から聞き出した話はそこまでである。「世界のミフネ」といわれた俳優三船敏郎さんは、平成九年七十七歳で惜しまれつつこの世を去っている。

私には、三船さんの映画で忘れられないシーンがある。それは「七人の侍」の中で、菊千代を演じたシーンの中のひとこまである。

「百姓ってのはな、ケチンボで、ズルくて、泣き虫で、意地悪で、間抜けで、人殺しだァ、おかしくって涙が出らあ」

と、声をふりしぼりながら、涙と鼻汁とで顔をぐしゃぐしゃにしてわめく三船さんの、迫力ある熱演が忘れられないのである。

三船さんは、豪快な役柄の出演作品が多かったが、ご本人は繊細で情が厚く涙もろかったという。だから「七人の侍」のそのシーンでは、三船さんは百姓の立場になりきって、本当の涙を流して泣いていたように思われてならないのである。

三船さんの葬儀では、読経《どきょう》はなく、その代わりに映画「羅生門」と「七人の侍」のサントラが会場に流されたという。その葬儀の席で

「もし、三船君と出会えなかったら、僕の作品は全く違ったものになったでしょう」

という黒澤明監督直筆の弔辞《ちょうじ》が代読され、多くの参列者の涙を誘ったらしい。

「このように気持ちのよい客に巡り会えたのは、商売冥利というものであった」という洋服店の主の感想の中に、航空隊上等兵・三船敏郎の二十歳になったばかりの、若き日の人物像を見ることができると思う。

そして、戦後、世界に向けて異彩を放った名優の、在りし日の姿を思い浮かべることもむつかしいことではない。

今、私にわかることは、大正九年(一九二〇)生まれの三船敏郎さんが、昭和十六年(一九四一)に、滋賀県八日市(現東近江市)にあった航空隊(陸軍八日市飛行場)に在籍していた事実に間違いはない、ということだけである。

「多景島」創刊号(一九九八・二、多景島)

■参考文献
中島伸男『陸軍八日市飛行場　―戦後70年の証言―』(二〇一五年、サンライズ出版)

江戸川区北小岩「ドブ板通り」

その通りには、ウエハースを何枚か重ねたような形の、分厚い大きなコンクリートが横にすき間なくびっしりと敷かれてあって、人は皆「ドブ板通り」と呼んでいた。

大きなコンクリートブロックがめくられたところを見たことがないので、本当にドブ川になっていたのかどうかはわからない。

夏になっても、特にいやなにおいを嗅《か》いだ記憶もないことから、あるいは下を清流が流れていたのかもしれないが、流れの音を聞いたこともない。

通りは、主に小学生の通学路とされ、緑の多い、車が入れない安全な通りであった。

もう三十年近くも前のことになるが、私たち家族の東京での住居はその「ドブ板通り」に面した二戸一《にこいち》住宅の二DKであった。

小岩というところは国電の総武線と、もう一つ京成電車とで都心部と結ばれた便利なところで、いわゆる東京下町の一番東に位置し、物価も比較的安く、全てが庶民的で親しみやすい町であった。

名横綱栃錦は小岩の出身であったし、近くに鏡山部屋があって、元横綱柏戸関の娘さんと私の息子とは幼稚園で一緒であった。

私の娘も、そして息子も「ドブ板通り」を西へ歩いて幼稚園に通い、東へ歩いては小学校へ通ったのであるが、大阪で生まれた二人の子供が、東京の友達と肩を並べて仲良く通学する姿を眺めては、何かほっとした思いを抱いたことが今になって思い出される。

「ドブ板通り」に面して玄関のある家も、また、裏口になっている家もあったが、通りの両側は住宅が建ち並び、そこは、家に帰って来た子供たちの遊び場ともなった。そして私たち家族にとっても、娘が自転車やなわとびの練習をする格好の場所となり、私が息子をつかまえて、休日にキャッチボールするための絶好のグラウンドともなった。

二人の子供の友達は、通学以外の時でも、我が家の前を通る度に、そこが子供たちの家であることを確かめるかのように、大きな声で

「すーみくん」

などと名前を呼びながら通り過ぎたものである。小学生同士の連帯意識の確認でもあったのであろうか。その呼び声はいかにも親しみを込めた優しい思いにあふれていて、時にそれを聞かされる親の立場から考えても、大変ほほえましく思われるものであった。

二人の子供は「ドブ板通り」を東奔西走《とうほんせいそう》してはスイミングスクールやソロバン教室にも通ったものである。学習塾に行く代わりに二人は通りを抜けて国電のガード先の図書館に行き、よく本を借りてきたこともあったようだ。

小岩神社の祭礼にはたくさんの露天《ろてん》が並び、子供たちは連れだってそこに行き、夏の江戸川花火大会の夜は、嬉々《きき》として浴衣を着せてもらっていたことを思い出す。

「テレビゲーム」などはなく「コンビニエンスストア」はまだ出店していなかった時代のことである。しかしながら「ドブ板通り」を行き交う人々の表情は、子供も大人もみんな明るく屈託《くったく》がなく、そして人なつっこくて、人情味にあふれていたように思われてならない。「ＰＴＡ」で知り合った妻の友人の中には、パートタイムで銭湯の掃除に行くことを平気で話し、それぞれの家庭のことも包みかくさずに話し合っていたようである。

そして妻は、今でも東京へ出掛けた時に、その友人たちの中の何人かと出会っては長話をしているらしい。

娘はこの秋には二人の子の母となる予定で、息子はこの春結婚して、ようやく一人前になりつつあるように思う。

台所の食卓が二人の勉強机ともなったあの狭くて、それでいて楽しかった「ドブ板通り」の家のことが家族で話題になることがある。

そして、それは遠くてなつかしい想い出の宝庫であり、意識してはいなかったけれども、我がファミリーのスキンシップをはぐくむことのできた貴重な日々であったことに気がつくのである。

会社人間であった当時の仕事のことについてはそれほど思い出したいとは思わない。

しかし、ゆとりのある時間が持てるようになった今、思い出されるのはやはり住まいの環境や、家族をとりまく当時の人々の気持ちのありようについてである。

「ドブ板通り」は単に小学生の通学路であったと言ってしまえばそれまでであるが、私にとっては、二人の子供が優しく育てられた学びの通《かよ》い路《じ》であり、二人の親も一緒に鍛《きた》えられた、いわば「下町道場」であったような気がする。

我が家の近く、お屋敷の裏庭から枝を伸ばした大きな桜の木は、今年もその花びらを散らして「ドブ板通り」のコンクリートをピンクに染めたのであろうか。

一度、ぜひ時間を割いてでも出掛けてみたい心に残るランドスケープなのである。

「多景島」第二号(一九九八・二、多景島)

周防路の一年生

停留所には、来た道を引き返すはずのバスが時間調整をしながら、ブルンブルンとゆっくりとしたエンジン音を響かせて止まっていた。

バスに乗り込むとほかには乗客もなく、乗降口の近くの席に座った私は、どこからともなく漂ってくる瀬戸内海の潮の香りを嗅《か》いだり、すぐ前に拝観してきたばかりの雪舟《せっしゅう》の作と伝えられる枯山水《かれさんすい》庭園のことを、ぼんやりと思い浮かべたりしていた。

朝、山口市の常栄寺《じょうえいじ》をスタートし、電車やバスに乗り替え乗り継ぎしてやって来たここ光市《ひかり》の普賢寺は、この日の三ヶ所目となる訪問地で、少し疲れも出ていたのであろうか、どうやらうつらうつらと居眠りでもしていたらしい。突然耳もとに聞こえてきた、

「オネガイシマース」

「おねがいしまーす」

というキンキンとした黄色い声に驚いて、思わず我に返った。

見ると、いかにも小学校一年生と思われる男の子や女の子たちが、ランドセルを背負ってバスに乗り込んで来たのである。そして、それぞれが発する「オネガイシマース」という声は、

バスの運転手に向けての乗車する時のご挨拶であることがわかった。

生徒たちをよく見ると、みんな同じ背丈《せたけ》でかわいらしく、左胸に名札をつけ、肩には、「交通安全」の肩章と、そしてランドセルには黄色のカバーがかけてある。どうやら小学校は岬の突端に近いこのすぐ近くにあって、学年別の下校の時間にぶつかったということであるらしい。「オネガイシマース」「おねがいしまーす」の声はそのあとも途切れることなく続き、車内はほぼ満席となってしまった。私の隣りの空席にも男の子を一人座らせてあげたが、その子がきちんとした会釈《えしゃく》をしてから腰をおろしたことにも驚かされた。生徒たちにつき添って来た先生らしい男性は、生徒たちが二人掛けの座席に三人ずつ座るのを確認し、それを見届けた後にすぐ戻って行った様子である。

運転手に挨拶をする、座席の三人掛けを当たり前のように嬉々として受け入れる、そして見知らぬ人にもごく自然体で会釈ができる、この今どき信じられないお行儀の良い光景に出くわした私は、さわやかでそして何となく満たされた気分に浸っていた。

しかしながらそこは一年生、生徒たちはおしゃべりの方もなかなか活発で、大声で友達の名前を呼び合ったりして騒がしく、その黄色い声と明るい笑顔を満載にしたバスは、間もなく山陽本線光駅に向けて走り出した。

そして次に、もっと信じられないことが目の前に展開されたのである。発車したバスが三つ目だったかの停留所に止まった時のこと。そのあたりは住宅街になっていて、市街地に買物にでも出掛けるのであろうか、主婦など大人が六、七名バスに乗り込んできた。するとどうだろう。座っていた一年生たちは、我れ先にと立ち上がって、

「ドウゾ、ドウゾ」

「どうぞ、どうぞ」

と、自分たちが座っていた席をその人たちに譲ろうとするのである。一人二人が立ち上がったのではない。その「ドウゾ」「どうぞ」という黄色い声は、後部座席の方からも、運転席に近い前の方の席からも、そして私の隣りの男の子の口からも、まるで蟬が一斉に啼《な》き出して合唱が始まったかのように聞こえ、私はその声の渦の中に巻き込まれて、唖然《あぜん》として一人取り残された感じをおぼえたものである。

いつも同じバスに乗り合わせている乗客もいたのであろう、席を譲られた大人たちは、ニガ笑いともつかない、それでも優しい笑顔を生徒たちに向けながら、そうしないでは納まらない状況の中で席についていた。

途中で降りて行った隣り座席の男の子は、窓から眺めていた私に向かって「バイバイ」と手を振り、小さな身体に不釣り合いなほどの大きなランドセルを上下にゆすりながら、急ぎ足で駆け出して行った。そのうしろ姿に、ふと、六月（平成十三年）に大阪府池田市で起きた惨烈極まりない学童殺傷事件のことが頭の中をよぎった。

ニューヨークでの同時多発テロなど、殺伐《さつばつ》とした事件に明け暮れようとしている新世紀の一

年目。私は今世紀の先行きにやりきれない思いをつのらせていた。

禅僧にして画聖といわれた雪舟等揚《とうよう》、その雪舟の築造とされる庭園を観て、心和む思いをして乗り合わせたバス。その車中で図らずも巡り合った学童たちと、彼らによって繰り広げられた心温まるドラマ。それは、何でもない小さな出来事であったのかもしれない。が、私の心の中では増幅されて、未来への一つの曙光《しょこう》となったし、今回の晩秋の一人旅に、心安まる彩りを添えてくれたような気がしてならない。

「市民文芸作品入選集」第三十八回（二〇〇二、彦根市教育委員会）

蚤取り拍子

宴会の席から「かくし芸」が消え失せて久しい。犯人は明白で、それは「カラオケ」である。時代の流れの中でやむをえないといってしまえばそれまでだが、何となく割り切れない、淋しい思いを抱くのは私だけであろうか。

オーケストラの伴奏に合わせて歌を歌うことは、それはそれで愉快なことである。熱心に練習をすれば、プロの歌手と変わらないところまで上達するかもしれないし、そのように上手に歌う人も何人か知っている。

しかしながら、「安木節《やすきぶし》」に合わせて踊る、あの珍妙な「どじょう掬《すく》い」が面白いことを知っている人は、カラオケが何とはなしに没個性的で、機械的で、味わいが少ない芸であることを知っているはずでもある。

だから、そのような人たちは、カラオケだけが芸でなく、踊りを踊ったり、手品を披露したり、小唄を粋《いき》に歌ったり、ものまねをしてみせてまわりの人を笑わせることを、全く忘れてしまっているとは考えられないのである。

演じる人と、はやしたてる人との間に生じる得《え》もいわれぬ親近感というか、宴席特有の絆《きずな》というようなものは、もはや取り戻すことができなくなってしまったのであろうか。

それは、日本の高度成長経済が緒《しょ》についたばかりの頃であった。最寄《もよ》り品といわれる商品の売り込みは、生き残りをかけた厳しい競合と、激しいマーケットシェア争いの世界であった。決算前で目標達成がむつかしいといっては決起集会をやり、今月は成績が良かったからといっては、祝杯をあげていたことが思い出される。所属長も、管理や出荷業務の人たちも、喜んで参加してくれていたのがうれしかった。

宮崎県の「刈干切唄《かりぼしきりうた》」というひと筋縄ではいかない民謡を、朗々と歌う同期生がいた。尺八の伴奏はなかったが、普段はおとなしい彼の美声は、いまだに耳にやきついて離れない。また、カセットテープを流しながら「黒田節」を堂々と舞ってくれた九州男児は、その扇の使い方も堂に入り、威勢よく「ドン！」と床を踏む姿は、私を大いにうらやましがらせたものである。

そうした中で、おなかを丸出しにして、お臍《へそ》を中心に大きな顔を描《か》き、「月がー出た出たあー、月がーあ出たー、あよいよい」と、ひょうきんな格好で踊ってみせてくれた「M君」のこと、襖《ふすま》に抱きついて向こうむきになり、「いろはのいの字はどう書くの？」「こうして、こうして、こう書くの」、と微妙な腰使いを演じて見せてくれた「K君」、この二人のかくし芸は面白く、秀逸《しゅういつ》であった。

そうしたことでは負けず嫌いな私は、いつのまにか自分なりのオリジナル芸を編み出す工夫をしていた。自称「蚤《のみ》とり拍子《びょうし》」、人呼んで「かいかい踊り」というのがそれであった。「ポーン、ポン」というみんなの二拍子の拍手に合わせて、蚤に食われて「痒《かゆ》い痒い」という仕草をしてみせるのである。手を背中にまわして「痒い痒い」と言ったり、腰をゆすってみせたりもするのである。その様子を文章で書くことはとうてい無理なことで、分かってもらえないのは残念であるが、本人は大真面目でやっていたことが、今となればおかしくてしょうがない。

しかしながら、「かくし芸」が宴席でそれほど見られなくなったことの理由を、「カラオケ」の普及ということだけに押しつけてしまうのもどうか、とも思う。それは、私たちの仕事や生活の中にヒタヒタと押し寄せてきた情報伝達手法の激変というものと、かかわりあいがあるのではないかと考えるからである。

朝から晩まで「ケータイ」を離すことができない若い世代が大勢を占め、パソコンでメール交換をすることが習慣となっている人たちが熟年世代まで増殖している。顔を見ることなく会話をしないで、二階にいる息子と、台所にいる母親がメールを交換し合っている、という話を聞くことほど悲しいことはない。日本の将来は大丈夫なのだろうか。

自分中心の世界に浸《ひた》りきっていて、自分の思うように周囲を動かそうとすることは、時に他人の命の尊厳や、まわりの人たちの心の痛みについて、思いを巡らせる感情が育たないということを意味するのではなかろうか。

明らかに過多と思われる情報の渦の中に巻き込まれてしまって「何でも知っている」という錯覚におちいっている多くの若者にとって、自分でゆっくりと、じっくり考えるという心の備えができていないのでは、と考えさせられることがよくある。

だから、宴会に参加した全員のそれぞれの思惑に配慮する中で、その場の雰囲気を盛り上げることのできる人が少なくなってきているのであろう。先端技術の利便さに踊らされている間に、私たちは自分が裸になって、自分の踊りを踊ることを忘れてしまいつつあるのではなかろうか。


所属した営業部門は、商品の良さもあって、年月を経て全国でのマーケットシェア、ナンバーワンを達成することができた。バブル経済の絶頂期であったことにもよるが、まだシステムの時代というより「マンパワー」が発揮できた時代であったのかもしれない。しかし、それぞれの個性派集団が全国各地に分散し、持てる能力をさまざまなカタチで発揮したことによるものだと私はひそかに、そして固く信じている。

「お臍踊り」をやった「M君」は退職したあと、安芸《あき》の宮島に近いところに住み、瀬戸の海を眺めながら余暇に絵筆を握っているという。そのうち個展の案内でも届けば、広島まで出掛けてもよいと考えている。

「いろはのいの字」を演じた「K君」は、北摂《ほくせつ》の地にあってゴルフの腕を磨く一方、急増する新住民に、日本の「祭りの心」を思い起こさせようと、神社の祭礼を取り仕切っているという。どちらも、退職後の「かくし芸」をゆっくりと楽しんでいるようである。

「多景島」第九号（二〇〇五・十二、多景島）

赤い旋風　―五十六年目の甲子園―

五十六年間の空白ということもあり、まさかそのようなことが起こるとは思っていなかった。母校の彦根東高校が「センバツ」で春の甲子園出場を決めてくれたのである。

前年秋の近畿大会で強豪校相手に善戦したことや、スポーツ特待生の受け入れもなく、進学校としていわゆる「文武両道」を実践していること、それと、城内お濠端《ほりばた》の狭いグランドで練習していること、などが評価されたということである。うれしいことである。

それと「二十一世紀枠」という粋な計らいをしている全国高等学校野球連盟という組織にも、拍手喝采《かっさい》というか、感謝しなければならないということでもあろうか。

思い出すことさえむつかしい五十六年前は、昭和二十八年（一九五三）の春で同校の三年生になったばかり、ちょうど在学中のことであった。試合当日私はもちろん甲子園に行き、アルプススタンドで生徒応援団の一員となっていた。もっといえば、ふだん勉強の方では少しも目立つことがなかった私は、応援団リーダーの中ではかなり派手で目立ったことを、これ見よがしにやっていたというほうが正確な表現になるのかもしれない。

対戦相手は九州・熊本県の済々黌《せいせいこう》高校で、藩政時代は熊本藩の藩校であったという名門高校で、野球も強く、奇《く》しくも元藩校同士という対決になっていた。

試合は相手校の投手の出来が予想以上に良く、我が方の打者の打ち気をそらす変幻自在の球を投げられ、奪ったヒットはわずかに一本で得点は最後までゼロの行進。遠来の済々黌高校は六回にランニングホームランが出て一点、次いで七回には三点を取り、試合は結局四対〇でシャットアウトされてしまった。

後に知ったことであるが、相手校の三塁手でキャプテンであった古葉《こば》選手は、のちにプロ野球広島カープを率いて、かの「赤ヘル軍団」を日本一に導いたという名選手であった。

滋賀県勢はそれまでもセンバツに四回出場し、その年の東高が五回目に当たっていたが、そのいずれも一回戦で敗退していて、今回もそのジンクスめいた慣例を打破することができなかったのは残念なことであった。

その試合の次の日――昭和二十八年（一九五三）四月三日㈮――の全国紙滋賀地方版の記事を切り取って残していたものが今手元にある。記事は紙面の右肩いっぱいに大きく甲子園の戦績のことが掲載されている。見出しは横書きで「球運われにほほ笑まず」と「甲子園原頭敗るの日」と重ねて二行、それと縦《たて》にも二行の見出し、「悲し、あせりゆく後半」と「彦根東健闘空し悲涙呑む」とある。県内の愛読者で野球ファンを懸命に慰めようとする記者の思いが、十分に伝わってくる紙面内容になっている。

記事も終わりに近いところに、赤インクで傍線が引いてある部分があり、その記述を次に転記する。

センバツ出場ごとに第一回戦でゼロ敗という悲運をまたくり返さなければならなかったが、いかにも学生野球らしく、キビキビして上品な彦根東の試合態度と、角省三君（三年生）が、赤長ジュバン、赤帯、赤タビ、赤帽子と赤づくめで演じる彦根名物〝赤鬼踊り〟をはじめ、アルプススタンド席に陣どった応援団が試合が不利になるにつれ、旗をふり、声をからしてその必死の応援ぶりとは「彦根東」の名を五万観衆に強くやきつけたことであろう。

という記述があった。

もう大昔のことではあったが、私はその新聞の切り抜き記事を退職後にコピーをとり、同窓生の集いでそれとなく——といっても本心は自慢気に——配ったことがある。多くの同窓生はそのことを忘れてしまっていたか、全然知らなかったかのいずれかであった。

友人のひとりが「『井伊の赤備え』『彦根藩の赤鬼魂』を知らないで、彦根名物〝赤鬼踊り〟とは新聞記者の何たる物知らずぶり！」と、記事をしっかり読んで、腹を立ててくれていたのは何よりであった。記事には顔のことは書かれていなかったが、私はその時、節分の日に新聞に折り込みで入っていた赤鬼の紙仮面を着けていたような記憶が残っている。

それにしても、遠い日の古い新聞記事の切り抜きを、よくぞ残しておいたことであった。

もう三年くらい前のことになるのだろうか。彦根郊外に住む姪《めい》の長男が東高校野球部のレギュラーメンバーに選ばれ、相応の活躍をして私たち親族を喜ばせてくれた。県内での優勝はできなくて、もちろん甲子園には行けなかったが、最近その姪（選手の母親）から聞いた話がある。

このところ野球部志望が多く、一学年で三十名近くの部員がいるという。そのうちレギュラーになれるのはせいぜい五人程度、入部したらすぐに大盛りのメシをどんどん食べろといわれるのはともかく、なかなか厳しい競争に打ち勝たねばならないらしい。

試合でベンチに入れるのは選《え》りすぐられた一部の選手、その他の控え選手は全て試合時には赤いTシャツに赤い鉢巻《はちまき》きで一般応援席に立ち並んで、姿かたちを揃えてレギュラー選手のために声を枯らすことになっている。

言われればその姿をびわ湖放送の中継で何回か見たことがある。控え選手のその姿にはなんら臆《おく》する色もなく、レギュラー選手と一体となって戦っているという意識がその紅顔に滲《にじ》み出ていて、好感を抱いたものである。

それに加えて、彼らの赤いTシャツの背中に白く染め抜かれた文字が「赤・鬼・魂」の三文字であったことが、なんともうれしいことであった。半世紀余り、五十年という歳月を経て、かつて彦根名物・赤鬼踊りなどと、わけのわからない評価をされた彦根の「赤」が、本来伝えられるべき赤鬼魂の「赤」として蘇り、その文字がベンチ入りできなかった野球部員の背中で、誇らしげに汗で輝いていたことは、私を納得させ、そして喜ばせてくれたものである。

姪が教えてくれたことであるが、控え選手たちにとって年に一度、うれしい日があるという。甲子園で準優勝をし、全国的に勇名を馳せた同じ地元の近江高校との交流試合がそれである。その試合にはレギュラー選手は一人もグラウンドに入らず応援席に回る。ユニフォームではなく、赤いTシャツ、赤い鉢巻きをして、いつもなら声援をしてくれる控え選手が懸命にプレーする姿に声を枯らして応援をするのだという。

これまでベンチ入りすることのなかった選手が、名門校相手に堂々と試合をし、野球場のスピーカーはそれらの選手名を一人ずつ呼び出しのアナウンスをかけ、夏の甲子園予選と同じ方式の中で緊迫したゲームが展開されるのだという。両校指導者の人間性と、学生スポーツの在り方について考えさせられる、近頃聞くことのない良い話であると思った。

平成二十一年三月二十六日㈭、五十六年ぶりの甲子園での母校の試合当日、彦根からは甲子園アルプススタンドまでの直行バスも出ていたが、私は自宅でテレビ観戦を決め込んだ。妻が友達から誘われて早々と現地観戦の約束をしていて、留守番ということもあったが、五十六年前にはなかった文明の利器が写し出してくれる映像に期待してみたいという思いがあったことも事実である。

それともうひとつ、二、三日前になって、母校の応援団には一般市民も含めて、全員に赤いジャンパーと赤い帽子が手渡されるというニュースが流れてきていたこともある。

だから、格好よく言わせてもらえば、五十六年前に初めて甲子園アルプススタンドに「赤」を披露した本人としては、大勢の後輩たちや彦根市民がその日同じ甲子園のアルプススタンドに、どのような「赤」い花を咲かせてくれるのか、ゆっくりと鳥瞰図《ちょうかんず》を見るように眺めていたかった、と申し上げたいのが本心であったのだろうと今にしてそう思う。

グラウンドでは、千葉県代表の強敵習志野《ならしの》高校と大接戦が演じられていた。得点でリードをし、あわや勝利を！と思わせる場面もあったが、六対五の一点差でまたもや無念の涙を呑むという結果に終った。

しかしながら、アルプススタンドでは井伊藩の「赤」、彦根の「赤鬼魂」は大健闘し、スタンドの最前列から最上段まで「赤」「赤」「赤」で埋めつくされるその様子を、しっかりと確認することができたのである。

のみならず、演奏技術ではプロ並みと評され、大音響を撒《ま》き散らしていた習志野高校応援団に対して、魂をこめた静かな赤の大軍団が見事逆転勝利を収めていたのである。

大会閉幕のあと、平成二十一年四月三日の朝日新聞の朝刊に、次のような記事が出ていた。

横書き見出し二段に「選抜スタンド揺るがす赤い波」と「彦根東に応援団最優秀賞」とあり、下にカラー写真で「スタンドを真っ赤に染めた彦根東の大応援団＝三月二十六日、阪神甲子園球場」が掲載されている。記事には、

アルプス席に収まりきらなかった五千人の熱意と、チアリーダーの白いポンポンが、歯切れ良く舞っていたのが高く評価された。

大応援団は、赤い武具で恐れられた彦根藩主井伊家の「赤備え」にちなんだ真っ赤な上着と帽子、赤いメガホンを身につけて甲子園に登場。スタンドを揺るがす赤い波に、「対戦相手の習志野（千葉）の応援団からも「おおっ！」の感嘆の声が上がっていた。


と書かれていた。

甲子園に思わぬ赤い風が舞い込んだのである。

五十六年前の新聞には「アルプススタンド総勢三百名に上る湖国勢の応援団の声援も今は空しく」とあったが、今回は五千人となっている。その人数も全出場高校の中でただ一校のみ選ばれる大会応援団賞「最優秀賞」に選ばれる根拠の一つにもなったのであろう。

平成二十一年三月二十六日、それは彦根藩の「赤」に対する市民の熱い思いと、酷暑の夏や吹雪の冬にもたくさんの選手たちが、声援を送るために着たであろうあの赤いTシャツが、甲

子園という晴れ舞台で燦々《さんさん》と輝いた日であったと思う。

テレビ画面には、九十歳を超えてもなお、お元気で甲子園に駆けつけたという、彦根の野球ファンがクローズアップされていた。その姿を見て考えさせられたことがある。

五十六年前に、誰に言われることなく甲子園のアルプススタンドに「赤」の種を播《ま》いたことは、それはそれとして、その種が花咲くところを眺めてやろうなどと、格好良く構えすぎていた自分への嫌悪感と反省である。

もっと無邪気になって現地へ行き、あの時と同じようにみんなと一緒になって、大きな「赤」に染まるべきではなかったのか。それでこそあの古い新聞の貴重な切り抜きが、生かされたのではなかったのだろうか。

「多景島」第十三号（二〇〇九・十二、多景島）

長浜聶肩

彦根市民でありながら、なぜか長浜のことが気になる。どうしてだろうかと考えてみる。子供の頃から身近に長浜の人がいて、その人が優しい人だったからだろうか。どうやらそのこともあるような気がする。

その人（以下Kさん）は材木店を営んでいた実家の番頭さんであり、召集されて兵隊に行かれる前から家族の一員でもあるように思っていたし、兵隊の時の写真が今でも家族と一緒の古いアルバムに張りつけてある。

Kさんは大柄な身体《からだ》つきで、やや浅黒い顔から真白い歯がのぞく笑顔が素敵で、私にとっては物心のついた頃から好きな人であった。

たぶん小学生の頃であっただろうか、材木置場でいろんな遊びをしながらふとKさんに目をやることがあった。Kさんはいつも自分にとって重量のかかる重い方、すなわち丸太ん棒でいえば根っこに近い方に手を入れて仕事をされていて「エライひとやなあー」という思いを子供心にも持っていたことを思い出す。

そのほかにも、趣味で尺八を吹く岐阜県出身の従業員さんが住み込みでいた。髭《ひげ》の剃《そ》りあとが濃く、よくそのお顔は憶えていて、煙草（たばこ）が好きだったことまで記憶にあるのだが、なぜか仕事をされている姿まで思い出せない。

Ｋさんは長浜からの列車通勤を続けられ、定年を延長されてまで勤務されていたようである。通勤は、毎日米原《まいばら》駅で乗りかえをされていたことになり、その待ち合わせ時間の累計《るいけい》を考えると、ずいぶんとご苦労を積み重ねられたことだろうと、のちに思ったものである。

そのことでもっと驚かされるのは、大雪の日に列車が動かず、雪の中を長浜から歩いて出勤された話で、永らく私の頭の中に残っていた。

退職して彦根に帰り、五、六年もしてからのことであっただろうか、八十歳なかばでＫさんがその生涯を終えられたという話を実家から聞いた。葬儀が終わってから何日か経っていたが、長浜市南呉服町にあるＫさんの家を訪ね、お花を供え参拝させてもらうことができた。

仏壇前の遺影の近くに座って、たいそう恐縮なされていた奥様が、初対面であるはずの私の名前を覚えておられて驚かされた。ちなみに私の男兄弟は四人もいる。おくやみを申しあげる話の中で、奥さまの方からふと出てきた私の名前は、きちんと間違いのないもので、子供の頃Ｋさんから呼びかけられていた時のアクセントまで、全く同じものであった。

昭和五十九年（一九八四）というから、今（平成二十三年）から二十六年前の市民文芸誌「ひこね文芸」随筆欄に、「江戸時代のなごり」という作品が載せられており、長浜のことが書かれてあった。昭和十年代生まれの女性が書いたもので、引用する。

長浜には田舎者意識があると思う。それも特に彦根に対する意識が強い。子供の頃に長浜の町はずれにある母の実家に行くと、近所の人たちから「彦根のまちの子がきやんした」と言われ、眩しい目で見られた覚えがある。

と書かれ、

長浜別院大通寺で私たちを案内して下さった僧が、しきりに「彦根さん」「彦根さん」という言葉を口にされるのが耳に残った。江戸時代になって、彦根藩井伊家と大通寺の間にできた特殊な関係から、今なお「彦根さん」と言って井伊家を慕う僧の言葉に驚くと共に、今まで気づいていなかった彦根と長浜の特別の関係を知る思いがした。

とも書かれていた。

終戦前後の話と、昭和五十年代の話とが組み合わされているが、平成の時代になった今ではほとんど考えられないことである。

今彦根の人は、京阪神などの観光客が「彦根を素通りして長浜に行ってしまう」と嘆いているが、やむをえないことだと考えている。

　彦根が井伊家四百年の歴史を錦《にしき》の御旗《みはた》にしているのに対し、長浜には浅井《あざい》家三代が勢力を張っていた彦根以前の時代があり、そして信長、秀吉が関わる歴然とした遠い時代があった。そして戦国時代、朝倉氏との盟約を守って、義兄の信長に屈しなかった長政の義理堅さを支持する町衆《まちしゅう》がいた。

　日本の戦国時代を語る上で、避けて通ることのできない悲劇やロマンの形跡が残されているとすれば、長浜は魅力あふれる土地である。


　平成十九年の「滋賀の観光地ベストテン」というデータがあり、年間何万人が県内のどちらに足を運んだかという、県の資料である。

　一位は長浜市の「黒壁ガラス館」の二百十万人で、二位に多賀町の「多賀大社」が入り、彦根市の「彦根城」は八十七万人で、第三位となっている。ちなみに、この年は「国宝・彦根城築城四百年祭」が開催され、華やかなキャンペーンを展開し、大々的に集客を目指した年であったことは記憶に新しい。

　長浜では「豊公園《ほうこうえん》」がベストテンの九位に入っていることから、県内の観光地に占める長浜市の存在価値には目を見張らせるものがある。

　長浜市がさすがと思わせるのは、一位の「黒壁ガラス館」が、当初、商店街の有志の力でス

タ

の長浜城跡に建て

「長浜盆梅展《ぼんばいてん》」は新春の湖国の風

秀吉の支援と長浜商人の財力で誕生した八幡宮の

が主役であることが圧巻で、他を引き離している。

初めて一国一城の主となった秀吉は、湖岸の侘《わび》しい漁村であった今浜に築城し、長

改めた。時代を超え、世代を超えて町衆、商人、市民が積極的にまちづくりに参加しているのは、秀吉が長浜時代に相当な善政をしていたことと関連があると考えられる。

長浜は秀吉の朱印状によって町屋敷年貢三百石を免除されていて、大坂の陣後、城下は彦根藩領となるものの、彦根藩でも、この特権は書き換えられることなく、明治になるまで継続されていたのである。

長浜城下の人たちにとって、元和元年（一六一五）に廃城になるまでには山内一豊など城主が三度変わっているにもかかわらず、今だに城主として秀吉の名前しか口に出さない、というその気持ちは分かるような気がする。

その秀吉を豊国大明神《ほうこくだいみょうじん》として祀っている豊国神社は、徳川時代にはゑびす神社にみせかけて維持され、維新後に改めて豊国神社として再建されたという話は興味深いものがある。徳川譜代《ふだい》の筆頭彦根藩が、のちに反徳川の朝廷側（官軍）についたことを考えると、長浜の人の純

粋さは彦根市民としてはうらやましく、複雑な思いにさせられるのである。

今、長浜市では関ヶ原合戦で豊臣側の指揮をした石田三成の像を「秀吉・三成出逢いの像」として駅前正面に建て、鉄砲の里・国友村に「国友鉄砲の里資料館」を建てている。秋の「長浜きもの大園遊会」では、十代、二十代のお嬢さんを千人集め、いくつかの団体がウォーキングラリーを開催し、琵琶湖の魅力と長浜の歴史を宣伝するのに役立っている。

本年度（平成二十三年）のNHK大河ドラマ「江《ごう》～姫たちの戦国～」が始まり、それに合わせて「江・浅井三姉妹博覧会」が十二月まで、広域となった長浜市の各会場で開催されている。

今年、何万人の人が長浜市の会場や史跡を訪れ、何百万人の眼が戦国時代のドラマに集中するのか、その人数を予測するのは極めて困難なことである。

江戸時代前期の大名茶人・小堀遠州《こぼりえんしゅう》は、今の長浜市小堀町で生まれている。その小堀町を中心に「遠州公顕彰会《けんしょうかい》」があり、茶道部と研究会がある。研究会の例会で遠州の庭園について話をせよということになり困ったことがあった。もう十二年ほども前のことである。

自分で撮った写真を何枚か持っていたが、それをスクリーンに大きく写さないと集会では話ができない。長浜の歴史に詳しく、古文書の解読がすらすらとできる郷土史家・N先生がちょうど講義に来ておられたので、スライド投影専用ネガフィルムへの転写をそり[illegible]

N先生は長浜市内では最有力の写真・カメラ店を経営されていて、喜んでその作業を引き受けてくださって、ほっとした。遠州の庭とは関係のない県内の他の庭の写真まで持ち込んだ私は、少しためらいながら仕上がり品をもらい受けにスタジオを訪ねた。

白枠つきのネガフィルムは全部きれいに仕上がっていて、N先生は暗い部屋から作業着姿で出てこられた。余分な話をされることもなく、それらを破格の料金にしていただいて、思わず恐縮させられたことが忘れられないでいた。

その後、一度N先生の古文書の講義を聴く機会があったが、ご年配とはいえその博識ぶりに驚かされ、「どうしてそんなことまでご存知なのか」とか、「普通のカメラ屋のあるじなのに何で」、という印象を強く持ったことも忘れられないでいた。

十年余りの歳月が流れた。昨年暮れに用があり長浜に行った。ふと思いつき、N先生を訪ねてみようと思った。分かりやすいスタジオの方でなく、教えてもらって自宅の方に行き、うまくお目にかかることができた。

齢《よわい》を重ねられ、少し弱々しい足どりで玄関まで出てこられたN先生は、

「最近はどちらにも出掛けられません。『博物館友の会』や『教育委員会』の方からも勉強会の口がかかるんですがねー」

と話され、春には病気で入院をされていたことも話された。

最初やや怪訝《けげん》そうなお顔でこちらを眺められたことと併《あわ》せ考え、来ないほうが良かったたか

な、と考えたのは杞憂《きゆう》であった。N先生は、持参した私の新刊書を手にして、ペラペラとページを繰《く》っておられた手を一瞬、ふと止め、

「あっ、そうか！　――思い出しました。あんたさんは、あの時の彦根のお方だ！」

と言って、にっこりと明るい顔をされてほっとさせられた。その時の声は、それまで話されていた声とは違って、大きく、そして弾《はず》むような声であった。

私の長浜贔屓《びいき》は、どうやら生涯変わることはないような気がする。

「菜の花」第三号（二〇一一・四、文芸サークル「菜の花」）

東京駅の黒子たち

上野駅から東京駅までは、思っていた以上に短時間で到着した。気ままなひとり旅でもあり手みやげひとつ買うこともなく、少し早いかなと考えながらも、新幹線「ひかり」に乗るためのプラットホームに出た。

十七時三十三分発、米原《まいばら》に止まる新大阪駅行きの指定席券を持っているのだが、時計を見るとまだ十七時十分である。指定車輛は六号車であったので、白線で書かれた車輛番号の乗車口の一番前にとりあえず立つことにした。

列車は当駅始発であり、少し早めに入ってくれれば車内に入って、自分の席で発車を待てばよいだけのことである。それは、六号車のうしろの乗降口であった。

隣りあわせの七号車の入口に向かって、和服姿のご婦人がひとり、足もとに荷物を置いて先に立たれていた。陽はまだ残り、暮れるに惜しい九月の風が、その着物の裾《すそ》を軽くはためかせていた。

やがてアナウンスがあり列車が入ってきた。鼻先の長い、何年か前からよく見るタイプの先頭車輛が、静かにすべるように入ってきて、ほとんどブレーキらしい音を聞くこともなく制止した。再びアナウンスがあり、その車輛は折り返して新大阪行きとなる「ひかり」であることを教えてくれた。

と、いつの間にか私の目の前にうすいピンクの制服・制帽のユニフォーム姿の女性が乗降口の方に向かって立っていた。

車輛清掃員であることはすぐに分かったが、隣りの七号車に乗り込むのであろう同じ姿の女性と二人、それとなく二つの乗降口を挟んで向き合った形で姿勢を正している。それほど緊張している様子でもなく、ごく自然体で身近に眺める者にとって、なぜか応援したくなる姿で立っていた。

先頭に立っていて見通しのよいことを幸いに、次に何が起こるのかと他の車輛の方にも目をやる。前後の五号車や八号車などの前にも車輛と等間隔の位置に、同じユニフォームの女性たちが同じ姿勢できちんと整列している。さらにその向こうまで見通すこともでき、それはそれで見事なパフォーマンスであり、思わず感心させられたものであった。

と、車輛の扉が開いて乗客が降りてきた。

女性たちはごく柔軟な形で、降りてくる乗客のひとりひとりに対して黙礼をしている。声は出していないがわずかに腰を前かがみに倒して「アリガトウゴザイマシタ」という、言葉を声に出さず、それでいながら感謝と分かる姿勢で黙礼をしていたのである。

列車の乗務員ではないので、これみよがしに声を発することは控えているのであろうか。それとも、そうすることが彼女たちのチームのいわば作業マニュアルなのであろうか。客が降りきってしまえばすぐに飛び乗って、限られた短時間のうちにたくさんの作業をしなければならないのだが、そのような様子はおくびにも出さないでいる。

作業のためのいわば七つ道具のようなものが入っているのだろうか、布製の袋をそれとなく腰に巻きつけているのだが、それを目立たせるようなことはない。要するに彼女たちの全てのカタチや所作に無駄がなく、意味があり、そして美しいのである。

そして、なんと、私が乗る六号車担当と思われる清掃員は、少し押さえ気味の笑顔さえ浮かべて、降りてくる乗客に慎み深い挨拶をしていた。大きな声で感謝の言葉を投げつけるスーパーマーケットなどの販売員、ファーストフード店の規格化された言葉での応対、それらに馴らされていた私を驚かされるに足る、真心の籠《こも》った表情での挨拶であった。

乗客が降りきるのは、各車輛ともほぼ同じタイミングであった。ピンクのユニフォームの一団がそれぞれの位置でそれぞれに動いた。動いたというよりあっという間に消えていた。

目の前の清掃員は、乗り込むと同時に乗降口の内側から腰の位置にグリーンのチェーンを張った。チェーンには、「只今清掃作業中です、恐れいりますがご乗車はしばらくお待ち下さい」と書かれた札がぶらさげられてあった。

その清掃員を目で追う。通路のドアの上に手を伸ばしたのは、オートドアのスイッチを切って、それぞれのドアを開放にしたらしい。やることが素早い。それぞれの椅子の位置を同じ向きに回転させて直したり、背もたれの角度が揃っていなかったらそれを元通りにしたりしていたが、やがて見失ってしまった。

次に見えたのは、座席の後頭部にあてる白いシートの取り替えであったり、窓の日除けスクリーンの調整であったりと、とにかくそれぞれの作業が目にもとまらぬ超スピードでとり行われ、少し目を離している間に彼女は床掃除用のモップを握っていたように思う。別の作業員が、こちらには分からない作業のために各車輌を急ぎ足で行き来していた姿もあり、こちらからは見えない作業のいくつかが黙々と消化されていたに違いない。

どれくらいの時間が経過したのだろうか。五分から六分くらいであったような気がする。

清掃員たちは乗車する時には別々の車輌から乗ったのに、降りてくる時には全員が揃って私の目の前の乗降口から降りてきた。チェーンが張られていた乗降口である。

作業がおくれていた車輌では、早く終わった別の車輌の清掃員がそれを手伝っている姿を目撃していたのだが、思いがけずピンクのユニフォーム姿が全員、至近距離に勢揃いしたのである。飛び散っていた公園の落葉が、つむじ風に舞って一ヶ所に吸い寄せられたかのように、二十名ほどの清掃員が六号車後部乗降口の前に集合したのである。

そのうちのひとり、たぶんチームのキャップと思われる凛々《りり》しい姿の清掃員が全員を見渡していた。と、ほとんど同時に彼女は背筋をピンと張り、前方の一点を見定めて指を差しながら笛を吹き鳴らした。

清掃員全員がその仕事を無事終了し、揃って車輌内から下車しましたということを、プラットホームの発車指令役の駅員に報告したのである。かろやかな笛の音は、ざわついていたプラットホームを一瞬シーンとさせた。

笛の音は、それとなく清掃員たちを見守っていた乗客たちをさわやかな気持ちにさせた。

笛の音が鳴り終り、ひとかたまりになっていたピンクのユニフォーム集団は、前方と後方の二方向に別れて、談笑することもなく、静かに、ホームから立ち去ろうとしていた。

あれだけ激しく動いたことはまるで嘘のように、裏方に徹しきった清掃員たちのうしろ姿は、やがてホームから消えていった。

「菜の花」第五号（二〇一三・三、文芸サークル「菜の花」）

書けない風景

芭蕉《ばしょう》は、「いづれの年よりか、片雲《へんうん》の風にさそはれて」と「奥の細道」に旅立ち、「松島の月先《ま》づ心にかかりて」と、松島に向かう。ところが、景勝地松島ではただの一句も残していない。芭蕉の研究者が俗説と毛嫌いする「松島やああ松島や」の句は芭蕉の作ではない。「造化《ぞうか》の天《てん》工《こう》いづれの人か筆をふるひ詞《ことば》を尽《つ》くさむ」と天が造ったこの景観を誰も筆で表現することは無理だろうと言っている。

南仏をバスで北上する時、「サント・ヴィクトワール山」を長時間眺めることができる。右肩が上がり、木が生えていないその岩山は、遠くから見ると青味がかった灰色の山肌に濃紺の影がくっきりと映り、威圧感を受ける。

セザンヌは晩年に至るまでこの山と対峙《たいじ》し続け、何枚かの清冽《せいれつ》な絵を残しているが、その山の背景に何を見、何を感じたのだろうか。

芭蕉が詠めなかった松島、セザンヌがそれを描くのに生涯苦闘し続けた山を思う時、未《いま》だその緒にさえつくことができない詞芸《しげい》への長い旅を思う。

「菜の花」第七号（二〇一五・三、文芸サークル菜の花）

あとがき

　芭蕉は『奥の細道』の旅を終え、晩年には足繁く近江国に通い、『幻住庵記』を書いたり、多くの門人に囲まれて句作を楽しみ、近江国を堪能している。墓は遺言通り大津市の義仲寺にあり、今も参拝者は絶えない。

　明治時代に日本の美術を世界に紹介した米国人、アーネスト・フェノロサは、本人の遺志により、大津市三井寺の北院・法明院の、琵琶湖が一望できる地に静かに眠っている。

　他国からやってきた人がそうだから、近江国に生まれ、この国を愛してやまなかった人たちもまた、当然のように近江国の土に還り、永久の眠りの中にあることだろう。

　とりわけ、それほど世間に知られずに、郷土の文化に多大な貢献をし、功績を残した人たちのことを先の二人と比較して考えてみた。それらの人が没後、改めて顕彰されることを喜んでくれるかどうか、それは分からない。

　しかしながら、覚えておきたい、忘れてはならない近江国の先達はきっといるはずだ。その人のことを後世に語り継ぎたいとの思いを断念できず、身近なところから一人、二人と掘り出してスポットライトを当ててみた。

それらを一冊にまとめたものが本書である。

平成二十二年に『近江作庭家の系譜　―小堀遠州・鈍穴《どんけつ》・西澤文隆―』を出版した。長浜市出身の大名茶人・小堀遠州と、湖北・湖東に自由奔放な庭を残し、のち東近江市（旧五個荘町）で遁世した勝元宗益（鈍穴）、それと、昭和の建築家・西澤文隆（旧秦荘町出身）の三人を取り上げた。その三人もまた「近江の埋もれ人」であったことから、本書に収録されるべき人物であった。ご一読くださり、併せてご批判くだされば幸甚に存じます。

埋もれ人「中川禄郎」については、初出時の状態に加筆訂正すべきところも多くあるが、あえてそのまま掲載させてもらった。

今では、小池喜明（東洋大学名誉教授）氏による『幕末の武士道　―開国に問う―』（二〇一五年、敬文舎）も出版され、文中で、中川禄郎は吉田松陰や勝麟太郎と並列されて取り上げられるほどの評価を得ていることに、胸をなでおろす思いである。

あと、「河野李由」と「野口謙蔵」の二人に多くのページを割いているのは、執筆中にもその人柄について、典型的な近江国の聡明な文化人としての体臭を嗅いだからである。

本来なら執筆年度別に順序よく作品を並べる方法もあったが、目次でご覧いただく通り自身の勝手な思惑から、五つのパートに区分させてもらった。私的な自分史というべきものまで入ってしまったのは、粗忽もののなせるわざとご勘弁願いたい。

思い込みが強く、ひとりよがりで片寄った記述もあるかと思われる。だから全体として、「評伝」という言葉にとらわれず、自己流の思いつきや取材させてていただいた人の話を、ほとんどそのまま書かせてもらったりもした。

将来、その人物について深く知りたい、という方への橋渡しになれば結構なことである。

所属する「滋賀作家クラブ」や、随筆集団「多景島」や「菜の花」、それと市民からの公募を永年継続されている彦根市教育委員会の「市民文芸」や、彦根文芸協会の「ひこね文芸」など、稚拙な文章を貴重な誌面を割いて掲載してくれる紙誌があってこその出版であり、関わっていただいた皆様に感謝申し上げたい。

また、夕刊紙「近江同盟新聞」が、多くの作品を連載してくれ、拙作に市民権を与えてくれたことは山本進一記者のおかげであった。

井伊家十六代当主・井伊《いい》直愛《なおよし》氏のご夫人・文子《ふみこ》さんとのわずかな出会いを授かったことは、誠に恐悦至極なことであった。そのご縁もあり、十八代当主・井伊直岳《なおたけ》氏には本書の冒頭五作品について、私的にお目通しいただき、ご指導を受けることができた。ご多忙中ありがたく、改めてお礼を申し上げたい。

西野和子さんには拙文の通読と校正をお願いし、的確なご指摘ご協力をいただきました。

末筆ながら、出版に際してはサンライズ出版の矢島潤氏から各種アドバイス、適切なご指摘を受けることができ幸せなことだった。

この先も、人物に限らず、奥行深く霞《かすみ》たなびく近江国の文化遺産などの、探訪を続けていきたいと考えている。

平成二十九年二月十三日

角　省三

著者略歴

角　省三（すみ・しょうぞう）

1936年　滋賀県彦根市京町生まれ
1958年　同志社大学文学部社会学科（新聞学専攻）卒業
同年より大阪船場の紙製品製造販売会社に勤務
1963年　江崎グリコ株式会社に入社
1996年　江崎グリコ株式会社を退職

所属団体　日本ペンクラブ、滋賀作家クラブ、随筆集団多景島
著　書　『京の古寺　庭めぐり』（1995年、朝日カルチャーセンター）
『近江作庭家の系譜　―小堀遠州・鈍穴・西澤文隆―』
（2010年、サンライズ出版）
連絡先　〒522-0053　滋賀県彦根市大藪町163-90
TEL&FAX　0749-26-0972

近江《おうみ》の埋《う》もれ人《びと》　中川禄郎《なかがわろくろう》・河野李由《こうのりゆう》・野口謙蔵《のぐちけんぞう》

2017年3月1日発行

著　者　角　省三

発行者　岩根順子

発行所　サンライズ出版
〒522-0004　滋賀県彦根市鳥居本町655-1
TEL 0749-22-0627　FAX 0749-23-7720

ISBN978-4-88325-612-9